伊藤塾 合格セレクション

司法試験・予備試験 2024
短答式過去問題集

憲法

伊藤 真 監修・伊藤塾 編

日本評論社

2024年版はしがき

introduction

この「合格セレクションシリーズ」は、2021年４月に刊行した憲法、民法、刑法を皮切りに、2021年内に行政法、商法、民事訴訟法、刑事訴訟法も刊行し、７科目すべてを受験生に届けることができ、それから毎年版を改めてきました。

この間、多くの受験生にこの「合格セレクションシリーズ」を利用していただき、幸い好評を得ることができました。そこで、前年の短答式試験問題を加えると共に、更に受験生の便宜を図るため、2024年版を刊行することとしました。

憲法の短答式試験では、判例に関する出題が特に多くなされます。これらの問題に対応するためには、結論のみならず、理由づけ等を含めた判例の深い理解が必要となるでしょう。また、論理問題が多く出題されるのも憲法の短答式試験の特徴です。基本的概念を正確に理解したうえで、問題形式に慣れておくことが対策として重要といえます。さらに、論文式試験において頻出ではない統治の分野の知識も、しっかりとおさえておく必要があります。

そこで、受験生が限られた学習時間を使って、効率よく必要な知識を習得できるよう、改めて構成の見直しを行いました。

2024年版における主な変更点は、以下のとおりです。

1　2023（令和５）年の司法試験及び予備試験の問題を収録

これまでの版と同様の選定基準に従い、2023年に出版した第３版後に実施された、2023（令和５）年の司法試験及び予備試験の短答式問題を新たに収録しました。

さらに、これらの問題に対応した **CORE PLUS** を新たに追加し、最新の試験傾向に沿った知識を習得できるようにしました。

2　法改正等の新しい情報を追加

第３版の刊行後に出た判例や法改正などの新しい情報を盛り込みました。これによって、最新の知識も得られます。

なお、2024（令和６）年司法試験からは、出題法令の基準日が、原則として当該年の１月１日現在で施行されている法令となりました。

次に、2021年に出版した初版以降の主な変更点は、以下のとおりです。

3　登載問題の見直し

受験生にとって本当に必要な問題だけを収録し、全体のボリュームを抑えることによって、限られた学習時間を効率よく使ってもらうため、**CORE TRAINING** も含めて、登載する問題も直近12年分に絞っています。

ただし、法改正や最新判例の登場等によって特定分野における登載問題が極端に少なくなる場合や、最新の試験傾向を分析し、学習上重要であることが認められる場合には、13年以上前の問題であっても掲載しています。

4　類題マークの記載

問題の内容がフル問題と共通する選択肢には、類題マーク（類）と出題年番号を記載しました。これによって、出題頻度の高さがわかり、問題の重要性を認識しやすくなりました。

5　登載フル問題一覧表の掲載

巻末に、本書の登載基準を満たす問題の一覧表を掲載しています。この一覧表には、直近12年以前の登載していない過去問題であっても司法試験受験者の正答率が80パーセントを超えるもの、及び登載基準は満たしているが、問題内容の重複によって登載を見合わせたものも加えました。そのため、すべての年における正答率の高い問題が一目で分かります。つまり、絶対に正解しなければならない問題の一覧表です。

法務省ホームページに掲載されている年ごとの問題を利用するなどして、年度別に学習する際に、正解しなければならない問題が明確となるので、より戦略的な時間配分が可能になります。

また、この一覧表を目次と併せて利用することで、複数回出題された問題を更に可視化できます。複数回出題されるということは、それだけ重要度が高く、今後も出題可能性が高いといえ、確実におさえておく必要があることが分かりますから、復習時に役立つことでしょう。

なお、本書の利用後、勉強時間に余裕があるため、**CORE TRAINING** にある問題のフル問題も解きたいとか、掲載問題以外の過去問も解いてみたいという場合には、これまでの全問題を書籍案内サイトに掲載することとしたので、活用してみてはいかがでしょうか。

今回の改訂にあたっては、2022年に予備試験に合格され、翌2023年の司法試験に優秀な成績で合格された齋藤輪さん、佐野蒼一郎さん、鈴木勇人さんを始めとする合格者に、その実力とノウハウを惜しみなく注いでいただきました。また、伊藤塾の書籍出版において従前から貢献していただいている永野達也氏（新65期）にご助力いただきました。そして、伊藤塾の誇るスタッフと日本評論社のご協力を得て、初めて刊行することができました。ここに改めて感謝いたします。

2024年3月

伊藤　真

はしがき

introduction

2020年はCovid-19が世界中で猛威を振るい、当たり前と思っていたことが当たり前でなくなる現実を目の当たりにして、精一杯生きる１日１日の大切さを痛感しました。

こうしたなかで、新型コロナ禍で可処分時間が増えたことをむしろチャンスと捉え、伊藤塾で勉強を開始して将来に備えようとする受験生が増えたことは、とても頼もしく思えました。今後も何が起こるか予測もつかない未来に向かって、外部環境の変化に振り回されないだけの自己資源を蓄える準備を着々と進めていくことは、自分のなかの不安に打ち勝つ克己心がないとできないことです。

司法試験、予備試験において、避けて通れないのが短答式試験です。予備試験では、最初に通過しなければならない関門です。伊藤塾は、これまで合格するためのノウハウを出し惜しみしないという方針で進化し、圧倒的な合格実績を出し続けてきました。本書では、短答式試験に特化して、そのノウハウを公開します。

短答式試験の学習において受験生が直面する問題に向き合って制作したものですから、短答式試験の学習に苦しさを感じている受験生は、是非一度手に取って学習してほしいと思います。

1　はじめに

司法試験・予備試験受験者にとって、短答式試験は論文式試験と同じ、あるいはそれ以上の重要性を持っています。

短答式試験の勉強をするにあたって、短答式試験の過去問や一問一答形式の問題をただひたすらに解き続けても、なかなか新規の問題の正答率があがらないとか、他の勉強や仕事との兼ね合いで短答式試験の過去問すべてに触れる時間が取れなくなってしまっているという悩みを持っている人も多いことでしょう。2011（平成23）年から始まった予備試験は既に11回目となるため、過去問は毎年蓄積され、年を追うほどに、過去問をすべて解いて短答式試験の対策を行うという方法は採りづらくなってきています。

本書は、短答式試験で高得点を取りたいとか、短答式試験の勉強を開始したばかりという受験生の勉強のツールとして役立つのはもちろんのこと、ひたすらに短答式試験の過去問を解き続けていたが成績があがらず、勉強法に悩みを抱えていたり、短答式試験の過去問をすべて解く時間的余裕がないという悩みを抱えている受験生に向けて、構成に工夫を施して、効率よく、最速で短答式試験に合格する道しるべとなるものです。

2 本書の特長

【1】 厳選した過去問と工夫を施した解説

短答式試験の過去問は年々増加する一方なので、すべての問題で問われた知識を遮二無二メリハリを付けずに理解して記憶しようとするだけでは、理解するのに膨大な時間がかかってしまい、必要以上の時間を短答式試験対策に取られかねません。しかし、一方で毎年のように問われている問題もあり、合格のために最低限必要な知識は限られているといえます。それらの知識は限られた数の過去問を解き、理解することで身に付けることができます。そこで、効率よく合格に必要な知識を身に付けられるよう、本書は創意工夫を施しています。

まず、短答式試験の実践的な学習をしたい受験生のために、2006（平成18）年から2020（令和２）年までの司法試験及び2011（平成23）年から2020（令和２）年までの予備試験については、受験者の正答率が約80パーセント以上の問題を、法改正のない限りそのまま掲載しました。以下では、そのまま収録した問題を「フル問題」と記述します。なお、受験者の正答率に関しては、伊藤塾が毎年本試験後に行っている解答調査を基準としています。

フル問題は、受験者の多くが解答できている問題であり、問われている知識も基礎的な知識であることが多いです。また、こうした基礎知識は短答式試験において頻繁に出題される傾向があります。受験生は、フル問題で問われている知識については正確に理解し記憶しておくことが望ましいといえます。

次に、短答式試験の学習が無機質に感じられて、なかなかはかどらないと悩みを抱えている受験生のために、**CORE TRAINING** 及び **CORE PLUS** というものを各章又は各節ごとに設けています。

CORE TRAINING とは、司法試験と予備試験の問題を各記述（以下「選択肢」と記述します）ごとに分けたうえで、2006（平成18）年から2020（令和２）年までの司法試験及び2011（平成23）年から2020（令和２）年までの予備試験について、合格に必要十分な点数を確保できるように、受験者の正答率が60パーセント以上80パーセント未満の問題を採用し、各選択肢に○×形式で、効率よく問題を解けるようにしました。

また、短答式試験の科目や分野によっては改正や最新判例の導入等で、既存の知識以上のものが要求されることもあります。そのため、**CORE TRAINING** では、そのような点を解消すべく、司法試験の過去問のほかに、必要に応じて「オリジナル問題」というものを掲載しています。

司法試験においては、短答式試験をただ通過するだけでなく、1500人以内の合格ラインに届く点数、あるいはそれ以上の点数を獲得し、司法試験合格をより確実にすることが望ましいです。また、予備試験においては合格率が約24パーセントと低く、より高い得点率が要求されます。受験生においては、**CORE TRAINING** に記載されている問題の知識をも自分のものとすることで、確実に合格を目指すことができるでしょう。

加えて、知識の習得を促進させるため、**CORE PLUS** というものを設けています。ここでは、短答式試験において必要不可欠だと考えられる知識を、**CORE TRAINING** を解くにあたって必要な知識と一部対応させるかたちで図表化し、掲載しています。**CORE PLUS** では、短答式試験に直結する知識だけではなく、その周辺知識まで網羅し、汎用性の高い知識を習得できるように工夫しています。

【2】 最新判例を含めたコンパクトな形式の判例掲載

憲法においては、ここ数年、比較的新しい判例でまるまる1問出題するという形式の問題が見られます。そこで、本書においては、最新判例も含めて図表化してこのような問題に対応しています。また、憲法では判例の文言やいかなる審査基準を設定したかについて出題されることが多いです。本書ではなるべくコンパクトにする一方、頻出部分はすべてカバーできるよう、重要判例を収録しています。単に判例の結論を覚えるだけでなく、どのような理由で、どのような審査基準の下でその結論に至ったのかまで理解することで、短答式試験の得点力をあげることができると考えます。

3 本書の構成と利用法

本書は、前述の基準で選定した問題を伊藤塾のカリキュラムに従った体系順に並べて掲載しています。これは、『伊藤真試験対策講座』（弘文堂）の登載順でもあるため、書籍を中心に学習する独学者にも使いやすいことでしょう。そして、各章の終わりに、**CORE TRAINING**、**CORE PLUS** を置いてあります。章中の分野が多岐にわたり、当該章のフル問題、**CORE TRAINING** が多い場合には、学習の便宜を考慮し、各節ごとに、**CORE TRAINING**、**CORE PLUS** を置きました。

【1】 フル問題 ⇨ A （後掲レイアウト見本参照。以下同じ）

（1）問題 ⇨ a

フル問題は、司法試験と予備試験の問題のうち、2006（平成18）年から2020（令和2）年までの司法試験及び2011（平成23）年から2020（令和2）年までの予備試験については、受験者の正答率が約80パーセント以上の問題を掲載しています。フル問題で問われている知識については、正確に理解し、当該知識が問われている問題に出合ったら反射的に解答を導き出せるようにしておくことが望ましいです。そうすることで、より難易度が高い問題や、読解力が要求される問題などに時間を割くことができるからです。

具体的な正答率は、解説右上に記載しています。この正答率を見ながら、他の受験者に差をつけられないよう、危機意識を持ってフル問題に取り組んでください。
⇨ h

また、短答式試験においては、必ずしもすべての選択肢についての正誤が分かる必要はなく、一部の選択肢の正誤が正確に分かっていれば最終的な解答を導き出すことができる問題も多く出題されています。もちろんすべての選択肢の正誤が正確に分かるのが望ましいですが、試験時間の制約上、一部の選択肢のみを見て解答を導き出す場面も多いことでしょう。このような一部の選択肢の正誤を見て解答を導き出すという解答方法は、本試験と同様の形式でしか身に付けられないため、本書のフル問題を通して感覚をつかんでください。

そのほかにも、受験生の学習の効率化を考え、次のような工夫をしています。

ア　出題分野、出題年 ⇨ b

各問題の冒頭におおまかな出題分野を示すタイトルを付したことにより、各自の学習状況に合わせて、必要な分野を重点的に学習することができます。司法試験、予備試験の単体問題には出題年番号を記載し、司法試験と予備試験で同一の問題については、それぞれの出題年番号を併記しています。

イ　論点マーク 論 ⇨ c

論点マークは、当該問題の選択肢の過半数が論文式試験において出題可能性のある論点である場合に付しています。短答式試験と論文式試験は、形式こそ違いますが解答するために必要となる知識が重複していることが多いです。論のある問題を復習する際には、論文式試験で出題がされた場面を想定しながら学習し、短答式試験で要求される知識と論文式試験で要求される知識を有機的に紐付け、理解していくことをお勧めします。

ウ　チェック欄

出題テーマと出題年番号の記載があるすぐ横に、当該問題を解いたかどうかと、月日を記入するチェック欄を設けました。短答式試験は、その重要性が高い一方で、試験対策に割くことができる時間は限られています。チェック欄を利用して短答式試験対策を計画的に進め、ある程度余裕をもって短答式試験対策をすることができるようにしましょう。⇨ d

また、各選択肢の横にもチェック欄を設けました。短答式試験の問題自体を解答するためには、必ずしもすべての選択肢を完全に理解している必要はありませんが、特にフル問題のような正答率が高い問題については、問題の解答を導き出すのに必ずしも必要とはいえない選択肢についても、次年度以降で再び出題される可能性が高いといえます。そこで、問題そのものの正誤にかかわらず、理解の正確性が不安な選択肢には、チェックを付けておき、後々復習することで、より深い知識を身に付けることが必要です。また、復習の際には、チェックが付いている選択肢のみを復習することで、手早く苦手分野を復習することができるので、時間がない場合にはそのように利用することも想定しています。⇨ e

■ レイアウト見本

A

c　b　d

No. 025　論　**学問の自由**　R5-5

□ 月 日
□ 月 日
□ 月 日

a

e

□□□
□□□
□□□

学問の自由に関する次のアからウまでの各記述について、最高裁判所の判例の趣旨に照らして、正しいものには○、誤っているものには×を付した場合の組合せを、後記１から８までの中から選びなさい。

ア．普通教育の場において使用される教科書は、研究結果の発表を直接の目的とするものではないものの、研究結果の発表という面があることから、記載内容がいまだ学界において支持を得ていないときに検定基準を満たさないとする教科書検定処分は憲法第23条に違反する。

イ．大学における学問の自由を保障するために、伝統的に大学の自治が認められており、この自治は、特に大学の教授その他の研究者の人事に関して認められるとともに、大学の施設と学生の管理についてもある程度で認められる。

ウ．憲法第23条の学問の自由は、学問研究の自由とその研究結果の発表の自由とを含むものであるが、教育ないし教授の自由は、学問の自由と密接な関係を有するけれども、学問の自由に含まれるものではない。

１．ア○　イ○　ウ○　　２．ア○　イ○　ウ×　　３．ア○　イ×　ウ○
４．ア○　イ×　ウ×　　５．ア×　イ○　ウ○　　６．ア×　イ○　ウ×
７．ア×　イ×　ウ○　　８．ア×　イ×　ウ×

g　h

No. 071　正解　ア2、イ2、ウ1　条例や住民投票に関して、基本書等で知識を整理しておこう。　正答率 81.4%

f

ア　導き出せない。

ａの見解は、地方公共団体の制定する条例は、憲法が定める「地方自治の本旨」(92条) に基づき、憲法により制定する権能を定められた自治立法であるとする。このことからすれば、条例による人権制約は憲法上予定されていると考えることが可能であり、ａの見解からｂの見解の前半部分を導き出すことができる。もっとも、判例は、「憲法が各地方公共団体の条例制定権を認める以上、地域によって差別を生ずることは当然に予期されることであるから、かかる差別は憲法みずから容認するところである」として

ウ　導き出せる。　n　類 R4-19-ア

ａの見解は、**条例が法律に違反するか**否かについて、それぞれの**趣旨、目的、内容**及び**効果を比較**し、両者の間に**矛盾抵触**するところがある**かどうかによって決する**べきであるとする。この見解は、条例が法律に違反するかどうかを、条例と法律の文言のみの比較によってではなく、実質的な比較によって決するものである。このことからすれば、

文献　試験対策講座602～605、607、608頁。判例シリーズ16、45事件　i

（2）解説 ⇨ f

解説は、当該問題を解答するために必要かつ十分な知識をコンパクトに示すことに重点を置き、作成しています。太い文字で示した部分は、伊藤塾の講師が講義で強調したところです。これらによって、知識を確実に効率よく身に付けられるでしょう。なお、解説中のカギ括弧内は、条文や判例を原文のまま引用した箇所です。

また、正解欄の横にワンポイントアドバイスを付しました。当該問題を正解するためにはどのような学習を行えばよいのか、どのような点に注意して学習を進めればよいのか、といった点について簡潔にアドバイスしています。当該問題の出題分野の学習に困った場合には参考にしてください。⇨ g

そのほか、末尾にある文献に、拙著ではありますが『伊藤真試験対策講座』、『伊藤真の判例シリーズ』（弘文堂）を挙げました。短答式試験の学習をする際に、教科書などに立ち戻って理解することも有効です。更に理解を深めて、確実な知識としたいときにこれらの教材を参照してください。⇨ i

【2】 CORE TRAINING ⇨ B

CORE TRAINING には、司法試験と予備試験の問題のうち、2006（平成18）年から2020（令和２）年までの司法試験及び2011（平成23）年から2020（令和２）年までの予備試験については、合格に必要十分な点数を確保できるように、受験者の正答率が60パーセント以上80パーセント未満の問題を一問一答形式で掲載しました。なお、

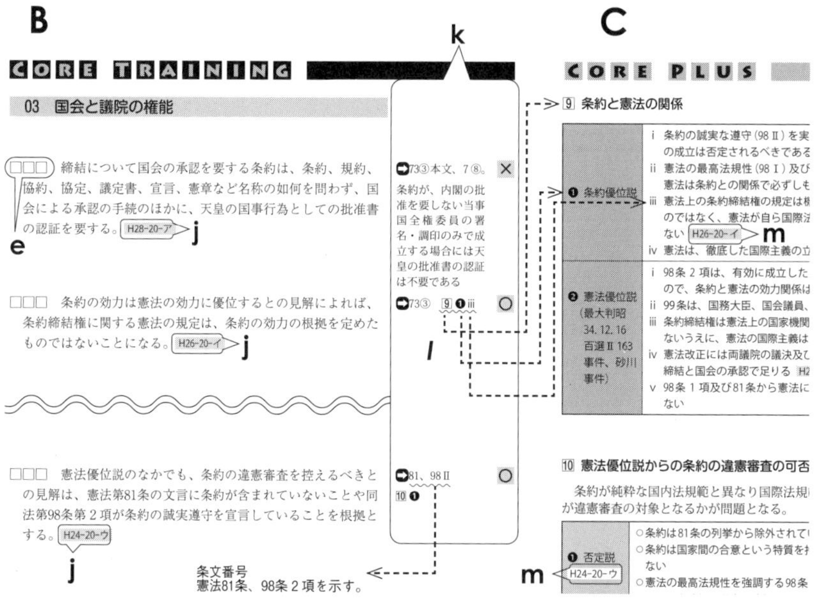

この出典の表記については、凡例（xviii 頁）に記載します。⇨ j

短答式試験においてより高得点を取るためには、受験生の大多数が理解している知識だけではなく、他の受験生と差を付けることができる範囲の知識についてもある程度身に付ける必要があります。このような知識をストックするために利用してほしいのが、この **CORE TRAINING** です。

なお、法改正等に対応させるために実際の出題から問題の内容を改変した場合には、出題年番号の後に「改題」と付しています。一方で、問題の内容に変更はなくとも、一問一答形式に対応させるため形式的な改変を加えた場合については、「改題」とは付していません。

CORE TRAINING の解説では、後述する **CORE PLUS** と併用してより確実に知識を身に付けられるように工夫を施しました。⇨ k

具体的には、一問ごとの解説では、可読性を重視し、問題の正誤及び必要最低限のごく簡単な解説を付すのみとし、その直後に、当該 **CORE TRAINING** で問われている知識を **CORE PLUS** 内に詳細に記載しています。**CORE TRAINING** の解説の末尾に記載された番号は、当該問題と **CORE PLUS** の図表の対応を示すものです。これにより、一目で問題の詳しい解説を探すことができます。⇨ *l*

CORE TRAINING と **CORE PLUS** を対応させて学習することで、単純に知識を１つひとつ覚えるのではなく、体系的な位置づけや周辺知識を意識しつつ学習することができるようになっています。

CORE TRAINING を効率よく活用し、短答式試験の過去問学習をコンパクトかつ質の高いものにしてください。

【3】 CORE PLUS ⇨ C

CORE PLUS は、短答式試験において必要不可欠と考えられる知識を図表化したものです。**CORE TRAINING** と対応させて、１つひとつの知識を体系立てて、有機的に関連させて学習できるよう、多数の図表を掲載しています。また、短答式試験の過去問だけでなく、その周辺知識までを網羅し、汎用性の高い知識を習得できるように工夫しています。短答式試験で通用するような質の高い知識を身に付けるために重要なのは、がむしゃらに過去問を解き続けて出てきた知識をその都度１つひとつ単純に覚えていくことではなく、知識を体系立てて、あるいは論文式試験で要求される知識とも関連付け、あらゆる切り口からの問題に対応できるような汎用性の高い知識を身に付けることです。そのためにも、**CORE PLUS** に掲載されている知識を確実に記憶していくことが望ましいのです。

また、**CORE PLUS** にも過去問の出題年番号を同様に付してあります。⇨ m
これによって、必要な知識がより明確で、かつ、短答式試験の合格に必要な知識が網羅されていますから、短答式試験の直前期などには、番号が付された箇所の知識を見返すことによって、得点アップにつながります。

4 おわりに

司法試験においては、いくら自分では十分に勉強したと思っていても合格できないことがあります。基礎・基本が不十分であったり、勉強の方向性を誤ったりすると、なかなか結果が出ません。大切なことは勉強の量よりも勉強の質なのです。

本書は、一般の短答式試験対策問題集と比べてコンパクトですから、知識量が足りるのか不安になる受験生もいるかもしれませんが、合格するためにセレクトされた問題から、おさえるべき知識をすべて掲載しています。

短答式試験合格に必要なのは大量の曖昧な知識ではなく、洗練された正確な知識と体系立った理解です。本書に掲載されている知識については繰り返し復習して、新たな問題を解く際や本番の短答式試験の際にも使えるような実践的な質の高い知識としてください。

本書を通して、最短で司法試験・予備試験の短答式試験の対策を完成させ、1人でも多くの受験生が、司法試験・予備試験の短答式試験に合格されることを願っています。

なお、制作にあたり、2020年司法試験に優秀な成績で合格された、有馬大稀さん、久保拓海さん、小林優吾さん、榊遥佳さん、菅野幹さん、田島敬太さん、長谷川司さん、羽田将輝さん、福島大輝さん、福本里紗さんに、その実力とノウハウを惜しみなく本書に注いでいただきました。また、伊藤塾の誇る優秀なスタッフと日本評論社の協力を得て、初めて刊行することができました。ここに改めて感謝いたします。

2021年３月

伊藤　真

もくじ

contents

凡例

explanatory notes

1 法令名の表記

問題文中を除き、括弧内の法令名については、以下のとおり略記しました。なお、紛らわしくない場合は、「(憲法)」を省略し、条文(項・号)番号のみ表示しています。

学校教育法……学教
議院における証人の宣誓及び証言等に関する法律……議院証言
教育基本法……教基
刑事収容施設及び被収容者等の処遇に関する法律……刑事収容
刑事訴訟法……刑訴
刑法……刑
刑事補償法……刑補
憲法……憲
公職選挙法……公選
国家公務員法……国公
国会法……国会
国事行為の臨時代行に関する法律……国事行為
裁判所法……裁
財政法……財
地方公務員法……地公
地方自治法……地自
内閣法……内
日本国憲法の改正手続に関する法律……憲改
破産法……破
民事執行法……民執
民事訴訟法……民訴
民事訴訟規則……民訴規
民法……民
労働組合法……労組

2 条文の表記

条文(項・号)番号の表記については、番号を併記するときは〈、〉で、準用条文を表すときは〈・〉で区切っています。

CORE TRAINING の右欄及び **CORE PLUS** の図表内において、アラビア数字は条文番号、ローマ数字(Ⅰ、Ⅱ、Ⅲ……)は項、丸数字(①、②、③……)は号を表しています。

3 判例の表記

① 最高裁については、大法廷を「最大」、その他を「最」

② 大審院については、連合部を「大連」、その他を「大」
③ 判決を「判」、決定を「決」
④ 元号の明治・大正・昭和・平成・令和をそれぞれ「明・大・昭・平・令」、年月日を「○.○.○」、と略記します。

例えば、「最高裁判決平成30年11月30日」は「最判平30.11.30」といった表記になります。

4 過去問の表記

過去の司法試験及び予備試験問題は、以下のように略記しています。

司法試験の出題年度－問題番号－記述番号

例えば、「H30-19-1、H23-18-4、予R5-7-5」は、平成30年司法試験の第19問の１、平成23年司法試験の第18問の４、令和５年予備試験の第７問の５となります。

司法試験と予備試験が同一の問題である場合には、司法試験問題番号のみ表記してあります。ただし、フル問題については、司法試験問題番号と予備試験問題番号を併記してあります。

5 参考文献（→以下は、本文表記名）

伊藤真・伊藤真試験対策講座５憲法［第３版］（弘文堂）→ 試験対策講座
伊藤真の判例シリーズ憲法［第２版］（弘文堂）→ 判例シリーズ
憲法判例百選Ⅰ［第７版］（有斐閣）→ 百選Ⅰ
憲法判例百選Ⅱ［第７版］（有斐閣）→ 百選Ⅱ
芦部信喜・憲法［第８版］（岩波書店）
野中俊彦他・憲法Ⅰ［第５版］（有斐閣）
野中俊彦他・憲法Ⅱ［第５版］（有斐閣）

6 法改正について

民事訴訟手続の全面的なIT化等を目的とした「民事訴訟法等の一部を改正する法律」（令和４年法律第48号）、及び拘禁刑の創設に伴う「刑法等の一部を改正する法律」（令和４年法律第67号）という２つの大きな改正により、本書に登載されている複数の法令が改正されています。令和４年法律第48号は、一部を除き公布日から４年以内に、令和４年法律第67号は、2025（令和７）年６月１日より施行されます。本書は、これらを確認したうえでの内容となっています。

なお、司法試験及び予備試験問題の正誤の基準となる法令の基準日が、2024年から試験実施年の１月１日に変更になりました。これに伴い、本書での解説及び正誤は、

2024年の１月１日時点で施行済みの法令を基準としています。

各種試験においては、施行日によって、出題範囲が異なる場合があります。ご注意のうえ、ご利用ください。

司法試験・予備試験
効果的学習法

合格セレクションシリーズに掲載されている問題やここで記述したような学習方法は、伊藤真塾長や伊藤塾で開発した数多いテキストや講義のうちの一部を紹介したにすぎません。「伊藤真塾長ってどんな人かな」「伊藤塾の講義を体験してみたい」「直近合格者の勉強方法を知りたい」「伊藤塾テキストを見たい」……。そう思ったら、伊藤塾ホームページにアクセスしてください。無料でお得な情報が溢れています。

スマホ・パソコン共通 URL　→　https://www.itojuku.co.jp/

伊藤塾ホームページにある情報の一例

塾長雑感（塾長エッセイ）
無料体験講座
合格者の声——合格体験記・合格者メッセージ——
合格後の活躍——実務家レポート——
講師メッセージ
伊藤塾の書籍紹介

講座は、受験生のライフスタイルに合わせ、**在宅（通信）**受講と**通学（校舎）**受講、**インターネット**受講を用意しています。どの受講形態でも**学習フォローシステムが充実**しています。

第1編

憲法総論

No. 001　「法の支配」の原理

H26-1

□　月　日
□　月　日
□　月　日

「法の支配」の原理に関する次のアからウまでの各記述について、それぞれ正しい場合には１を、誤っている場合には２を選びなさい。

□□□ ア.「法の支配」は、「人による支配」を排斥し、権力を「法」で拘束することによって国民の権利・自由を保障することを目的とする原理である。

□□□ イ.「法の支配」は、「法律による行政」の原理を意味するものであり、その法律自体の内容は問わない原理である。

□□□ ウ. 日本国憲法も、憲法の最高法規性、基本的人権の保障、特別裁判所の設置の禁止、そして裁判所による違憲立法審査権等からして、「法の支配」の原理に立脚しているといえる。

No. 001　正解　ア1、イ2、ウ1

法の支配の定義とその内容を確認したうえで、憲法の規定が法の支配をどのように具体化しているか確認しておこう。

正答率 92.4%

ア　正しい。

「**法の支配**」とは、専断的な国家権力の支配を排斥し、**権力を法で拘束する**ことによって、**国民の権利・自由を擁護することを目的**とする原理をいう。

イ　誤り。

「法の支配」にいう「**法**」は、議会が一定の手続に従って制定したという形式的要件だけではなく、その**内容が合理的なものでなければならない**という**実質的要件を含む概念**であり、ひいては**人権の観念**とも**固く結び付く**ものである。

ウ　正しい。

「法の支配」の内容として重要なのは、①**憲法の最高法規性**、②**権力によって侵害されない個人の人権**、③**法の内容・手続の公正を要求する適正手続**、④**権力の恣意的行使をコントロールする裁判所の役割への尊重**などであるとされている。日本国憲法においても、①98条1項が憲法の最高法規性を明確化し、②3章では不可侵の基本的人権のカタログを掲げている。また、③31条が適正手続の保障を定めていること、④特別裁判所を禁止（76条2項前段）して、司法権全般を通常司法裁判所に帰属させ、裁判所による違憲立法審査権（81条）を確立していることから、日本国憲法も「法の支配」の原理に立脚しているといえる。

文献　試験対策講座18～22頁

CORE TRAINING

01　憲法の意味

□□□　絶対王政の時代には、国家の主権と国王の主権を区別することに意味がなく、現に両者は一体的に捉えられていた。 予R1-8-ア

➡ 絶対王政の時代、主権概念は「君主の権力」というかたちで統一的に理解されていた　〇

□□□　形式的意味の憲法は、その内容がどのようなものであるかを一切問わない。 オリジナル①

➡ 1 ❶　〇

02　憲法の特質

□□□　立憲的意味の憲法は、人権保障と統治機構を実現することを目的としている。 オリジナル②

➡ 統治機構は人権保障を実現するための手段にすぎない　×

CORE PLUS

1 形式的意味の憲法と実質的意味の憲法

<table>
<tr><td>❶ 形式的意味の憲法</td><td colspan="2">憲法という名前で呼ばれる成文の憲法（憲法典）。憲法の存在形式に着目した概念で、その内容がどのようなものであるかを一切問わない　オリジナル①</td></tr>
<tr><td rowspan="3">❷ 実質的意味の憲法</td><td colspan="2">ある特定の内容（国家の機関、権力の組織と作用及び相互の関係を規律する規範）を持った法。憲法の内容に着目して捉えた場合の概念</td></tr>
<tr><td>i　固有の意味の憲法</td><td>国家統治の基本（国家の機関、権力の組織と作用及び相互の関係を規律する規範）を定めた法としての憲法</td></tr>
<tr><td>ii　立憲的意味の憲法</td><td>権力を制限することにより自由を保障しようという考えを基本理念とする憲法（近代的意味の憲法ともいう）</td></tr>
</table>

CORE TRAINING

□□□　憲法の形式的最高法規性は、軟性憲法において認められる。オリジナル①　➡ 2 ※　×

03　立憲主義と法の支配

□□□　「法の支配」は、民主主義と結合し、権利・自由を制約する法律の内容を国民自身が決定することが建前とされているから、法の内容が合理的でなくとも、国民が決定した判断が尊重され、有効に成立する。オリジナル②　➡ 3 ❷ a　×

□□□　法治主義は、民主主義とも結合し得る。オリジナル③　➡ 3 ❶ b　○

CORE PLUS

2 憲法の分類

❶ 形式による分類	成文憲法	憲法典としての単一の成典を持つ（形式的意味の憲法ともいう）
	不文憲法	憲法典としての単一の成典を持たない e.g.イギリスでは、権利請願や権利章典など、一部の重要法律を憲法と総称している
❷ 性質による分類	硬性憲法	憲法改正手続が一般の法律改正手続と異なり、より厳格な手続によるもの
	軟性憲法	憲法改正手続が一般の法律改正手続と同じもの
❸ 制定主体による分類	欽定憲法	君主が制定して国民に授けたというかたちを採っているもの
	民定憲法	国民が制定したというかたちを採っているもの

※　形式的最高法規性は、硬性憲法であることから派生するものである。オリジナル①

3 法の支配と法治国家

	a　法の支配	b　法治国家
❶ 民主的な立法過程との関係	権利・自由を制約する法律の内容を国民自身が決定することを建前とし、民主主義と結合	国家作用が行われる形式や手続を示すにすぎず、いかなる政治体制とも結合し得る形式的な観念　オリジナル③
❷ 法の意味	内容が合理的でなければならないという実質的要件を含み、人権の観念とも固く結びつく　オリジナル②	内容とは関係のない形式的な法律にすぎず、内容の合理性は問題とされない

※　戦後のドイツは、法律の内容の正当性まで要求し、不当な内容の法律を憲法に照らし排除するという違憲審査制を採用したことによって、形式的法治国家から実質的法治国家へと転換している。その意味では、現在の「法治国家」は「法の支配」とほぼ同義であるといえる。

No. 002

日本国憲法成立の法理

予H25-7

□ 月 日
□ 月 日
□ 月 日

日本国憲法成立の法理に関する次のアからウまでの各記述について、それぞれ正しい場合には１を、誤っている場合には２を選びなさい。

□□□ ア．憲法改正無限界論を前提にして、日本国憲法は大日本帝国憲法の憲法改正として有効に成立したものであると主張する説がある。この説に対しては、社会が変転する場合には、法もその社会の変転に伴って変わるということが法の本質である、との批判がなされている。

□□□ イ．日本のポツダム宣言受諾によって、天皇主権から国民主権への変更が生じ、日本国憲法はこの新たな主権者による新憲法制定であると主張する説がある。この説に対しては、ポツダム宣言は日本に直ちに国民主権の採用を要求したものではない、との批判がなされている。

□□□ ウ．国家の自主性が失われていた占領下において成立した日本国憲法は無効である、と主張する説がある。この説に対しては、ポツダム宣言・降伏文書に従った占領軍の要求は国際法上違法ではなく、また国内での国民による自律的判断は存在したといえる、との批判がなされている。

No. 002　正解 ア2、イ1、ウ1　このような問題は議論自体を知らなくとも、文章を論理的に読み解いて解答しよう。　正答率 80.4%

ア　誤り。

日本国憲法は、形式的には天皇主権を定める大日本帝国憲法の改正手続で成立したものである。しかし、前文は、国民主権の原則に基づき日本国民が制定したものであることを宣言している。この矛盾に対する説明として、憲法改正手続によりさえすればいかなる内容の改正も法的に許されるとし（憲法改正無限界論）、日本国憲法は大日本帝国憲法の憲法改正として有効に成立したものであるとする説がある。この説は、法はその規律する社会の社会的事情を基礎として存在するものであるから、その基礎となっている社会に変転があれば法を変更することも可能であるということを根拠としている。したがって、本記述の後段は、本記述前段への批判ではなく、理由となるものである。

イ　正しい。

日本国憲法の成立について、法学的な意味での革命が行われたものであると説明するものがある（八月革命説）。この説は、ポツダム宣言受諾により、天皇主権から国民主権への主権の変更が生じたのであり、日本国憲法は、明治憲法の改正憲法ではなく、新たな主権者である国民による新憲法の制定であると主張する。この説に対しては、ポツダム宣言は日本に直ちに国民主権の採用を要求したものではなく、天皇主権から国民主権への変更を生じさせたものではないとの批判がある。

ウ　正しい。

憲法はその国の国民の自由意思に基づいて制定されなければならないとされる（憲法自律性の原則）。そのため、国家の自主性が失われていた占領下において成立した日本国憲法は、憲法自律性の原則が損なわれており、無効であるとする説がある。この説に対しては、①占領軍はポツダム宣言を遵守することを日本に求める権利を有していたと解することができ、ポツダム宣言・降伏文書に従った占領軍の要求は国際法上違法ではないことや②議会の審議の前に完全な普通選挙によって議員が選挙されていたなど、国内での国民による自律的判断は存在したといえることから、日本国憲法の成立は憲法自律性の原則に反しないとの批判がある。

文献　試験対策講座33～36、664、665頁

CORE TRAINING

01　明治憲法の特色

□□□　統治権という意味での主権は国家に属すると考える国家法人説は、君主主権と国民主権のどちらにも結び付き得る考え方である。 予R1-8-エ

➡ 国家法人説では、君主主権か国民主権かは国家の最高意思を決定する最高機関の地位に就くのが君主か国民かといった違いのみであるため、君主主権と国民主権のどちらにも結び付き得る

○

CORE TRAINING

02　日本国憲法成立の法理

□□□　ポツダム宣言の受諾によって主権の所在が天皇から国民に移ったという、いわゆる八月革命説は、憲法改正には限界があるという立場を採りつつ日本国憲法の制定を正当化しようとするものである。 H18-14-エ

➡ 1 ＊1　○

□□□　八月革命説によれば、新憲法に、明治憲法の根本建前である天皇主権主義を真正面から否定する国民主権主義を定めることは、ポツダム宣言の受諾により国民主権主義が成立し、日本の政治体制の根本原理になったという特別の理由によって、初めて違法ではないと考えることができる。 オリジナル①

➡ 1❹　○

□□□　上記の八月革命説によると、日本国憲法は、明治憲法の改正憲法であると考えることとなる。 オリジナル②

➡ 改正憲法でなく、新しい別個の憲法と捉えることとなる　1 ＊2　×

□□□　憲法改正には法的限界がないとする見解によれば、日本国憲法は明治憲法の全部改正であって、新憲法の制定ではないということとなる。 オリジナル③

➡ 1 ＊3　○

03　日本国憲法の法源

□□□　硬性憲法の原則を重視する立場をとっても、憲法の空白を埋める事実が反復・継続された場合に、国家機関を政治的に拘束する憲法慣習の成立を認めることができる。 R2-20-ア

➡ 2❷　○

□□□　条約の国内法的効力は憲法に劣るという立場をとるならば、裁判所が、立法事実の存否を判断するための資料として、国際人権条約を参照することは、許されない。 R2-20-ウ

➡ 憲法優位説の立場に立ったとしても、内閣による条約の締結と国会の承認（73③）という要件を満たせば条約は国法の一形式として認められると解されている　×

CORE PLUS

1 日本国憲法の有効性に関する学説

	主張内容
❶ 無効説①（押し付け憲法論）	ポツダム宣言・降伏文書という一種の条約上の権利に基づいて占領軍から不当に押し付けられ、制定された日本国憲法は、国際法上の内政不干渉の原則に違反し、無効又は占領の終了に伴って失効されるべきであるとする
❷ 無効説②（ハーグ陸戦条約43条違反論）	憲法改正の限界についてこれを否定したうえで、日本国憲法の制定は、外国軍の占領下においてなされたものであるから、ハーグ陸戦条約43条に違反し、無効又は占領の終了に伴って失効されるべきであるとする
❸ 無効説③	憲法改正の限界についてこれを肯定したうえで、明治憲法73条による憲法改正という形式を採る日本国憲法は、明治憲法の根本建前である天皇主権主義を真正面から否定して国民主権主義を定めており、これは法的には許されないことであり、改正の限界を超えるとする
❹ 有効説①（八月革命説）[*1、*2]	憲法改正の限界についてこれを肯定したうえで、日本国憲法が明治憲法の改正という形式で明治憲法が容認しない国民主権主義を定めたことは、ポツダム宣言の受諾（降伏）により、日本の最終の政治形態は日本国民の自由に表明された意思によって決定されるという国民主権主義が成立し、日本の政治体制の根本原理となった（つまり、降伏が法律学的意味の革命をもたらした）という特別の理由によって初めて違法でないと考えることができるとする　オリジナル①
❺ 有効説②（新憲法制定説）	憲法改正の限界についてこれを肯定したうえで、天皇はポツダム宣言を履行するために憲法所定の手続に従って改正案を議会に提出したが、その内容は改正の限界を超えていた。しかし、審議の過程で日本国憲法を制定するという主権者たる国民の意思が議会を通じて表れたと考えることができるとする
❻ 有効説③（無限界説）[*3]	憲法改正の限界についてこれを否定したうえで、憲法の改正には法的な限界は存在しないため、天皇から国民へと主権の所在を変更する改正も許されるとする

＊1　八月革命説は、天皇主権を定める明治憲法を国民主権の憲法へと全面的に改正することは法的には許されず、憲法改正には一定の限界があるとする見解を前提とする。H18-14-エ

＊2　八月革命説によれば、日本国憲法は、明治憲法の改正憲法ではなく、全く新しい別個の憲法であり、しかも、それは、国民自らが制定した民定憲法であるとする。オリジナル②

＊3　無限界説によれば、日本国憲法は、明治憲法の改正憲法であって、新しい別個の憲法が制定されたものではないと考えることとなる。オリジナル③

2 憲法慣習

憲法慣習の類型	硬性憲法との関係
❶ 憲法に基づきその本来の意味を発展させる慣習	認められる
❷ 憲法上の明文の規定が存在しない場合にその空白を埋める慣習	認められる　R2-20-ア
❸ 憲法規範に明らかに違反する慣習	憲法習律としての法的性格を認めることはできるが、それ以上の、慣習と矛盾する憲法規範を改廃する法的効力を認めることは、硬性憲法の原則に反し、許されない

CORE TRAINING

04　日本国憲法の基本原理

□□□　前文は、日本国憲法という法典名の後に置かれているばかりでなく、その内容が憲法制定の目的や憲法の基本原理を含んでいることから、その法的規範性が是認される。H25-12-ア	➡ 前文も憲法典の一部を構成するため、法的規範性を有する　3 ※1	○
□□□　前文は、法律の場合と同じ手続で改正することができるが、前文に抵触する下位規範は、憲法第98条第1項からして、理論上排除されることになる。H25-12-イ	➡ 前文も憲法典の一部を構成するため、改正をするには憲法改正手続によらなければならない　3 ※1	×
□□□　前文第2段は、「平和のうちに生存する権利」を謳っており、最高裁判所はその裁判規範性を認めている。H25-12-ウ	➡ 最判昭57.9.9（長沼事件上告審）　3 ＊	×

CORE PLUS

3　前文の裁判規範性

裁判規範性	肯否	理　由
❶ 前文の具体的な裁判規範性	否定	前文は憲法の理想・原則を抽象的に宣明したものであって具体性を欠く
❷ 平和的生存権の裁判規範性	否定＊	平和的生存権は、憲法の理念を示すにすぎず、個人的権利として国民が国家に対して直接何らかの行為を求める根拠となり得ない。また、憲法第3章の人権のカタログのなかに平和的生存権は挙げられていない

＊　判例は、第一審で認めた平和的生存権の裁判規範性及び前文の裁判規範性を実質的に認めていない（最判昭57.9.9、長沼事件上告審）。H25-12-ウ

※1　前文も法的規範性を有するため、98条1項により、前文に抵触する下位規範の効力は理論上排除される。H25-12-ア・イ

※2　判例は、国民は平和的生存権を有するから、「自国の平和と安全を維持しその存立を全うするために必要な自衛のための措置をとりうることは、国家固有の権能の行使として当然のこと」であるとしている（最大判昭34.12.16百選Ⅱ163事件、砂川事件）。

No. 003

国民主権

H20-12

□　月　日
□　月　日
□　月　日

国民主権の観念における権力性の契機と正当性の契機に関する次のアからウまでの各記述について、それぞれ理論的に成立するものには１を、成立し難いものには２を選びなさい。

□□□ ア．国民主権の観念は、本来、君主主権との対抗関係の下で生成し、主張されてきたものである。このような経緯を踏まえると、国民主権の担い手は、抽象的なものではないし、特別の資格を持った君主でもないことになる。

□□□ イ．主権の権力性の契機において、主権の主体である国民は有権者（選挙権者の総体）を指す。しかし、国民を有権者ととらえることは、必ずしも憲法が直接民主主義を採用しているという結論を帰結するわけではない。

□□□ ウ．主権の正当性の契機において、主権の主体である国民は全国民（国籍保持者の総体）を指す。国民を全国民ととらえると、国民主権の原理は、命令的委任に拘束された国民代表制を要請することになる。

No. 003 正解 ア１、イ１、ウ２

主権の「権力性の契機」と「正当性の契機」について、しっかりと理解しておこう。

正答率 88.0%

ア　理論的に成立する。

国民主権の観念は、歴史的に君主主権との対抗関係の下で生成し、主張されてきたものである。このような経緯を踏まえると、国民主権の担い手が君主ということはあり得ない。また、君主でも国民でもなく国家であるという、抽象的なものを担い手とする説明も19世紀のドイツなどではなされてきたが、それは国民主権と君主主権との対抗関係を踏まえたものではなく、むしろそのような対抗関係に直面することを回避したものである。したがって、上記の経緯を踏まえる限り、**国民主権の担い手**は**具体的な国民**ということになる。

イ　理論的に成立する。

主権の**権力性の契機**においては、**国民が国の統治の在り方を最終的に決定するという要素**が重視されるので、そこでの主権の主体である国民は、**実際に選挙権を行使することができる有権者**（選挙権者の総体）を指すと解することになる。このように解した場合、憲法が直接民主主義を採用しているという結論が導かれやすいのは確かであるが、憲法が間接民主主義を採用しているという結論を否定するものではない。なぜなら、間接民主主義であっても、国民から憲法改正の最終的な決定権が奪われていない限り、主権の権力性は認められるからである。

ウ　理論的に成立し難い。

主権の**正当性の契機**においては、**国家権力を正当化し権威付ける根拠が国民であるとの要素**が重視されるので、そこでの主権の主体である国民は、有権者に限られず**全国民**（国籍保持者の総体）を指すと解することになる。しかし、このように解した場合、代表者は全国民の意思を議会において反映させなければならないから、選挙母体の意思による拘束としての命令的委任とは相容れない。

文献　試験対策講座47～51頁

No. 004　天皇の国事行為及び内閣の助言と承認

H26-12

□　月　日
□　月　日
□　月　日

天皇の国事行為及び内閣の助言と承認に関する次のアからウまでの各記述について、それぞれ正しい場合には１を、誤っている場合には２を選びなさい。

□□□ ア．国事行為のうち、その行為自体が名目的・儀礼的なものであっても、天皇は、自らの判断に基づき、内閣の助言と承認を拒むことは許されない。

□□□ イ．憲法は、天皇の無答責を明文で規定していないので、内閣の助言と承認のもとで行われた天皇の国事行為であっても、内閣の責任のほかに天皇が責任を負うことがあり得る。

□□□ ウ．国政に関する権能を天皇に付与しない限り、憲法で定められている国事行為以外の行為について、新たな国事行為として法律で定めることも許される。

No. 004　正解 ア1、イ2、ウ2

天皇の国事行為を確認したうえで、その性質についての議論を復習しておこう。

正答率 81.4%

ア　正しい。

憲法は、「天皇の国事に関するすべての行為」に対して「**内閣**の**助言と承認**」を要求する（3条）。このように、天皇の国事行為はすべて内閣の意思によって行われるものであるから、**天皇**は、内閣の助言と承認に対して**拒否権**を**持たない**とされている。

イ　誤り。

憲法は天皇の国事行為につき「**内閣**が、その**責任を負ふ**」と定めている（3条）。アの解説で述べたように、天皇の国事行為はすべて内閣の意思によって行われるものであるから、内閣が国事行為の助言と承認に際して行った政治的裁量について責任を負い、**天皇**は、国事行為について**責任**を**負わない**。

ウ　誤り。

憲法は、「天皇は、この**憲法の定める国事に関する行為のみ**を行ひ、国政に関する権能を有しない」（4条1項）と定め、6条及び7条は、その「国事に関する行為」の種類を具体的に明記している。これは、天皇は**国政に関する政治的決定権限を持たない**と共に、天皇の権限を憲法に列挙された**国事行為に限定**するという趣旨である。したがって、国政に関する権能を天皇に付与しない場合であっても、憲法で定められている国事行為以外の行為について、新たな国事行為として法律で定めることは許されない。

文献　試験対策講座58～61頁

CORE TRAINING

01　国民主権

□□□　一般に連邦国家では、主権は各州に帰属し、連邦は州より委譲された範囲でしか権限を行使し得ないため、連邦国家を主権国家と呼ぶことはできないとされている。予R1-8-ウ

➡ 連邦国家は、複数の国家が国家としての性格を保持しながら1つの国家をかたちづくっているものである　×

CORE TRAINING

□□□　ポツダム宣言第8項（「日本国ノ主権ハ本州、北海道、九州及四国並ニ吾等ノ決定スル諸小島ニ局限セラルベシ」）にいう主権は、対外的独立性の意味の主権であるとされている。 R2-11-ア 、予R1-8-イ	➡ ポツダム宣言第8項の「主権」は、国家権力そのもの（統治権）の意味である　1❶b	×
□□□　「政治道徳の法則は、普遍的なものであり、この法則に従ふことは、自国の主権を維持し、他国と対等関係に立たうとする各国の責務であると信ずる。」（憲法前文第3項）というときの「主権」は、国政に関する最高の決定権という意味で主権の概念を用いたものである。 R2-11-ウ 、H25-13-ア	➡ 前文第3項の「主権」は、国家権力の属性としての最高独立性の意味である　1❷b	×
□□□　「日本国民は、（中略）ここに主権が国民に存することを宣言し、この憲法を確定する。」（憲法前文第1項）というときの「主権」は、国政に関する最高の決定権という意味で主権の概念を用いたものである。 R2-11-イ	➡ 1❸b	○
□□□　「天皇は、日本国の象徴であり日本国民統合の象徴であつて、この地位は、主権の存する日本国民の総意に基く。」（憲法第1条）というときの「主権」は、国政に関する最高の決定権という意味で主権の概念を用いたものである。 R2-11-エ	➡ 1❸b	○
□□□　憲法第96条第1項の規定する憲法改正手続における国民投票は、国民主権の権力的な契機の表れといえる。 H25-13-ウ	➡ 国民投票は、国民が国の政治の在り方を決定するものである　2❷d	○

02　天皇制

□□□　天皇は日本国の象徴であり日本国民統合の象徴であるが、この地位は主権の存する日本国民の総意に基づくものであるとともに、民事裁判権が国民に由来する司法権の一作用であることからすれば、天皇に裁判所の民事裁判権が及ばないものと解することはできない。 R3-11-ウ	➡ 最判平元.11.20（百選Ⅱ162事件）3❷	×
□□□　天皇は、憲法で列挙された国事に関する行為以外であっても、国政に関する権能を行使することが認められている場合がある。 H18-16-4	➡ 4 Ⅰ	×

CORE PLUS

1 主権の意味

	❶ 国家権力そのもの（統治権）	❷ 国家権力の属性としての最高独立性	❸ 国政についての最高決定機関
a 内容	国家が有する支配権を示す言葉	国家権力が対外的にはほかのいかなる権力主体からも意思形成において制限されず独立であり、対内的にはほかのいかなる権力主体からも優越して最高であること	国の政治の在り方を最終的に決定する力又は権威
b 例	○「国権」（9 Ⅰ、41前段） ○ポツダム宣言8項「日本国ノ主権ハ本州、北海道、九州及四国並ニ吾等ノ決定スル諸小島ニ局限セラルベシ」 R2-11-ア、予R1-8-イ	「自国の主権を維持し」（前文Ⅲ） R2-11-ウ、H25-13-ア	○「ここに主権が国民に存することを宣言し」（前文Ⅰ1段） R2-11-イ ○「主権の存する日本国民の総意」（1後段） R2-11-エ

2 国民主権についての議論

	❶ 正当性の契機	❷ 権力性の契機（権力的契機）
a 定　義	国家の権力行使を正当化する究極の根拠は国民に存するという契機	国の政治の在り方を最終的に決定する権力を国民自身が行使するという契機
b 国　民	（天皇を除く）全国民（全国民主体説）	有権者（有権者主体説）
c 批　判	全国民主体説によると、国民主権は、権力性の契機とは、少なくとも理論上は、直接の関係はないことになるが、主権の権力的契機を抜きにして国民主権を構成するのは妥当ではない	有権者主体説によると、全国民が主権を有する国民と主権を有しない国民とに二分されるが、主権を有しない国民の存在を認めることは民主主義の基本理念に背くことになる
d 日本国憲法における表れ	○前文Ⅰ 1段、2段 ○国民主権原理（1）	○公務員の選定罷免権（15 Ⅰ） ○国民審査（79 Ⅱ） ○憲法改正手続における国民投票（96 Ⅰ） H25-13-ウ

3 天皇と裁判権

❶ 刑事裁判権	刑法232条 2 項、皇室典範21条、国事行為の臨時代行に関する法律 6 条との関連から、立法政策上、天皇が訴追されないことは当然の前提となっている（通説）
❷ 民事裁判権	「天皇は日本国の象徴であり日本国民統合の象徴であることにかんがみ、天皇には民事裁判権が及ばないものと解するのが相当である」（最判平元.11.20百選Ⅱ162事件） R3-11-ウ

CORE TRAINING

□□□　天皇の国事行為には内閣の助言と承認が必要であるが、天皇が自ら発意し、内閣が閣議にかけて承認する場合、内閣は当該国事行為についての責任を負わない。R4-12-ア	➡ 3。天皇の国事行為はすべて内閣がその責任を負う	×
□□□　天皇は内閣の指名に基づいて最高裁判所長官を任命するが、内閣は、最高裁判所長官の指名及びその任命に関する助言と承認を1回の閣議で行うことはできない。H20-14-ア	➡ 内閣は指名及び任命に関する助言と承認を1回の閣議決定で行うことができる	×
□□□　天皇は、内閣の助言と承認が不当なものであると判断した場合でも、その助言と承認を拒むことは一切認められていない。H18-16-3	➡ 内閣の助言と承認に対し、天皇は拒否権を持たない	○
□□□　憲法が定める天皇の任命行為は、すべて内閣の助言と承認に基づいて行われる。H18-16-5	➡ 6 I　4❷	×
□□□　天皇は国会を召集するが、内閣の助言と承認が国事行為の実質的決定権を含むという立場からすると、憲法第7条の規定により内閣が召集に関する決定権を有することになる。H20-14-イ	➡ この見解からすると、7条2号の国会の召集という国事行為に対する内閣の「助言と承認」(7柱書)が根拠となって、内閣が招集の実質的決定権を有することになる	○
□□□　天皇は栄典を授与するが、憲法は、恩赦の認証と異なり、栄典の授与自体が天皇の国事行為であるとしており、栄典の授与の認証を国事行為とはしていない。H20-14-ウ	➡ 7⑦　4❿	○
□□□　天皇は、法律の定めるところにより、国事行為を委任することができるが、この委任については、内閣の助言と承認は必要ではない。R4-12-イ	➡ 4 II、国事行為2　4❶	×

CORE PLUS

4 国事行為の具体的内容

❶ 4 Ⅱ	国事行為の委任	○天皇は、法律の定めるところにより、国事行為を委任することができるが、この委任についても、内閣の助言と承認は必要である（国事行為 2） R4-12-イ ○委任することができるのは、「精神若しくは身体の疾患又は事故があるとき」（摂政を置くべき場合を除く）である（国事行為 2 Ⅰ） ○天皇の海外旅行は「事故」に当たる ○委任を受ける者は、摂政になる場合と同順位の皇族である（摂政ではない）
❷ 6 Ⅰ	内閣総理大臣の任命	「国会の指名に基いて」行う* H18-16-5
❸ 6 Ⅱ	最高裁判所長官の任命	「内閣の指名に基いて」行う
❹ 7 ①	憲法改正、法律、政令及び条約の公布	「公布」とは、広く国民に知らせることをいい、効力が発生する施行とは異なる
❺ 7 ②	国会の招集	○招集の決定権は内閣にある（53前段参照） ○「国会」には、常会、臨時会、特別会のすべてを含む
❻ 7 ③	衆議院の解散	解散の決定権は内閣にある
❼ 7 ④	国会議員の総選挙の施行の公示	総選挙の施行の決定権は内閣に帰属する
❽ 7 ⑤	国務大臣その他の官吏の任免等の認証	○ここにいう「国務大臣」には内閣総理大臣は含まれない（6 Ⅰ参照） ○国務大臣の任免権は内閣総理大臣にあり（68）、天皇はそれを認証するのみ ○認証は効力要件ではない
❾ 7 ⑥	恩赦の認証	○恩赦の種類は、大赦、特赦、減軽、刑の執行の免除、復権 ○恩赦を決定する権限は内閣に属し（73⑦）、天皇は認証するのみ
❿ 7 ⑦	栄典の授与	○天皇以外による栄典の授与を禁止する趣旨ではなく、首相や知事などが授与する栄典制度を設けることも許される ○栄典の授与の認証は国事行為ではない H20-14-ウ
⓫ 7 ⑧	批准書等の外交文書の認証	批准書は、条約の締結権を持つ内閣が作成する（73③）
⓬ 7 ⑨	外国の大使・公使の接受	「接受」は外国の大使・公使を接見する儀礼的な事実行為
⓭ 7 ⑩	儀式を行うこと	○「儀式を行ふこと」の意味は、通説によると、天皇自ら主宰して儀式を行う場合（儀式を主宰し執行する場合）であるとされる ○儀式は私的ではなく国家的な性格のものでなければならず、宗教的なものであってはならない（20 Ⅰ後段、Ⅲ、89前段）

＊　内閣総理大臣の任命には内閣の助言と承認が必要であるとの見解もある。

CORE TRAINING

□□□　天皇に代わって摂政が置かれる場合は、摂政が自らの名で国事に関する行為を行い、その責任は摂政に帰属する。 H18-16-8	➡ 5　5※	×
□□□　「おことば」を象徴としての地位に基づく公的行為であると捉える見解については、象徴としての地位が天皇の一身専属のものであることを前提にすると、天皇の権能を代行する摂政は「おことば」を述べることができないのではないかという問題点がある。 R2-12-ア 、H28-12-ア	➡ 6 ❶ e iii	○
□□□　天皇は国会の開会式に参列するが、その際の「おことば」は天皇の象徴としての行為であるとする立場からすると、「おことば」について内閣の補佐は不要である。 H20-14-エ	➡ 象徴行為説によっても、おことばが私的行為でない以上、内閣の補佐は必要である	×
□□□　天皇の行為は限定するべきであり、天皇の行為には、憲法が定める国事行為と私的行為の二つしかないと考えるべきであるとする見解は、天皇は公人であり、「おことば」を述べることは公人としての行為であるとする見解の根拠となる。 R2-12-イ	➡ 後半の見解は、おことばを国事行為や私的行為とは異なる、公人としての行為としている　6 ❷ a	×
□□□　天皇による国会開会式の「おことば」を「儀式」に含めて理解する見解に立てば、その行為については内閣による助言と承認は要求されない。 H18-16-7	➡ 国事行為説によれば、おことばも国事行為となるため、内閣の助言と承認が必要となる	×
□□□　「おことば」は国事行為である「儀式を行ふ」（憲法第7条第10号）に含まれるという見解については、上記「儀式を行ふ」を「儀式を主宰する」という意味に解すると、文理上無理があるという問題点がある。 R2-12-ウ 、H28-12-ウ	➡ 6 ❷ e	○
□□□　「おことば」を国事行為である国会の召集（憲法第7条第2号）と密接に関連する行為として準国事行為と位置付ける見解については、「おことば」について内閣による「助言と承認」を通じたコントロールを及ぼす余地がなくなるという問題点がある。 H28-12-イ	➡ 7条柱書により「内閣の助言と承認」が要求されることになる　6 ❷ b	×

CORE PLUS

5 摂政・臨時代行

	❶ 摂　政	❷ 臨時代行
a 置かれる場合	○天皇が未成年の場合 （成年は18歳、皇室典範22） ○天皇が精神若しくは身体の重患又は重大な事故により、国事に関する行為を自らすることができないと皇室会議で判定されたとき（皇室典範16 Ⅱ）	摂政を置くまでに至らない場合 e.g. 海外旅行や長期にわたる病気の場合 （国事行為 2）
b 身　分	摂政は成年に達した皇族が就任する（皇室典範17 Ⅰ）	皇室典範17条の規定により摂政となる順位に当たる皇族が委任を受け臨時に代行する

※　摂政は、天皇の名で国事行為を行う（5前段）。H18-16-8

6 天皇のおことば等の行為の性質

	❶ 三行為説		❷ 二行為説	
a 公的行為の認否	国事行為と私的行為のほかに公的行為が認められる		国事行為と私的行為以外の行為は認められない R2-12-イ	
b 学　説	象徴行為説	公人行為説	国事行為説	準国事行為説 H28-12-イ
c 合憲性	合　憲			
d 根　拠	象徴としての公的地位を認める以上、象徴として公的行為を行える	天皇が公人として、公的行為を行うことが当然あり得る	おことばは「儀式を行ふ」に含め、そのほかは私的行為とする	おことばは国会の召集に密接に関連する準国事行為とする等
e 批　判	i　象徴に積極的意味が付与される ii　公的行為の範囲が明確ではない iii　摂政や天皇の代行は公的行為を行えるか疑問 R2-12-ア、H28-12-ア iv　象徴としての行為を内閣のコントロールの下に置き得るというがその憲法上の根拠は薄弱	象徴行為説と同じくあるいはそれ以上に公的行為の範囲が明確でない	「儀式を行ふ」とは通常は儀式を主催し執行する意味であるから、参列する行為まで含めて解することは、文理上かなり無理がある R2-12-ウ、H28-12-ウ	「密接に関連する」の意味が必ずしも明確でない

CORE TRAINING

□□□　皇室に財産を譲り渡し、又は皇室が、財産を譲り受け、若しくは賜与することは、国会の議決に基づかなければならない、と憲法は定めている。 R4-12-ウ	➡ 8　7❶	○

CORE PLUS

7 皇室の財産

❶ 8条	皇室に財産を譲り渡し、又は皇室が、財産を譲り受け、若しくは賜与することは、国会の議決に基づかなければならない R4-12-ウ
❷ 88条	○すべて皇室財産は、国に属する ○すべて皇室の費用は、予算に計上して国会の議決を経なければならない

No. 005

憲法9条

R3-13

□ 月 日
□ 月 日
□ 月 日

憲法第9条の解釈に関する次のアからウまでの各記述について、bの見解がaの見解の批判となっている場合には1を、そうでない場合には2を選びなさい。

□□□ ア．a．憲法第9条第1項は、侵略戦争を放棄しているが、自衛戦争は放棄しておらず、同条第2項にいう「前項の目的」とは、第1項の「国際紛争を解決する手段として」の戦争の放棄のみを指すから、自衛のための戦力の保持は禁じられていない。

b．自衛のための戦力と侵略のための戦力とを区別することは困難であり、戦力の保持を禁じた第2項の規定が無意味なものとなる。

□□□ イ．a．憲法第9条第1項は、侵略戦争を放棄しているが、自衛戦争は放棄しておらず、同条第2項にいう「前項の目的」とは、第1項全体の精神、すなわち「正義と秩序を基調とする国際平和を誠実に希求し」を指し、第2項によって警察力を上回る実力の保持が禁じられている。

b．日本国憲法には、第66条第2項の文民条項を除き、戦争開始の決定手続や軍隊の編制に関する規定が存在しない。

□□□ ウ．a．憲法第9条は、我が国が主権国として有する固有の自衛権まで否定するものではなく、自衛のために必要な最小限度の実力、すなわち自衛力の保持を禁じていない。

b．個人の正当防衛の権利とは異なり、国家が固有の権利として自衛権を有するということはできない。

No. 005 **正解 ア1、イ2、ウ1**　9条の解釈問題は頻出である。確実におさえよう。　正答率 88.4%

ア　批判となっている。

ａの見解は、従来の国際法上の通常の用語例によると、「国際紛争を解決する手段として」の戦争（９条１項）とは、国家政策の手段としての戦争と同じ意味であり、具体的には侵略戦争を意味し、**９条１項は侵略戦争のみを放棄している**と考える。そして、同条２項の「前項の目的を達するため」とは、侵略戦争放棄という目的を達するためということであり、すなわち、**侵略戦争のための戦力は保持しない**との意味であると考える。また、交戦権の否認については、**交戦国が持つ諸権利は認めないとの意味**を述べるにとどまるとの考え方である。この見解に対しては、**自衛のための戦力と侵略のための戦力とを区別**することは、実際に**不可能**に近く、したがって自衛戦争が放棄されず、自衛のための戦力が合憲だとすれば、**結局、戦力一般を認める**ことになり、**同条２項の規定が無意味になる**というｂの批判が成り立つ。

イ　批判となっていない。

ａの見解は、９条１項についてはアのａの見解と同様の考え方をしつつも、同条２項の「前項の目的」は、「正義と秩序を基調とする国際平和を誠実に希求」することを指し、その目的を達成するために、同条２項で戦力の保持を無条件で禁じ、また、交戦権まで否認しているので、同条１項で留保された自衛戦争も事実上不可能となり、**９条全体で侵略戦争・自衛戦争のすべてが放棄される**結果となるとの考え方である。この見解は、結局すべての戦争が禁止されていると考えるから、**戦争開始の決定手続や軍隊の編制に関する規定が存在しない**とのｂの見解はａの見解の**根拠**であり、批判となっていない。

ウ　批判となっている。

ａの見解は、**国家固有**の**自衛権**が憲法上放棄されることはあり得ない以上、急迫・不正の侵害に対して**自衛行動をとることは当然認められる**ものと解し、自衛のために必要な、**「戦力」に至らない実力を保持することは９条２項の禁ずるところではない**とする考え方である。この見解に対しては、自衛権が国家に**固有**だという主張は、論証を要しないほど**自明なものかどうか疑問**であるという批判が成り立つ。

文献　試験対策講座72～75頁

No. 006　憲法９条

R1-13

□ 月 日
□ 月 日
□ 月 日

憲法第９条に関する次のアからウまでの各記述について、ｂの見解がａの見解の根拠となっている場合には１を、そうでない場合には２を選びなさい。

□□□ ア．ａ．戦争の放棄について規定した憲法第９条第１項は、自衛のためであると侵略のためであるとを問わず、全ての戦争を放棄することとしたものである。

ｂ．「国際紛争を解決する手段として」の「戦争」という文言は、戦争抛棄ニ関スル条約（いわゆる不戦条約）に見られるような、通常の国際法上の用例に従って解釈されるべきである。

□□□ イ．ａ．日本国とアメリカ合衆国との間の相互協力及び安全保障条約（いわゆる日米安保条約）に基づき日本国内に駐留するアメリカ合衆国の軍隊は、憲法第９条第２項で保持しないこととされた「戦力」に該当する。

ｂ．憲法第９条第２項が戦力の不保持を定めているのは、わが国が戦力を保持し、自らその主体となってこれに指揮権、管理権を行使することにより、同条第１項において放棄するとした侵略戦争を引き起こすことがないようにするためである。

□□□ ウ．ａ．憲法第９条に違反する具体的な立法又は行政処分により、個人に何らかの不利益が生じたとしても、同条で保障された個人の権利が侵害されたものということはできない。

ｂ．憲法第９条は、前文における平和主義の原則を受けて規定されたものであり、平和達成のための禁止事項を前文よりも具体的に列挙しているが、これは国家機関に対して一定の行為を禁止するものであって、その保護法益は国民一般の公益である。

No. 006 正解 ア２、イ２、ウ１

近年、このテーマの出題頻度が高いため、９条についての学説を再度確認しておこう。

正答率 80.3%

ア　根拠となっていない。

ｂの見解は、従来の**国際法上の用語例により、９条１項を解釈**しようとする見解である。この見解からすれば、同項の**「戦争」とは国家政策としての戦争**、すなわち**侵略戦争**を意味することとなり、自衛のための戦争を放棄しているとは考えられないことになる。したがって、ｂの見解は、９条１項をすべての戦争を放棄したものと考えるａの見解の根拠となっていない。

イ　根拠となっていない。

ｂの見解は、**我が国が主体**となり、**指揮権、管理権を及ぼす**ことのできるものを**「戦力」**と捉える見解である。この見解によれば我が国が主体となり、指揮権、管理権を及ぼすことのできないものは「戦力」に該当しない。したがって、日本国内に駐留するアメリカ軍は我が国が主体となり、指揮権、管理権を及ぼすことができないものであるから、「戦力」に該当しないこととなる。そのため、ｂの見解は、日本国内に駐留するアメリカ合衆国の軍隊が「戦力」に該当するというａの見解の根拠とならない。

ウ　根拠となっている。

ｂの見解は、９条の保護法益を国民一般の公益として捉える見解である。この見解によれば、同条は個人の権利について保障した規定といえず、よって同条に違反する立法又は行政処分がなされたとしても、９条により保障された権利の侵害は観念できない。したがって、ｂの見解はａの見解の根拠となっている。

文献　試験対策講座72～74、76、77頁

No. 007　憲法9条

H30-14

□　月　日
□　月　日
□　月　日

憲法第９条に関する次のアからウまでの各記述について、最高裁判所の判例の趣旨に照らして、正しいものには○、誤っているものには×を付した場合の組合せを、後記１から８までの中から選びなさい。

□□□ ア．憲法第９条第２項が保持を禁止した戦力とは、我が国がその主体となってこれに指揮権、管理権を行使し得る戦力に限られず、我が国との安全保障条約に基づき我が国に駐留する外国の軍隊も、我が国の要請に応じて武力を行使する可能性があるので、同項の戦力に該当し得る。

□□□ イ．憲法前文が定める平和的生存権は、憲法第９条及び第３章の規定によって具体化され、裁判規範として現実的・個別的内容を持つものであるから、森林法上の保安林指定の解除処分が自衛隊の基地の建設を目的とするものである場合、周辺の住民は、同処分の取消訴訟において、平和的生存権の侵害のおそれを根拠として原告適格を有する。

□□□ ウ．国が自衛隊の用地を取得するために私人と締結した土地売買契約は、当該契約が実質的にみて公権力の発動たる行為と何ら変わりがないといえるような特段の事情のない限り、憲法第９条の直接適用を受けず、私人間の利害関係の公平な調整を目的とする私法の適用を受けるに過ぎない。

１．ア○　イ○　ウ○　　２．ア○　イ○　ウ×　　３．ア○　イ×　ウ○
４．ア○　イ×　ウ×　　５．ア×　イ○　ウ○　　６．ア×　イ○　ウ×
７．ア×　イ×　ウ○　　８．ア×　イ×　ウ×

No. 007　**正解 7**　９条に関連した判例の争点と結論を判例集などで確認しておこう。　正答率 90.2%

ア　誤り。

判例は、日本に駐留する米軍の９条との関係が争われた事案において、９条２項が「その保持を禁止した**戦力**とは、**わが国がその主体となってこれに指揮権、管理権を行使し得る戦力**をいうものであり、結局わが国自体の戦力を指し、**外国の軍隊**は、たとえそれが**わが国に駐留するとしても、**ここにいう**戦力**には**該当しない**と解すべきである」としている（最大判昭34.12.16百選Ⅱ163事件、砂川事件）。したがって、我が国の要請によって武力を行使する可能性の有無によって９条２項の「戦力」該当性が決定されるわけではない。

イ　誤り。

判例は、航空自衛隊の地対空ミサイル基地を建設する目的で行われた建設予定地周辺の保安林の指定解除処分の取消しを基地建設予定地の周辺住民が求めた事案において、憲法前文２項３段の「『平和のうちに生存する権利』も裁判規範として、なんら現実的、個別的内容をもつものとして具体化されているものではない」として周辺住民に原告適格を認めなかった原審（札幌高判昭51．８．５）の判断を支持し、平和的生存権の裁判規範性については、憲法判断を示さなかった（最判昭57．９．９行政百選Ⅱ171事件、長沼事件上告審）。したがって、判例は、平和的生存権の侵害のおそれを根拠として周辺住民に原告適格を認めていない。

ウ　正しい。

判例は、国が自衛隊の用地を取得するために私人と締結した土地売買契約の有効性が争われた事案において、「国が行政の主体としてでなく私人と対等の立場に立って、私人との間で個々的に締結する私法上の契約は、当該契約がその成立の経緯及び内容において**実質的にみて公権力の発動たる行為となんら変わりがないといえるような特段の事情のない限り**、憲法**９条の直接適用を受けず、**……私法の適用を受けるにすぎない」としている（最判平元．６.20百選Ⅱ166事件、百里基地事件）。

文献　試験対策講座43、44、76、77、629、630頁。判例シリーズ80、83、84事件

CORE TRAINING

□□□　憲法第９条１項は、国際紛争を解決する手段としての戦争・武力の行使、すなわち侵略戦争を放棄しているとの考えを採り、２項の「前項」の意味を、「侵略戦争放棄の目的」と解する見解に立った場合、自衛のための戦力を保持することも認められる。 オリジナル①

➡ 1 ❷ a　○

□□□　憲法第９条１項の「国際紛争を解決する手段として」とは、「一切の紛争を解決する手段として」と解する見解によれば、９条２項の解釈を待たずに自衛戦争も放棄するものと解される。 オリジナル②

➡ 1 ❷ c　○

CORE PLUS

1　9条の規範構造

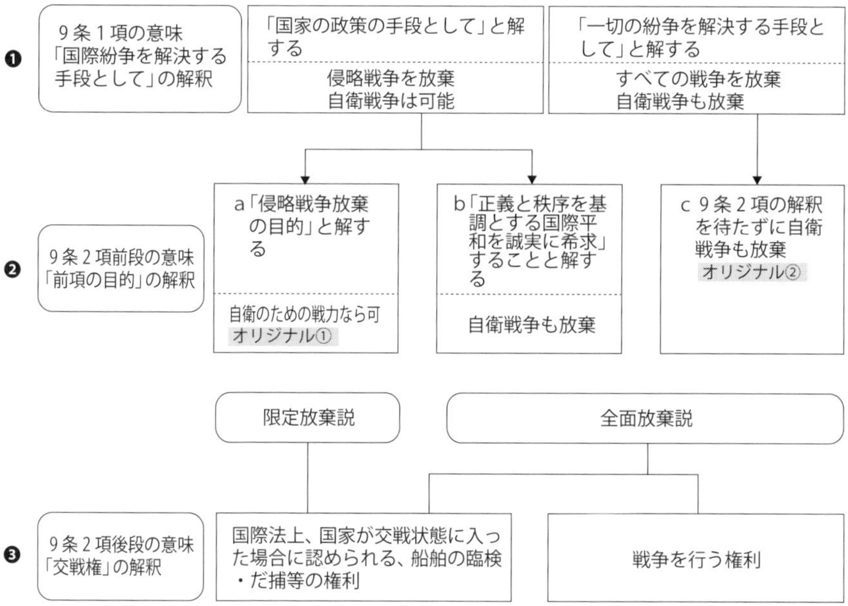

CORE TRAINING

□□□ 憲法第９条は、我が国が主権国として持つ固有の自衛権を否定するものではない。憲法前文の趣旨からして、憲法第９条は、国際連合のような国際機関にばかりでなく、他国に安全保障を求めることを禁じるものではない。 予H23-8-ア

➡ 最大判昭34.12.16（砂川事件） 2 ※１

○

□□□ 判例によると、憲法第９条第２項は自衛のための戦力の保持を否定している。 オリジナル

➡ 最大判昭34.12.16（砂川事件） 2 ※２

×

CORE PLUS

2 自衛隊の合憲性についての諸説

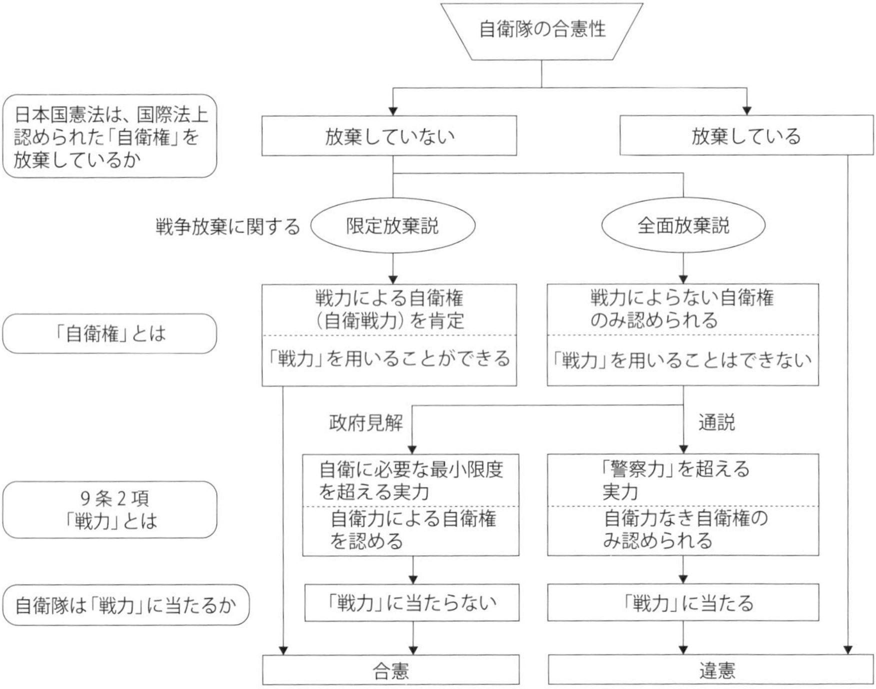

※１ 砂川事件（最大判昭34.12.16百選Ⅱ163事件）は、憲法９条「によりわが国が主権国として持つ固有の自衛権は何ら否定されたものではなく」、「憲法９条は、わが国がその平和と安全を維持するために他国に安全保障を求めることを、何ら禁ずるものではない」としている。 予H23-8-ア

※２ 判例（砂川事件）は、９条「２項がいわゆる自衛のための戦力の保持をも禁じたものであるか否かは別として」と判示し、自衛権の保持を否定していない。 オリジナル

第2編

基本的人権の原理

No. 008

論　外国人の人権

H25-1

□　月　日
□　月　日
□　月　日

外国人の人権に関する次のアからウまでの各記述について、最高裁判所の判例の趣旨に照らして、それぞれ正しい場合には１を、誤っている場合には２を選びなさい。

□□□ ア．外国人の政治活動の自由は、我が国の政治的意思決定に影響を及ぼす活動であっても、憲法上保障される。

□□□ イ．我が国に在留する外国人には、居住する地方公共団体の長及びその議会の議員に対する選挙権が憲法上保障されていない。

□□□ ウ．社会保障の施策において外国人をどのように処遇するかについては、憲法上立法府の裁量に委ねられている。

No. 008 正解 ア2、イ1、ウ1　外国人の人権に関して、判例を中心に基本事項をおさえておこう。 正答率 84.8%

ア　誤り。

判例は、日本に在留する外国人に政治活動の自由が憲法上保障されるかが問題となった事案において、「憲法第3章の諸規定による**基本的人権の保障**は、**権利の性質上日本国民のみをその対象としていると解されるものを除き**、わが国に在留する**外国人に対しても等しく及ぶ**」としたうえで、「**政治活動の自由**についても、**わが国の政治的意思決定又はその実施に影響を及ぼす活動等外国人の地位にかんがみこれを認めることが相当でないと解されるものを除き**、その保障が及ぶ」としている（最大判昭53.10.4百選Ⅰ1事件、マクリーン事件）。したがって、外国人の政治活動の自由は、我が国の政治的意思決定に影響を及ぼす活動であれば、憲法上保障されない。

イ　正しい。

判例は、我が国に在留する外国人に地方公共団体における選挙権が保障されるかが問題となった事案において、15条1項が国民主権の原理に基づき公務員の終局的任免権が国民に存することを表明したものであること、地方公共団体が我が国の統治機構の不可欠の要素をなすものであることを併せ考えると、「憲法93条2項にいう『**住民**』とは、**地方公共団体の区域内に住所を有する日本国民**を意味するものと解するのが相当であり、右規定は、**我が国に在留する外国人**に対して、**地方公共団体の長、その議会の議員等の選挙の権利を保障したものということはできない**」としている（最判平7.2.28百選Ⅰ3事件、定住外国人地方参政権事件）。

ウ　正しい。

判例は、障害福祉年金の支給対象者から外国人を除外する国民年金法56条1項ただし書（現削除）が憲法25条に反するかが問題となった事案において、「**社会保障上の施策において在留外国人をどのように処遇するか**については、国は、**特別の条約の存しない限り**、当該外国人の属する国との外交関係、変動する国際情勢、国内の政治・経済・社会的諸事情等に照らしながら、その政治的判断によりこれを決定することができる」としたうえで、「障害福祉年金の支給対象者から在留外国人を除外することは、**立法府の裁量の範囲に属する**」としている（最判平元.3.2百選Ⅰ5事件、塩見訴訟）。したがって、社会保障の施策において外国人をどのように処遇するかについては、憲法上立法府の裁量に委ねられているといえる。

文献　試験対策講座104〜113、116、117頁。判例シリーズ1、3事件

CORE TRAINING

01　人権宣言の歴史

□□□　近代立憲主義とは、成文憲法に基づいて国家運営を行おうとする思想ないし実践を意味する。それは、イギリスにおける1215年のマグナカルタによって確立された。 H27-11-ア

➡ 近代立憲主義は、1787年のアメリカ合衆国憲法制定以降に特有のものと考えられている 1 ❶　×

□□□　1789年のフランス人権宣言は近代立憲主義の内容を簡潔に示している。それによれば、「憲法」というためには、「権力の分立」が定められていれば足りる。 H27-11-イ

➡ フランス人権宣言は、権力分立のみならず、国民の権利の保障も立憲主義の要素とする 1 ❷　×

□□□　19世紀の「自由国家」と形容される時代には自由の保障が強調されていた。しかし、その自由の保障のために、違憲立法審査権を裁判所に認める国は例外的であった。 H27-11-ウ

➡ 当時、違憲立法審査権が行使されていたのは、アメリカなど限られた国である　○

CORE PLUS

1 人権宣言の歴史

❶ マグナ・カルタ（英・1215）	マグナ・カルタにおいて宣言された権利・自由は、生来の権利である人権というよりは、国民権又は臣民権と呼ばれるべきものである H27-11-ア
❷ フランス人権宣言（仏・1789）	「人は、自由かつ権利において平等なものとして出生し、かつ生存する。社会的差別は、共同の利益のうえにのみ設けることができる。」（フランス人権宣言 1）と定めており、マグナ・カルタ同様自由権を強調する宣言である H27-11-イ
❸ ワイマール憲法（独・1919）	従来の自由国家的人権宣言から、社会国家的人権宣言への潮流の先駆けとなったものである。社会権を強く表明するという点が特徴である

CORE TRAINING

02　人権の享有主体

問題	参照	正誤
□□□　法人は、現代社会におけるその役割の重要性からすると、全ての人権について、自然人と同程度の保障を受ける。 H26-2-イ	➡最大判昭45.6.24（八幡製鉄政治献金事件） 2❶i	×
□□□　法人は主として独立した経済活動の主体であることに存在意義があるから、財産権や営業の自由のような経済的自由権を享有する。しかしながら、精神的自由権は、自然人とだけ結合して考えられる人権であるから、法人には保障されない。 予R4-1-イ	➡最大決昭44.11.26（博多駅テレビフィルム提出命令事件）は、法人である報道機関に報道の自由（21Ⅰ）の保障が及ぶことを前提としている	×
□□□　会社は、法令の規定に従い定款で定められた目的の範囲内において権利を有し、義務を負うところ、会社が特定の政党に政治資金を寄付することも、客観的、抽象的に観察して、会社の社会的役割を果たすためにされたものと認められる限りにおいては、定款所定の目的の範囲内の行為とみることができる。 予H30-9-イ	➡最大判昭45.6.24（八幡製鉄政治献金事件） 2❶ii	○
□□□　最高裁判所は、株式会社による政党への政治資金の寄附が、国民の選挙権の自由な行使を直接に侵害するものであるとしつつ、会社にも政治活動の自由が保障されるため、当該侵害は社会的許容性の限度を超えるものではないと判断されることから、当該寄附が公序良俗に違反すると解することはできないとした。 R4-2-ア	➡最大判昭45.6.24（八幡製鉄政治献金事件） 2❶iii	×
□□□　労働組合は、組合員の経済的地位の向上を本来の目的とする団体であり、その目的のために、組織として支持政党又はいわゆる統一候補を決定し、その選挙運動を推進すること自体は自由であるが、その政党に寄付する資金の費用負担を組合員に強制することは許されない。 予H30-9-ア	➡最判昭50.11.28（国労広島地本事件） 2❷	○
□□□　税理士会は、税理士の使命及び職責に鑑み、税理士法に基づき設立された強制加入団体であり、その会員には、実質的には脱退の自由が保障されていないが、税理士に係る法令の制定改廃に関する要求を実現するために税理士会として政党に金員を寄付することは、税理士会の目的の範囲内の行為であり、そのために会員から特別会費を徴収する決議も有効である。 予H30-9-ウ、予H24-8-ウ	➡最判平8.3.19（南九州税理士会事件） 2❸	×

□□□　司法書士の業務の円滑な遂行による公的機能の回復に資するため、大震災により被災した他県の司法書士会に支援金を寄付することは、司法書士会の権利能力の範囲内にあるというべきであり、このような支援金寄付のため、司法書士会が会員から負担金を徴収することは、司法書士会が強制加入団体であることを考慮しても、会員の政治的又は宗教的立場や思想信条の自由を害するものではない。 R5-2-イ	➡ 最判平14.4.25（群馬司法書士会事件） 2 ❹　○

CORE PLUS

2 人権の享有主体その１（法人の人権）

事件名	事　案	判　旨
❶ 八幡製鉄政治献金事件（最大判昭45.6.24百選Ⅰ8事件）	八幡製鉄（現在の新日本製鐵）の代表取締役が自由民主党に政治献金をした行為の責任を追及して同社の株主が訴訟を提起した事件	i 第３章の権利・義務の条項は、性質上可能な限り、内国の法人に適用される H26-2-イ ii 会社は、定款所定の目的の範囲内で権利能力を有し、特定の政党への政治献金も、客観的・抽象的に判断して会社の社会的役割を果たすためにされたといえる限度で、目的の範囲内の行為である 予H30-9-イ iii 会社の政治献金は、国民の参政権の行使に直接影響を及ぼすものではなく、憲法に反しないから、違憲を前提とした民法90条違反の主張は前提を欠く R4-2-ア
❷ 国労広島地本事件（最判昭50.11.28百選Ⅱ145事件）	労働組合の政治的活動と組合員の政治的信条との関係が問題となった事件	政党・候補者の支持は、組合員各自が決定すべきであるから、組合による選挙運動の推進自体は自由だが、特定の候補者を支援するために所属政党に寄附する資金の負担を組合員に強制することは許されない 予H30-9-ア
❸ 南九州税理士会事件（最判平8.3.19百選Ⅰ36事件）	税理士会が、税理士法改正のための資金として特別資金を徴収し、特定の政治団体に寄附した行為が、法人の「目的の範囲内」（民法34条）の行為かが争われた事件	政治団体に金員を寄附するかは、選挙における投票の自由と表裏をなすものとして、各会員が決定するべきであるから、寄附行為は、税理士会の目的の範囲外の行為であり、無効である 予H30-9-ウ、予H24-8-ウ
❹ 群馬司法書士会事件（最判平14.4.25）	復興支援拠出金を寄附するために特別に負担金を徴収することは、司法書士会の権利能力の範囲外ではないかが争われた事件	群馬司法書士会が阪神・淡路大震災により被害を受けた兵庫県司法書士会に対して、3000万円の復興支援拠出金を寄附することは、司法書士会の目的の範囲を逸脱するものとまでいうことはできない。群馬司法書士会が強制加入団体であることを考慮しても、負担金の徴収は、会員の政治的又は宗教的立場や思想信条の自由を害するものではない R5-2-イ

CORE TRAINING

□□□　外国人の場合には、我が国との関係が日本国民とは異なるので、日本国民に比べて裁判を受ける権利の保障の程度に差を設けることも許される。H26-2-ア	➡ 最大判昭53.10.4（マクリーン事件）3 ❶ i	×
□□□　外国人に対する憲法の基本的人権の保障は外国人在留制度の枠内で与えられているにすぎないとの見解は、国は在留期間中の憲法の基本的人権の保障を受ける行為を在留期間の更新の際に消極的な事情としてしんしゃくすることができるとの見解の根拠となっている。R2-1-ア	➡ 最大判昭53.10.4（マクリーン事件）3 ❶ ii	○
□□□　憲法第93条第2項にいう「住民」とは、地方公共団体の区域内に住所を有する日本国民を意味するが、外国人のうち永住者等であってその居住する区域の地方公共団体と特段に緊密な関係を持つに至ったと認められるものについて、法律により、地方公共団体の長や議会の議員に対する選挙権を付与することは、憲法上禁止されていない。R5-19-イ、予H29-5-イ	➡ 最判平7.2.28（定住外国人地方参政権事件）3 ❷ ii	○
□□□　外国人が普通地方公共団体の公務員に就任することは、その者が公権力の行使に当たる行為を行うかどうかにかかわらず、本来我が国の法体系の想定するところではない。R3-11-ア	➡ 最大判平17.1.26（東京都管理職試験事件）3 ❸	×
□□□　判例は、在留外国人に対する社会保障に関し、定住外国人か否かを区別しつつ、限られた財源の下では、福祉的給付を行うに当たり自国民を定住外国人より優先的に扱うことも許されるとしている。H19-2-ア	➡ 最判平元.3.2（塩見訴訟）3 ❹ i	×
□□□　判例は、障害福祉年金の給付に関し、廃疾の認定日に日本国民でない者に受給資格を認めないことは憲法第14条第1項に反しないとしたが、これは、同項の規定の趣旨は外国人に対しても及ぶとする考え方と矛盾しない。H19-2-イ	➡ 最判平元.3.2（塩見訴訟）3 ❹ ii	○
□□□　判例は、社会保障上の施策において在留外国人をどのように処遇するかは、立法府の広い裁量に委ねられており、国は特別の条約の存しない限り、その政治的判断によりこれを決定できるという考え方を前提としている。H19-2-エ	➡ 最判平元.3.2（塩見訴訟）3 ❹ ii	○

CORE PLUS

3　人権の享有主体その2（外国人の人権）

事件名	事　案	判　旨
❶ マクリーン事件（最大判昭53.10.4百選Ⅰ1事件）	外国人が1年間の在留期間の更新申請をしたところ、更新を許可しないとの処分がなされたので、この処分の取消しを求めた事件	ⅰ　基本的人権の保障は、権利の性質上日本国民のみを対象としていると解されるものを除き、我が国に在留する外国人に対しても等しく及ぶ H26-2-ア ⅱ　政治活動の自由についても、我が国の政治的意思決定又はその実施に影響を及ぼす活動等外国人の地位に鑑み、これを認めることが相当でないと解されるものを除き、その保障が及ぶ。しかし、外国人に対する憲法の基本的人権の保障は、外国人在留制度の枠内で与えられているにすぎない R2-1-ア
❷ 定住外国人地方参政権事件（最判平7.2.28百選Ⅰ3事件）	日本で生まれ育った在日韓国人らが、公職選挙法に基づき選挙人名簿への登録を求める異議の申出をしたところ、却下されたため、これを争った事件	ⅰ　公務員を選定罷免する権利を保障した15条1項の規定は、権利の性質上日本国民のみを対象とし、上記規定による権利の保障は、我が国に在留する外国人には及ばない ⅱ　我が国に在留する外国人で永住者等でありその居住する区域の地方公共団体と特段に緊密な関係を持つに至ったといえるものについて、その意思を日常生活に密接な関連を有する地方公共団体の公共的事務の処理に反映させるべく、法律により、地方公共団体の長、その議会の議員等に対する選挙権を付与する措置を講ずることは、憲法上禁止されていない R5-19-イ、予H29-5-イ
❸ 東京都管理職試験事件（最大判平17.1.26百選Ⅰ4事件）	韓国籍の特別永住者が保健婦（現保健師）に採用された後、課長級の管理職選考試験を受けようとしたが日本国籍でないことを理由に受験を拒否されたため、精神的苦痛に対する損害賠償を求めた事件	国民主権の原理に基づき、原則として日本国籍を有する者が公権力行使等地方公務員に就任することが想定されており、外国人が公権力行使等地方公務員に就任することは、本来我が国の法体系の想定するところではない R3-11-ア
❹ 塩見訴訟（最判平元.3.2百選Ⅰ5事件）	障害福祉年金の受給につき、廃疾認定日に日本国民でない者には、同年金を支給しない旨定めていた国民年金法の国籍条項は、憲法13条、14条1項、25条に違反するとして争った事件	ⅰ　外国人をどのように処遇するかは、国の政治的判断に委ねられており、福祉的給付を行うに当たり、自国民を在留外国人より優先的に扱うことも、許される H19-2-ア ⅱ　障害福祉年金の受給資格要件が立法府の裁量の範囲に属する事柄というべきであるから、取扱いの区別については、その合理性を否定することができない H19-2-イ・エ

CORE TRAINING

□□□　天皇及び皇族は、日本国籍を有する日本国民であり、憲法第３章の人権享有主体としての「国民」に含まれる。したがって、天皇及び皇族にも、表現の自由、外国移住の自由、国籍離脱の自由及び学問の自由について、国民一般と同程度の保障が及ぶ。 予R4-1-ウ

➡ 4　×

□□□　憲法による基本的人権の保障は、権利の性質上日本国民のみをその対象としていると解されるものを除き、我が国に在留する外国人に対しても等しく及ぶという見解からすると、憲法第22条第２項は、「何人も」との文言を用いているため、国籍離脱の自由は、我が国に在留する外国人にもその保障が及ぶ。 R2-1-ウ 、H21-1-イ

➡ 権利性質説を前提とするのであれば、「何人も」との文言を用いる場合でも、権利の性質に応じて判断すべきである。最大判昭53.10.4（マクリーン事件）参照　×

□□□　未成年者は、精神的・肉体的に未成熟なことから、成人とは異なった特別の保護を必要とする場合があり、このような趣旨から、憲法は児童の酷使を禁止している。 H26-2-ウ

➡ 27Ⅲ　○

□□□　未成年者は、心身ともにいまだ発達途上にあり成熟した判断能力を持たないから、人権の保障について、成年者と異なる考慮が必要になる。日本国憲法も、「公務員の選挙については、成年者による普通選挙を保障する。」と定め、未成年者に選挙権を保障していない。 予R4-1-ア

➡ 15Ⅲ　○

CORE PLUS

4　人権の享有主体その３（天皇・皇族の人権） 予R4-1-ウ

保障されない権利	○参政権（15Ⅰ） ○特定の政党に加入する自由（21Ⅰ） ○外国移住の自由・国籍離脱の自由（22Ⅱ）
制約される権利	○学問の自由（23） ○表現の自由（21Ⅰ） ○婚姻の自由（24） ○財産権（29Ⅰ）

No. 009

特殊な法律関係における人権

R1-1

□　月　日
□　月　日
□　月　日

国又は地方公共団体との特殊な法律関係における人権に関する次のアからウまでの各記述について、ｂの見解がａの見解の根拠となっている場合には１を、そうでない場合には２を選びなさい。

□□□ ア．ａ．当該法律関係の特殊性だけを理由とする基本的人権の制約は正当化できず、個々の法律関係ごとに、いかなる人権が、いかなる理由で、どの程度制限されるのかを具体的に検討すべきである。

ｂ．特殊な法律関係といっても様々な関係があり、それらを特殊な法律関係として一律に捉え、同様の人権制約が妥当すると解するのは相当でない。

□□□ イ．ａ．特別な法律関係にある者に対して公権力が包括的な支配権を有し、法律の根拠なく人権を制限することができ、それについて裁判所の審査が及ばないとする伝統的な特別権力関係論は、日本国憲法下では妥当し得ない。

ｂ．日本国憲法は、国会を唯一の立法機関とし、徹底した法治主義の原則をとり、基本的人権の尊重を基本原則としている。

□□□ ウ．ａ．刑事施設被収容者の収容関係について、人が国又は地方公共団体の通常の統治権に服することで成立する一般権力関係におけるのとは異なる人権制限を行う必要性は、現在もなお肯定できる。

ｂ．刑事施設被収容者といえども人権の享有主体であることに変わりはなく、取り分け未決勾留中の者については、無罪推定原則が及んでいる。

No. 009 **正解 ア1、イ1、ウ2**　論理問題として解答することもできるが、関連知識をもう一度確認しておこう。　正答率 93.1%

ア　根拠となっている。

ｂの見解は、**特別権力関係にある構成員であっても、その権利を制限する根拠・目的・程度等はそれぞれ異なる**ことから、一般的・観念的に取り扱うことはできないとする見解である。この見解からすれば、個々の法律関係ごとに、**いかなる人権が、いかなる理由で、どの程度制限されるのかを具体的に検討すべき**であり、当該法律関係の特殊性だけを理由とする基本的人権の制約は正当化できないということとなる。したがって、ｂの見解は、基本的人権の制約について、個々の法律関係を具体的に検討して行うというａの見解の根拠となっている。

イ　根拠となっている。

ｂの見解は、権力を法で拘束し、国民の権利・自由を制限する法律の内容を国民自身が決定すべきとする見解である。この見解からすれば、人権を制限するには法律の根拠が必要であり、それについて裁判所の審査が及ぶこととなる。したがって、ｂの見解は、法律の根拠なく人権を制限することが可能となる伝統的な特別権力関係論とはなじまず、ａの見解の根拠となっている。

ウ　根拠となっていない。

ｂの見解は、刑事施設被収容者の一般国民としての地位を重視する見解である。この見解からすれば、**様々な法律関係にある構成員の権利を制限する根拠・目的・程度等はそれぞれ異なる**ため、構成員ごとに**いかなる人権が、いかなる理由で、どの程度制限されるのかは個別具体的に検討すべき**ということとなる。したがって、ｂの見解は、性質の異なる法律関係にある者についても、公権力に服従しているという形式的なカテゴリーで一括して捉える特別権力関係論とは結び付かない。よって、ｂの見解は、特別権力関係論を肯定するａの見解の根拠とはなっていない。

文献　試験対策講座130～132頁

No.
010

論

公務員の人権

予H25-1

□　月　日
□　月　日
□　月　日

公務員の人権に関する次のアからウまでの各記述について、最高裁判所の判例の趣旨に照らして、それぞれ正しい場合には１を、誤っている場合には２を選びなさい。

□□□ ア．国家公務員は、憲法において「全体の奉仕者」とされていることや、実質的にはその使用者が国民全体であることなどから、その人権についても、一定の制約に服することがあると解されている。

□□□ イ．国家公務員の労働関係は、国民の代表者により構成される国会の制定した法律、予算によって定められることなどから、争議行為を企てる行為や、これをあおる行為に対して刑罰を科すことは違憲ではないと解されている。

□□□ ウ．国家公務員と異なり、地方公務員は、憲法の明文で「全体の奉仕者」とされていないことや、人事院制度に対応する代償措置も置かれていないことから、争議行為を企てる行為や、これをあおる行為に対して刑罰を科すことは許されないと解されている。

No. 010 正解 ア1、イ1、ウ2 公務員の人権に関する判例は、その変遷に着目しながらおさえておこう。 正答率 80.6%

ア　正しい。

判例は、争議行為及びそのあおり行為を職務内容等の区別なく一律に禁止した国家公務員法（以下「国公」という）98条5項（現98条2項）並びに争議行為のあおり行為に対して刑事罰を規定した国公110条1項17号（現削除）の合憲性が問題となった事案において、「**公務員は**……、憲法15条の示すとおり、**実質的に**は、**その使用者は国民全体**であり、公務員の**労務提供義務は国民全体に対して負う**ものである。……**公務員の地位の特殊性**と**職務の公共性**にかんがみるときは、これを根拠として公務員の労働基本権に対し**必要やむをえない限度の制限を加えること**は、**十分合理的な理由がある**」としている（最大判昭48.4.25百選Ⅱ141事件、全農林警職法事件）。したがって、国家公務員の人権について、一定の制約に服することがあると解される。

イ　正しい。

判例（全農林警職法事件）は、「公務員の給与をはじめ、その他の**勤務条件は**、私企業の場合のごとく労使間の自由な交渉に基づく合意によって定められるものではなく、原則として、国民の代表者により構成される国会の制定した**法律、予算によって定められる**こととなっている」ことなどから、「公務員の争議行為は、公務員の地位の特殊性と勤労者を含めた**国民全体の共同利益の保障という見地**から、**一般私企業におけるとは異なる制約に服すべきもの**となしうる」としたうえで、結論として、国公98条5項（現98条2項）、110条1項17号（現削除）の規定が違憲であるということはできないとしている。したがって、争議行為を企てる行為や、これをあおる行為に対して刑罰を科すことは違憲ではないと解される。

ウ　誤り。

判例は、地方公務員に対して争議行為を企てる行為及びこれをあおる行為の禁止を規定する地方公務員法（以下「地公」という）37条1項並びにこれらの行為に対する罰則を規定した地公61条4号（現削除）の合憲性が問題となった事案において、地方公務員も地方公共団体の住民全体の奉仕者として、実質的にはこれに対して労務提供義務を負うこと、人事院制度に対応するものとして人事委員会又は公平委員会の制度が設けられていることから、「地公法37条1項前段において**地方公務員の争議行為等を禁止**し、かつ、同項後段が**何人を問わず**それらの**行為の遂行を共謀**し、**そそのかし、あおる等の行為を**することを**禁止**したとしても、**地方住民全体ないしは国民全体の共同利益のためのやむをえない措置**として、それ自体としては**憲法28条に違反するものではない**といわなければならない」としている（最大判昭51.5.21百選Ⅱ143事件、岩手教組学テ事件）。また、同判決は、地公61条4号（現削除）が憲法18条、28条に違反するということはできないとしている。したがって、地方公務員の争議行為を企てる行為や、これをあおる行為に対して刑罰を科することは許されると解される。

＊　地方公務員法61条4号は、37条1項前段に規定する違法な行為の遂行を共謀し、唆し、若しくはあおり、又はこれらの行為を企てた者に対する罰則について規定していたが、令和4年法律第68号により削除された。なお、この改正は、2025（令和7）年6月1日に施行される。

文献　試験対策講座136～138頁。判例シリーズ71事件

CORE TRAINING

01　公共の福祉

□□□　憲法第12条及び第13条の「公共の福祉」は、人権の外にあって人権を制約することができる一般的な原理であるとする見解がある。この見解は、権利の性質に応じて権利の制約の程度が異なると解している。オリジナル①

➡ 一元的外在制約説は、公共の福祉の観念を人権制約の一般的原理としているが、権利の性質に応じて権利の制約の程度が異なると解していない　1 ❶

×

□□□　公共の福祉とは人権相互の矛盾・衝突を調整するための実質的公平の原理であるとする見解は、すべての権利を制約の対象としている。オリジナル②

➡ 1 ❸

○

CORE PLUS

1「公共の福祉」についての議論

	❶ 一元的外在制約説 オリジナル①	❷ 内在・外在二元的制約説	❸ 一元的内在制約説
12、13条の「公共の福祉」	人権制約の一般的原理	訓示的・倫理的規定であるにとどまり、制約の根拠とはならない（国家の心構えの表明にすぎない）	人権相互の矛盾・衝突を調整するための実質的公平の原理（すべての人権に論理必然的に内在）オリジナル②
22条1項、29条2項の「公共の福祉」	特別の意味を持たない	人権制約の根拠規定	
批　判	法律による人権制約が容易に肯定されるおそれがあり、ひいては、明治憲法における法律の留保の付いた人権保障と同じことになってしまう	○自由権と社会権の区別は相対化しており、画然と分けることは適当ではない ○13条を倫理的規定とすると、新しい人権を基礎付ける包括的人権条項と解釈できなくなってしまう	○条文の「公共の福祉」の意味が希薄になる ○人権の具体的限界についての判断基準として必要最小限度のような抽象的な原則しか示されず、人権制約立法の合憲性を具体的にどう判定するのか明らかではない

CORE TRAINING

02　特別の法律関係における人権

□□□　公権力が特別権力関係に属する個人に対して包括的な支配権を有し、その個人の人権を法律の根拠なくして制限することができるほか、特別権力関係内部における公権力の行為は司法審査に服さないとする特別権力関係論は、日本国憲法の下では妥当し難い。 H29-1-イ

➡ 2 ❶　○

□□□　猿払事件判決（最高裁判所昭和49年11月６日大法廷判決、刑集28巻９号393頁）は公務員の政治的中立性を損なうおそれのある行動類型に属する政治的行為を禁止することに伴い意見表明の自由が制約されることになっても、そのような制約は行動の禁止に伴う限度での間接的・付随的制約にとどまると判示している。 H30-1-イ

➡ 3 ❷ ii　○

□□□　猿払事件判決によれば、国家公務員の具体的な政治的行為を処罰することの合憲性判断に当たっては、当該公務員の職務内容や問題となる行為の内容などを総合的に考慮すべきである。例えば機械的労務の提供を職務とする者の政治的行為により公務員の政治的中立性が害されるおそれは小さいが、他方、行われた行為が選挙に際しての特定政党への支援活動という政治的偏向の強いものであれば、結局処罰は合憲と判断される。 H20-2-ウ

➡ 3 ❸　×

□□□　猿払事件判決は、特別権力関係論から公務員の政治的意見表明の自由に対する制約を正当化している。 H30-1-ア

➡ 3 ❷ i　×

□□□　公務員の政治的行為の禁止を定める国家公務員法第102条第１項及び人事院規則14-７それ自体は憲法第21条に違反しないとしても、当該公務員の行為のもたらす弊害が軽微なものについてまで一律に罰則を適用することは、必要最小限の域を超えるものであって、憲法第21条及び第31条に違反する。 H24-18-ウ

➡ 3 ❷ ii　×

CORE PLUS

2　特別権力関係論

	結　論	批　判／理　由
❶ 伝統的な特別権力関係論	特別の公法上の原因によって成立する公権力と国民との特別の法律関係を特別権力関係という観念で捉え、法治主義の排除、人権の制限、司法審査の排除が妥当する	〈批判〉日本国憲法は、法の支配の原理を採用し、基本的人権の尊重を基本原理とし、更に国会を「唯一の立法機関」と定めているので（41後段）、そのままでは妥当しない H29-1-イ
❷ 修正された特別権力関係論	特別権力関係においても、基本的人権の保障が原則として及び、その限界は、特別権力関係の設定目的からみて、社会通念に照らし合理的範囲に限定される	〈批判〉特別権力関係論は、公務員の勤務関係、受刑者の在監関係等の実質的には全く異なる法律関係にある者を形式的なカテゴリーで同じ性質の公法上の権力関係に属するものと捉えている点で不当である
❸ 否定説	伝統的に特別権力関係と呼ばれる種々の法律関係を、それぞれを規律する実体法規と関連させて、個別具体的に考察し、いかなる人権が、いかなる根拠で、どの程度制約されるかを具体的に明らかにすることが重要である	〈理由〉伝統的に特別権力関係と呼ばれる法律関係は、自律的秩序を有していることと一般国民としての地位に若干の修正を受けることを共通させているにとどまり、一般的・包括的な概念によって当該法律関係を説明したり、人権制限を正当化することは妥当ではない

3　行政公務員の政治活動と猿払事件（最大判昭49.11.6 百選Ⅰ12事件）

❶ 事例	郵便局員が衆議院議員の選挙用ポスターを公営掲示板に掲示したり、他に配布したところ、国家公務員法102条1項に反するとして起訴された事件
❷ 判決	ⅰ 公務員の政治的行為を禁止することは、「それが合理的で必要やむをえない限度にとどまるものである限り」許容され、国家公務員法102条1項及び規則による政治的行為の禁止が上記基準を満たすかの判断に当たっては、「禁止の目的、この目的と禁止される政治的行為との関連性、政治的行為を禁止することにより得られる利益と禁止することにより失われる利益との均衡の3点から検討することが必要である」 H30-1-ア ⅱ 目的の正当性と合理的関連性を認め、利益の均衡についても、公務員の被る制約は、「間接的、付随的な制約」にすぎず、「公務員の政治的中立性を維持し、行政の中立的運営とこれに対する国民の信頼を確保するという国民全体の共同利益」のために制限を加えても、利益の均衡を失するものではない H30-1-イ、H24-18-ウ
❸ 特徴	○合理的関連性の基準という緩やかな基準を採用している ○公務員の地位、職務内容・権限、勤務時間の内外などを区別することなく、公務員の政治活動を全面的に禁止することも憲法に違反しない H20-2-ウ

CORE TRAINING

□□□　堀越事件判決及び世田谷事件判決（最高裁判所平成24年12月７日第二小法廷判決、刑集66巻12号1337頁及び同1722頁）によれば、「政治的行為」とは、公務員の政治的な行為一般ではなく、公務員の職務の遂行の政治的中立性を損なうおそれが、観念的なものにとどまらず、現実的に起こり得るものとして実質的に認められるものを指す。H27-1-ア	➡ 4❷ i	○
□□□　堀越事件判決は、国家公務員法第102条第１項にいう「政治的行為」の意義を、公務員の職務の遂行の政治的中立性を損なうおそれが実質的に認められるものと解した上、その判断においては、当該公務員の地位、その職務の内容や権限等、当該公務員がした行為の性質、態様、目的、内容等の諸般の事情を総合して判断するのが相当であると判示している。H30-1-ウ	➡ 4❷ i	○
□□□　堀越事件判決及び世田谷事件判決によれば、公務員の職務の遂行の政治的中立性を損なうおそれが認められるか否かは、諸般の事情を総合して判断する必要があるが、公務員の政治的な行為が勤務外で行われた場合には、そのおそれは存在しないと考えられる。H27-1-ウ	➡ 4❷ iii	×
□□□　堀越事件判決及び世田谷事件判決によれば、管理職的地位にある公務員が政党機関紙の配布といった殊更に一定の政治的傾向を顕著に示す行動に出た場合には、その指揮命令や指導監督を通じてその部下等の職務の遂行や組織の運営にもその傾向に沿った影響を及ぼすことになりかねず、「政治的行為」に該当する。H27-1-イ	➡ 4❷ iii	○
□□□　職権行使の独立が保障され、単独で又は合議体の一員として司法権を行使する主体として、国に対する訴訟を含めて中立・公正な立場から裁判を行うことが強く期待される裁判官に対する政治運動禁止の要請は、議会制民主主義の政治過程を経て決定された政策を、政治的偏向を排し組織の一員として忠実に遂行すべき立場にある一般職の国家公務員に対する政治的行為の禁止の要請ほどには強くないというべきである。R3-1-ウ	➡ 最大決平10.12.1（寺西判事補戒告事件）5❸	×

CORE PLUS

4 行政公務員の政治活動と堀越事件（最判平24.12.7 百選Ⅰ13事件）・世田谷事件（最判平24.12.7）

❶ 事例	○堀越事件　社会保険事務所の年金審査官が、日本共産党を支持する目的で勤務時間外に住居や事務所に同党の機関紙及び政治文書を配布したところ、国家公務員法102条１項に反するとして起訴された事件 ○世田谷事件　厚生労働事務官が日本共産党を支持する目的で勤務時間外に同党の機関紙及び政治文書を配布したところ、国家公務員法102条１項に反するとして起訴された事件
❷ 判決	ｉ 国家公務員法102条１項の「『政治的行為』とは、公務員の職務の遂行の政治的中立性を損なうおそれが、観念的なものにとどまらず、現実的に起こり得るものとして実質的に認められるもの」を指すとし、その該当性は「当該公務員の地位、その職務の内容や権限等、当該公務員がした行為の性質、態様、目的、内容等の諸般の事情を総合して判断する」 H30-1-ウ、H27-1-ア ⅱ 上記の限定解釈の下、国家公務員法102条１項の合憲性を肯定したうえで、堀越事件判決は、ビラ配布が「管理職的地位になく、その職務の内容や権限に裁量の余地のない公務員によって、職務と全く無関係に、公務員により組織される団体の活動としての性格もなく行われ」、「公務員による行為と認識し得る態様で行われたものでもないから」、同項の「政治的行為」に当たらないとした ⅲ 他方で、世田谷事件における判決は、勤務外の行為であったとしても「国民全体の奉仕者として政治的に中立な姿勢を特に堅持すべき立場にある管理職的地位の公務員」による一定の政治的傾向を顕著に示す行動は、政治的傾向が職務内容に現れる蓋然性が高まり、その指揮命令や指導監督を通じてその部下等の職務の遂行や組織の運営にもその傾向に沿った影響を及ぼすことになりかねないとして国家公務員法102条１項の「政治的行為」に当たるとした H27-1-イ・ウ
❸ 特徴	○「政治的行為」に限定解釈を加えた判断をし、猿払事件のような基準は用いられていない ○「政治的行為」に当たるか否かの判断で、猿払事件では考慮していなかった公務員の地位、職務内容・権限、勤務時間の内外等を考慮している

5 裁判官の政治活動と寺西判事補戒告事件（最大決平10.12.1 百選Ⅱ177事件）

❶ 事例	寺西判事補が、通信傍受法に反対する集会に参加し、「仮に法案に反対の立場で発言しても、裁判所法に定める積極的な政治運動に当たるとは考えないが、パネリストとしての発言は辞退する」旨の発言をした結果、戒告処分を受け、これを争った事件
❷ 判決	○裁判所法52条１号にいう「積極的に政治運動をすること」とは、組織的、計画的又は継続的な政治上の活動を能動的に行う行為で、裁判官の独立及び中立・公正を害するおそれがあるものをいう ○裁判官が積極的に政治運動をすることを禁止する裁判所法52条１号の規定は、憲法21条１項に違反しない
❸ 特徴	○最大判昭49.11.6（百選Ⅰ12事件、猿払事件）と同様の規範を採用した ○裁判官が、司法権を行使する主体であることから、裁判官に対する政治運動禁止の要請は、一般職の国家公務員に対する政治運動禁止の要請より強いものというべき、とした R3-1-ウ

CORE TRAINING

□□□　非権力的な労務に従事する現業の国家公務員は憲法第28条の勤労者にほかならず、労働基本権の保障を受けるから、全体の奉仕者であることを理由として、非現業の国家公務員と同様に争議行為を全面的に禁止することは、合理的な理由を欠く。予H26-7-ウ

➡ 7 ❷　×

□□□　公務員の労働基本権の制限に関し、全農林警職法事件判決（最大判昭48. 4 .25）以降の最高裁判所の判例は、職務の内容にかかわらず公務員の争議行為を一律に禁止することについて、合憲とする判断を維持している。H29-1-ア

➡ 7 ❶　○

□□□　かつて特別権力関係とされた在監関係につき、現在では、刑事収容施設及び被収容者等の処遇に関する法律において刑事施設被収容者の権利義務が明確化され、書籍等の閲覧、外部の者との面会及び信書の発受の各制限についてその要件が法定されたことにより、刑事施設の長らはそれらの制限の可否について裁量を失った。H29-1-ウ

➡ 刑事収容70 I 。書籍等の閲覧については同項各号の要件下で、刑事施設の長の権限として閲覧を禁止できると規定されており、長の裁量が認められている　×

□□□　刑事収容施設内において喫煙を許すことにより、罪証隠滅のおそれがあり、また火災発生により被拘禁者の逃走や人道上の重大事態の発生も予想される一方、たばこは生活必需品とまではいえず嗜好品にすぎないことからすれば、喫煙の自由が憲法の保障する人権に含まれるとしても、制限の必要性の程度と制限される基本的人権の内容、これに加えられる具体的制限の態様とを総合的に考慮すると、施設内における喫煙禁止は必要かつ合理的なものといえる。R3-1-イ

➡ 最大判昭45. 9 . 16（百選 I A4事件）8 ❶　○

□□□　多数の被拘禁者を外部から隔離して収容する施設では、施設内でこれらの者を集団として管理するに当たり、内部の規律及び秩序を維持し、その正常な状態を保持する必要があるから、この目的のため必要がある場合には、未決拘禁者についても、身体の自由やその他の行為の自由に一定の制限が加えられることはやむを得ない。R3-1-ア

➡ 最大判昭58. 6 . 22（よど号ハイジャック記事抹消事件） 8 ❷　○

□□□　受刑者が国会議員あての請願書の内容を記した手紙を新聞社に送付しようとする場合、刑事施設の長がこれを制限し得るのは、具体的事情の下でそれを許可することが施設内の規律及び秩序の維持等の点において放置できない程度の障害が生ずる相当のがい然性があるときに限られる。H22-2-ウ

➡ 最判平18. 3 .23。制約は、監獄内の規律・秩序の維持、受刑者の身柄確保等の点で放置できない程度の障害が生ずる相当の蓋然性が認められる場合に限り許容される　○

CORE PLUS

6 公務員の人権に関する判例の変遷

	❶ 第1期(昭和28～41年)	❷ 第2期(昭和41～48年)	❸ 第3期(昭和48年～)
判例	政令201号事件(最大判昭28. 4. 8)	【三公社・五現業】 全逓東京中郵事件(最大判昭41. 10. 26百選Ⅱ139事件) 【国家公務員】 全司法仙台事件(最大判昭44. 4. 2)	○全農林警職法事件(最大判昭48. 4. 25百選Ⅱ141事件) ○全逓名古屋中郵事件(最大判昭52. 5. 4百選Ⅱ142事件)
立場	抽象的な公共の福祉論、全体の奉仕者論に基づいて、広く労働基本権の制約を認める	労働基本権の制約規定を限定的に解釈	「公務員の地位の特殊性と公共性」に着目し、争議行為の一律禁止を合憲とした

7 第3期の公務員の人権に関する判例

❶ 全農林警職法事件(最大判昭48. 4. 25百選Ⅱ141事件)	最高裁は、担当する職務内容の別なく、公務員であること、すなわち①公務員の地位の特殊性と職務の公共性、②財政民主主義、③公務員の争議行為には市場抑制力がないこと、④人事院等による代償措置の存在を理由に、一律かつ全面的な公務員の労働基本権の制限を合憲であると判示した H29-1-ア
❷ 全逓名古屋中郵事件(最大判昭52. 5. 4百選Ⅱ142事件)	現業の国家公務員も憲法28条にいう勤労者に当たるとしたうえで、「公務員の労務提供義務は国民全体に対して負うもの」であるとする点等は現業の国家公務員についても等しく当てはまることを理由として、公共企業体等労働関係法(現行政執行法人の労働関係に関する法律)17条1項が現業の国家公務員による争議行為を全面的に禁止していることは憲法28条に反しないと判示した 予H26-7-ウ

8 在監者の人権

❶ 最大判昭45. 9. 16百選ⅠA4事件	未決勾留は、逃走又は罪証隠滅の防止を目的として、監獄内においては、その秩序を維持し、正常な状態を保持するよう配慮する必要から、必要な限度で、被拘禁者の自由に対し、合理的制限を加えることもやむを得ないとしたうえで、制限が必要かつ合理的なものであるかどうかは、比較衡量により決すべきであるとし、喫煙禁止は必要かつ合理的なものと判示した R3-1-イ
❷ よど号ハイジャック記事抹消事件(最大判昭58. 6. 22百選Ⅰ14事件)	未決拘禁者の身体的自由及びその他の行為の自由に一定の制限が加えられることはやむを得ないが、未決拘禁者の新聞紙、図書等の閲読の自由の制限が許されるためには、その閲読を許すことで監獄内の規律及び秩序の維持上放置することのできない程度の障害が生ずる相当の蓋然性があると認められることが必要であり、その場合でも制限の程度は、障害発生防止のために必要、かつ、合理的な範囲にとどまるべきものであると判示した R3-1-ア

CORE TRAINING

03　私人間効力

□□□　直接効力説は、私人間に憲法規範を直接適用するものであるが、国家が私人の自由な活動領域に過度に介入する糸口を与えかねない。H25-2-ウ

➡ 9 ❷c　○

□□□「憲法の人権規定は、公権力の統治行動に対して個人の基本的な自由と平等を保障する目的に出たもので、私人相互の関係を直接規律することを予定するものではない」とする説を前提にすると、私人間における権利・自由の対立については、その侵害の態様、程度が社会的に許容し得る一定の限界を超える場合に、私法規定の解釈を通じてその間の適切な調整を図ることができるとの見解は採り得ない。R1-2-イ

➡ 9 ❸a　×

□□□「私人間の関係においても、相互の社会的力関係の相違から、一方が他方に優越し、事実上後者が前者の意思に服従せざるを得ない場合、憲法の人権規定は私人間に直接適用される」とする説について、判例は、こうした支配関係はその支配力の態様、程度、規模等において様々であり、どのような場合にこれを国又は公共団体の支配と同視すべきかの判定が困難であるとしている。R1-2-ウ

➡ 最大判昭48.12.12（三菱樹脂事件）　○

□□□　最高裁判所は、下級裁判所が、一定の集団に属する者の全体に対して人種差別的な発言をした者に対し、人種差別撤廃条約並びに同条約に照らして解釈される憲法第13条及び第14条第1項は私人相互の関係にも直接適用されるとして、民法第709条の規定により高額の損害賠償を命じた事例において、上告を棄却した。R4-2-ウ

➡ 最大判昭48.12.12（三菱樹脂事件）参照。直接適用を否定する大阪高判平26.7.8の判断を受け、最決平26.12.9は上告棄却　×

□□□　最高裁判所は、株式会社の就業規則において女子の定年年齢を男子より低く定める部分が、専ら女子であることのみを理由として差別したことに帰着するものとして、公序良俗に違反し無効であると解するに当たって、個人の尊厳と両性の本質的平等を解釈の基準として定める民法の規定とともに、法の下の平等を定める憲法第14条第1項を参照した。R4-2-イ

➡ 最判昭56.3.24（日産自動車事件）　○

□□□　間接効力説は、私人による人権侵害の危険性が増大していることに対応しようとするものであるが、国家権力がなお人権にとっての最大の脅威であることを無視している。 H25-2-ア	➡ 9 ❸b	×
□□□　間接効力説は、私法の一般条項に人権価値を充填しようとするものであるから、充填の程度により結論が大きく異なり得る。 H25-2-イ	➡ 9 ❸c	○
□□□「憲法の人権規定は、私人間においても直接適用される」とする説のうち、私的自治の原則により、人権の効力は私人相互間の場合にはその本質的な核心が侵されない限度で相対化されることを認める見解は、こうした相対化を認める限度において、直接適用説といっても間接適用説に類似したものになる。 R1-2-ア	➡ 9 ＊	○

CORE PLUS

9 私人間効力に関する学説

	a 内容	b 理由	c 批判
❶ 無適用説	憲法の人権規定は、私人間には適用されない	憲法の人権規定は、公権力との関係で国民の権利・自由を保護するものである。特に自由権は国家からの自由として国家に対する防御権として機能する	企業のような国家類似の私的団体が数多く生まれ、一般国民の人権が脅かされており、このような社会的権力による人権侵害からも、国民を保護する必要がある
❷ 直接適用説	一定の人権規定（自由権や平等権、制度的保障）は、私人間にも直接適用される	憲法は、公法・私法の両者に通じる客観法秩序である	人権規定の直接適用を認めると、私的自治の原則が広く害され、私人間の行為が大幅に憲法によって規律されるという事態が生じる H25-2-ウ
❸ 間接適用説	直接的な私法的効力を持つ人権規定を除き、その他の人権については、私法の一般条項に、憲法の趣旨を取り込んで解釈・適用することにより、間接的に私人間の行為を規律すべきである R1-2-イ	人権にとって最大の脅威である国家権力及び強力な社会的権力を持つようになった私人から人権を守る必要性がある一方で、私的自治の原則との調和を図る必要がある H25-2-ア	○私法の一般条項の読み込みの程度によっては、結論が大きく異なり得る H25-2-イ ○人権の効力は、私人間相互の場合には、当該関係の持つ性質の違いに応じて当然に相対化されることとなってしまう＊

＊　直接適用説に立ちつつ、人権の効力は私人相互間の場合にはその本質的な核心が侵されない限度で相対化されることを認める見解に立てば、間接適用説と同じような批判が当てはまることとなる。 R1-2-ア

MEMO

No. 011

論　新しい人権

H28-2

□　月　日
□　月　日
□　月　日

憲法の明文で規定されていない権利・自由に関する次のアからウまでの各記述について、判例の趣旨に照らして、正しいものには○、誤っているものには×を付した場合の組合せを、後記1から8までの中から選びなさい。

□□□ ア．前科は人の名誉、信用に直接関わる事項であり、前科のある者もこれをみだりに公開されないという法的保護に値する利益を有するが、「裁判所に提出するため」との申出理由の記載があれば、市区町村長が弁護士法に基づく照会に応じて前科を報告することは許される。

□□□ イ．大学が講演会を主催する際に集めた参加学生の学籍番号、氏名、住所及び電話番号は、個人の内心に関する情報ではなく、大学が個人識別を行うための単純な情報であって、秘匿の必要性が高くはないから、プライバシーに係る情報として法的保護の対象にならない。

□□□ ウ．個人の私生活上の自由の一つとして、何人もその承諾なしにみだりにその容ぼう・姿態を撮影されない自由を有するが、速度違反車両の自動撮影を行う自動速度監視装置による写真撮影は、犯罪捜査の必要性・相当性があるから、本人の同意や裁判官の令状がなくても許される。

1．ア○　イ○　ウ○　　2．ア○　イ○　ウ×　　3．ア○　イ×　ウ○
4．ア○　イ×　ウ×　　5．ア×　イ○　ウ○　　6．ア×　イ○　ウ×
7．ア×　イ×　ウ○　　8．ア×　イ×　ウ×

No. 011　**正解 7**　新しい人権についての判例は、細かいところまで問われやすい。よく読み込んでおこう。　正答率 83.1%

ア　誤り。

判例は、弁護士法に基づく照会に対して、区長が原告の前科及び犯罪経歴のすべてを報告したことが国家賠償法上違法かが争われた事案において、前科等は「人の名誉、信用に直接にかかわる事項であり、前科等のある者もこれを**みだりに公開されない**という**法律上の保護に値する利益**を有する」から、「その取扱いには格別の慎重さが要求される」としたうえで、「市区町村長が漫然と弁護士会の照会に応じ、**犯罪の種類、軽重を問わず**、前科等の**すべてを報告することは**、公権力の**違法な行使**にあたる」と解している（最判昭56．4．14百選Ⅰ17事件、前科照会事件）。

イ　誤り。

判例は、大学で開催された講演会に参加した学生に対して、当該学生の学籍番号、氏名、住所及び電話番号等の個人情報（以下「本件個人情報」という）の提出を求め、これを本人の同意なく警察へ提出したことがプライバシー侵害に当たるかが争われた事案において、**本件個人情報**は、「**大学が個人識別等を行うための単純な情報**であって、その限りにおいては、**秘匿されるべき必要性**が必ずしも**高いものではない**。……しかし、このような個人情報についても、本人が、**自己が欲しない他者にはみだりにこれを開示されたくないと考えることは自然なこと**であり、**そのことへの期待は保護されるべき**ものであるから、本件個人情報は、……**プライバシーに係る情報として法的保護の対象となる**」としている（最判平15．9．12百選Ⅰ18事件、早稲田大学江沢民講演会名簿提出事件）。

ウ　正しい。

判例は、**警察官が**デモ行進の行進状況を**無令状で写真撮影した行為**の適法性が争われた事案において、「個人の私生活上の自由の一つとして、**何人も、その承諾なしに**、みだりにその**容ぼう・姿態**（以下『容ぼう等』という。）**を撮影されない自由を有する**」が、「現に犯罪が行なわれもしくは行なわれたのち間がないと認められる場合であって、しかも証拠保全の必要性および緊急性があり、かつその撮影が一般的に許容される限度をこえない相当な方法をもって行なわれるとき」には、「本人の同意がなく、また裁判官の令状がなくても、警察官による個人の容ぼう等の撮影が許容される」としている（最大判昭44.12.24百選Ⅰ16事件、京都府学連事件）。そして、判例は、自動速度監視装置により速度違反車両の運転手等の容ぼうを無令状で自動撮影したことの適法性が争われた事案において、前掲京都府学連事件を引用して、「本件自動速度監視装置による運転者の容ぼうの写真撮影は、現に犯罪が行われている場合になされ、犯罪の性質、態様からいって緊急に証拠保全をする必要性があり、その方法も一般的に許容される限度を超えない相当なものであるから、憲法13条に違反」しないことは明らかであるとし、自動速度監視装置による写真撮影を適法としている（最判昭61．2．14）。

文献　試験対策講座157、158、164〜167頁。判例シリーズ10、11事件

No. 012　論　**憲法13条**　予R4-2

□ 月 日
□ 月 日
□ 月 日

憲法第13条に関する次のアからウまでの各記述について、それぞれ正しい場合には１を、誤っている場合には２を選びなさい。

□□□ ア．判例は、何人も、その承諾なしに、みだりにその容ぼう・姿態を撮影されない自由を有し、警察官が、正当な理由なく個人の容ぼう等を撮影することは、憲法第13条の趣旨に反し許されないが、かかる自由も無制限に保護されるわけではなく、犯罪捜査に必要な撮影をすることは許容される場合があるとしている。

□□□ イ．憲法第13条で保障される幸福追求権は、個別の基本権を包括する基本権であるが、その内容について、個人の人格的生存に不可欠な利益を内容とする権利の総体をいうと理解する見解を採ったとしても、これに含まれない生活領域に関する行為の自由が憲法上保護されなくなるわけではない。

□□□ ウ．プライバシー権は憲法第13条で保障されると説く見解のうち、これを「自己に関する情報をコントロールする権利」と理解する立場は、その保障範囲が、個人の私的領域に他者を無断で立ち入らせないという自由権的側面にとどまるとしており、それを超えてプライバシーの保護を公権力に対して求めるという請求権的側面を想定していない。

No. 012　**正解　ア1、イ1、ウ2**　新しい人権に関する問題は頻出なので、よく復習しておこう。　正答率 87.9%

ア　正しい。　類 H23-3-イ

判例（京都府学連事件）は、13条は、「国民の私生活上の自由が、警察権等の国家権力の行使に対しても保護されるべきことを規定している」としたうえで、個人の私生活上の自由のひとつとして、**何人も、その承諾なしに、みだりにその容ぼう等を撮影されない自由を有する**としている。しかし、上記自由は、「国家権力の行使から無制限に保護されるわけでなく、公共の福祉のため必要のある場合には相当の制限を受ける」としており、「犯罪を捜査することは、公共の福祉のため警察に与えられた国家作用の一つであり、警察にはこれを遂行すべき責務がある」から、「警察官が犯罪捜査の必要上写真を撮影する際、その対象の中に犯人のみならず第三者である個人の容ぼう等が含まれても、これが許容される場合がありうる」としている。

イ　正しい。

13条で保障される幸福追求権の内容を、**個人の人格的生存に不可欠な利益を内容とする権利の総体であるとする説**は**人格的利益説**と呼ばれ、人権の範囲を無限定に広げると、人権のインフレ化を招き、人権の名にふさわしくない権利までも憲法上保障されることになることを理由としている。もっとも、人格的利益説をとった場合に一定の権利が憲法上保障されないこととなるとしても、平等原則（14条）や比例原則（13条）によって憲法上の保護を受けることはありうる。したがって、人格的利益説を採ったとしても、これに含まれない生活領域に関する行為の自由が憲法上保護されなくなるというわけではない。

ウ　誤り。

プライバシー権は従来、個人の私的領域に他者を無断で立ち入らせないという消極的意味の理解がされ、自由権的側面のものと考えられてきた。しかし、**情報化社会の進展と共に、プライバシー権を自己に関する情報をコントロールする権利と捉える見解が有力**になっている。この見解は、プライバシー権の自由権的側面のみならず、プライバシーの保護を公権力に対して求めるという請求権的側面を想定している。

文献　試験対策講座158～160、164、165頁。判例シリーズ10事件

No. 013　法の下の平等

H25-4

□　月　日
□　月　日
□　月　日

憲法第14条に関する次のアからウまでの各記述について、それぞれ正しい場合には１を、誤っている場合には２を選びなさい。

□□□ ア．憲法第14条第１項は、実質的平等も要請しているから、公務員における女性の比率が低い場合には、国は女性を優先的に公務員に採用するよう憲法上義務付けられる。

□□□ イ．憲法第14条第２項は、明治憲法下における華族制度と類似の制度が復活することを禁止しているから、特権を伴う世襲の身分を法律で新たに設けることは許されない。

□□□ ウ．憲法第14条第３項は、栄典の授与に伴う特権を禁止しているから、社会の様々な領域で功労のあった者に勲章を授ける際に経済的利益を付与することは違憲となる。

No. 013　正解 ア2、イ1、ウ2

「平等」の概念や平等原則を具体化した諸制度につき、条文と併せて知識を整理しよう。

正答率 87.9%

ア　誤り。

14条1項にいう「平等」は、第一義的には、**人の現実の差異を一切捨象して原則的に一律平等に取り扱う**という**形式的平等**を要請しているが、**一定程度で人の現実の差異に着目してその格差是正を行う**という**実質的平等**も要請していると解されている。もっとも、同項が実質的平等も要請しているとしても、同項は実質的平等の実現を国家に義務付けるものではない（政治的義務にとどまる）と理解されている。女性を優先的に採用することは、仮に実質的平等の要請にかなうものといえるとしても、その採用の方法や限度によっては、受験機会の平等という形式的平等の要請に反するし、かえって逆差別という問題も生じ得る。

イ　正しい。

明治憲法下における華族制度とは、一般国民から区別された特権を伴う世襲の身分制度である貴族制度の一類型である。14条2項は、このような制度の廃止を明示した規定であるが、それに加えて、将来類似の制度が復活することを禁止する趣旨でもあるとされる。したがって、特権を伴う世襲の身分を法律で新たに設けることは同項に反し、許されない。

ウ　誤り。

14条3項前段は「栄誉、勲章その他の栄典の授与は、いかなる特権も伴はない」と規定している。国家や社会の様々な領域で功労のあった者に栄典を授与することは、与えられる者の功労に見合うものであるから、平等原則には反しないとされる。また、「特権」とは、複数投票権のように被表彰者の栄典と明らかに比例しない特典を意味するから、栄典に一定の経済的利益を付与することは、必ずしも「特権」に含まれないといえる。したがって、本記述のように勲章を授ける際に経済的利益を付与する場合であっても、それが直ちに違憲となるわけではない。

文献　試験対策講座173～175、187、188頁

No. 014　論

法の下の平等

H30-2

□ 月 日
□ 月 日
□ 月 日

法の下の平等に関する次のアからウまでの各記述について、最高裁判所の判例の趣旨に照らして、正しいものには○、誤っているものには×を付した場合の組合せを、後記1から8までの中から選びなさい。

□□□ ア．子にとって自ら選択できないような事柄を理由に不利益を及ぼすことは許されず、子を個人として尊重し、その権利を保障すべきであるという考えが確立されてきたという事情は、嫡出子と嫡出でない子の法定相続分を区別する合理的な根拠が失われたと判断すべき根拠となる。

□□□ イ．憲法第14条第１項は国民に対し法の下の平等を保障した規定であり、平等の要請は、事柄の性質に即応した合理的な根拠に基づくものでない限り、差別的な取扱いをすることを禁止する趣旨と解され、特に同項後段の事項は、合憲性の推定が排除される事項を限定列挙したものである。

□□□ ウ．地方公共団体が法律の範囲内で条例を制定することができるとしている条例制定権の規定（憲法第94条）に照らすと、地方公共団体が売春の取締りについて各別に条例を制定する結果、その取扱いに差別を生ずることがあっても、地域差の故をもって憲法第14条第１項に反するとはいえない。

1．ア○　イ○　ウ○	2．ア○　イ○　ウ×	3．ア○　イ×　ウ○
4．ア○　イ×　ウ×	5．ア×　イ○　ウ○	6．ア×　イ○　ウ×
7．ア×　イ×　ウ○	8．ア×　イ×　ウ×	

No. 014　**正解 3**

「法の下の平等」の内容や判例の判断枠組みを基本書や判例集でおさえよう。

正答率 88.6%

ア　正しい。

判例は、嫡出子と非嫡出子の法定相続分に関する区別が、合理的な根拠が認められず14条１項に反するものであるかを判断するに当たって、「**子にとっては自ら選択ないし修正する余地のない事柄を理由**としてその子に不利益を及ぼすことは許されず、子を個人として尊重し、その権利を保障すべきであるという考えが確立されてきて」いることを合理性を否定する考慮要素としている（最大決平25．９．４百選Ⅰ27事件）。

イ　誤り。

判例は、14条１項「**後段列挙の事項は例示的なもの**である」としたうえで、「平等の要請は、**事柄の性質に即応した合理的な根拠に基づくものでないかぎり、差別的な取扱いをすることを禁止する**趣旨」としている（最大判昭48．４．４百選Ⅰ25事件、尊属殺重罰規定違憲判決）。したがって、判例は、同項後段列挙事由が合憲性の推定を排除する事項を限定列挙したものとまでは判示していない。

ウ　正しい。

判例は、地方公共団体が制定する条例が14条１項に違反しないかが問題となった事案において、「憲法が各地方公共団体の条例制定権を認める以上、地域によって差別を生ずることは当然に予期されることであるから、かかる差別は憲法みずから容認するところであると解すべきである。それ故、地方公共団体が売春の取締について各別に条例を制定する結果、その取扱に差別を生ずることがあっても、……地域差の故をもって違憲ということはできない」としている（最大判昭33.10.15百選Ⅰ32事件、東京都売春等取締条例事件）。

文献　試験対策講座172～178、182、183、604、605頁。判例シリーズ14事件

No. 015

選挙人の投票価値の平等

R2-3

□　月　日
□　月　日
□　月　日

　選挙人の投票価値の平等に関する次のアからウまでの各記述について、ｂの見解がａの見解の根拠となっている場合には１を、そうでない場合には２を選びなさい。

□□□ ア．ａ．衆議院議員選挙においては、各選挙区間の議員１人当たりの有権者数の比率の較差が１対１を超えることは、憲法上正当化されない。

ｂ．投票価値の平等は、国民の意思を公正かつ効果的に代表するために国会が正当に考慮することのできる他の政策的な目的との関連において、調和的に実現されるべきである。

□□□ イ．ａ．参議院議員選挙においては、二院制の下、地域代表の性質を有するという参議院の特殊性により、投票価値の平等の要請が後退するのもやむを得ない。

ｂ．参議院は、国権の最高機関として適切に民意を国政に反映する義務を負っており、衆参両院の選挙制度は同質的とされるべきである。

□□□ ウ．ａ．地方議会議員選挙においては、当該地方公共団体の住民が、選挙権行使の資格だけでなく、投票価値においても平等に取り扱われるべきである。

ｂ．憲法第14条第１項に定める法の下の平等は、選挙権に関しては、国民は全て政治的価値において平等であるべきとする徹底した平等化を志向するものである。

No. 015　正解 ア2、イ2、ウ1

論理問題は知識がなくとも解ける問題なので、必ず正解できるようにしよう。

正答率 96.5%

ア　根拠となっていない。

ｂの見解は、判例が、**投票価値の平等**について、「国会が正当に考慮することのできる**他の政策的目的**ないしは**理由**との関連において**調和的に実現されるべき**」とした立場と一致するものである（最大判昭51．４．14百選Ⅱ148事件、衆議院議員定数不均衡事件）。そして、この立場は、非人口的要素を考慮することを認めるものであり、厳格な審査基準を採用するものではない。したがって、衆議院議員選挙において、各選挙区間の議員１人当たりの有権者数の比率の較差が１対１を超えるものであっても、非人口的要素を考慮して、他の政策的な目的や理由との関連において調和的に実現されるものであれば、憲法上正当化されることとなる。

イ　根拠となっていない。

ｂの見解は、衆参両院の権能関係について、二院を対等の関係に置くものである。そして、この見解から、衆参両院の選挙制度が同質的とされると、参議院の特殊性を考慮しても、投票価値の平等についてもなお同質的とされることとなる。したがって、ｂの見解によれば投票価値の平等の要請は後退しない。

ウ　根拠となっている。

ｂの見解は、法の下の平等は、選挙権については徹底した平等化を志向するものであり、国民はすべて政治的価値において平等であるべきとしている。そうだとすれば、地方選挙においても、当該地方公共団体の住民は、投票価値において平等に取り扱われるべきことになる。

文献　試験対策講座183～187、592頁。判例シリーズ75事件

CORE TRAINING

01　生命・自由・幸福追求権

□□□　学説における一般的自由説は、包括的基本権である幸福追求権の内容について、「人格的生存」にとって不可欠という要件で限定しない。しかし、一般的自由説を採ることは、当該自由や権利の保障の程度という点で「人格」との関連性を考慮することと必ずしも矛盾しない。H19-4-ウ

➡ 1 ❶　○

□□□　学説における人格的利益説の場合、どのような権利・自由が「人格的生存にとって不可欠な利益」であるかは、必ずしも明らかでない。例えば、自己決定権としての髪型の自由について、人格的利益説を採る論者の間でも「人格的生存にとって不可欠な利益」であるか否か、見解が分かれる。H19-4-エ

➡ 1 ❷　○

CORE PLUS

1　幸福追求権についての学説

	内　容	理　由
❶ 一般的行為自由説	新しい人権として認められるためには、個人の人格的生存にとって必要不可欠である必要はない。広く一般的行為の自由に関する自己決定についても、憲法上の人権と考えるべきである H19-4-ウ	○フランス人権宣言 4 条にいう「自由は他人を害しないすべてのことをなしうることにある」という自由観によるべきである ○人権保障の範囲を限定すると、実質的に人権保障を弱めることになる ○公権力による規制は端的に人権の侵害と構成するほうが妥当である
❷ 人格的利益説	個人の人格的生存に不可欠な権利が13条後段により、憲法上の権利として保障されている H19-4-エ	○人権の範囲を無限定に広げると、人権のインフレ化を招き、人権の名にふさわしくない権利までも憲法上保障されることになる ○人権保障の範囲を拡大すると、人権保障が相対的に弱められることになる ○新しい人権について、明確な基準もなく、裁判所が憲法上の権利として承認することになると、裁判所の主観的な価値判断によって権利が創設されるおそれが出てくる

CORE TRAINING

□□□　「宴のあと」事件判決（東京地判昭39.9.28）は、いわゆるプライバシー権は私生活をみだりに公開されないという法的保障ないし権利であるとし、公開を欲するか否かについては、本人の感受性を基準にして判断するとした。 H23-3-ア	➡ 東京地判昭39.9.28（「宴のあと」事件） 2 ❶	×
□□□　何人も、その承諾なしに、みだりに容ぼう・姿態を撮影されない自由を有するところ、現に犯罪が行われ若しくは行われた後間がないと認められる場合であって、証拠保全の必要性及び緊急性があり、かつ、その撮影が一般的に許容される限度を超えない相当な方法をもって行われるときは、警察官による犯人の容ぼうの写真撮影は、憲法に違反しない。 R1-3-ウ 、H25-3-イ	➡ 最大判昭44.12.24（京都府学連事件） 2 ❷ ii	○
□□□　何人も、前科及び犯罪経歴をみだりに公開されない自由を有するところ、前科等の有無が訴訟の重要な争点となっていて、市区町村長に照会して回答を得なければ他に立証方法がない場合であっても、裁判所から市区町村長に照会することが可能であるから、市区町村長が弁護士法に基づく照会に応じて前科等につき報告することは、公権力の違法な行使として許されない。 R1-3-イ	➡ 漫然と照会に応じたわけでなければ、公権力の違法な行使に当たらないと判断され得る（最判昭56.4.14、前科照会事件） 2 ❸	×

CORE PLUS

2 幸福追求権に関する判例その１

	事　案	ポイント
❶「宴のあと」事件（東京地判昭39.9.28百選Ⅰ60事件）	東京都知事選挙に立候補して惜敗した原告をモデルとする小説「宴のあと」が、原告のプライバシー権を侵害するかどうかが争われた事件	公開された内容が、①私生活上の事実又は私生活上の事実らしく受け取られるおそれのある事柄である、②一般人の感受性を基準にして当該私人の立場に立った場合公開を欲しないであろうと認められる事柄である、③一般の人々に未だ知られていない事柄である場合、プライバシー権の侵害があるといえる H23-3-ア
❷ 京都府学連事件（最大判昭44.12.24百選Ⅰ16事件）	デモ行進に際して、警察官が犯罪捜査のために行った写真撮影の適法性が問題となった事件	ⅰ 個人の私生活上の自由のひとつとして、みだりにその容貌・姿態を撮影されない自由を有する。警察官が、正当な理由もないのに、個人の容貌等を撮影することは、13条の趣旨に反し、許されない ⅱ 現に犯罪が行われ若しくは行われた後に間がないと認められる場合であって、しかも証拠保全の必要性及び緊急性があり、かつその撮影が一般的に許容される限度を超えない相当な方法をもって行われる場合には、警察官による個人の容ぼう等の撮影が許容される R1-3-ウ、H25-3-イ
❸ 前科照会事件（最判昭56.4.14百選Ⅰ17事件）	弁護士が担当訴訟の相手方（原告）の前科について京都市区役所に照会し、区役所が前科を回答したことに対して、原告がプライバシーの侵害を理由に損害賠償を請求した事件	前科等のある者もこれをみだりに公開されないという法律上の保護に値する利益を有するとし、市区町村長が漫然と弁護士会の照会に応じ、犯罪の種類、軽重を問わず、前科のすべてを報告することは、公権力の違法な行使に当たる R1-3-イ

CORE TRAINING

□□□　指紋は、それ自体では個人の私生活や人格、思想、信条、良心等個人の内心に関する情報となるものではないが、何人も個人の私生活上の自由の一つとして、みだりに指紋の押なつを強制されない自由を有する。それゆえ、在留外国人の指紋押なつ制度は、国家機関が正当な理由なく指紋の押なつを強制するものであり、憲法第13条の趣旨に反し、許されない。R3-2-ウ、H25-3-ア

➡ 最判平7.12.15（指紋押捺拒否事件）3 ❶

×

□□□　何人も、個人に関する情報をみだりに第三者に開示又は公表されない自由を有するところ、行政機関が住民基本台帳ネットワークシステムにより個人情報を収集、管理又は利用することは、外部からの不当なアクセス等による情報漏えいの具体的な危険があるものの、正当な行政目的の範囲内において行われるものである以上、かかる自由を侵害するものではない。R1-3-ア、H25-3-ウ

➡ 最判平20.3.6（住基ネット事件）3 ❷

×

□□□　学籍番号、氏名、住所及び電話番号といった個人情報は、大学が個人識別等を行うための単純な情報である。それゆえ、このような個人情報については、プライバシーに係る情報として法的保護の対象とはならない。R3-2-イ、H23-3-ウ

➡ 最判平15.9.12（早稲田大学江沢民講演会名簿提出事件）3 ❸

×

□□□　髪型の自由は、自己決定権として憲法第13条によって保障されるものである。それゆえ、非行を防止する目的で高校生らしい髪型を維持するよう求める校則の定めが、社会通念上不合理なものとはいえないとしても、これに反した生徒を退学させることは許されない。R3-2-ア

➡ 最判平8.7.18（修徳学園高校パーマ事件）3 ❹

×

CORE PLUS

3 幸福追求権に関する判例その2

	事　案	ポイント
❶ 指紋押捺《なつ》拒否事件（最判平 7.12.15百選Ⅰ 2事件）	アメリカ国籍を有しハワイに在住する外国人が、昭和56年当時来日して居住していた神戸市において新規の外国人登録の申請をした際に、外国人登録原票、登録証明書等に指紋の押なつをしなかったため、外国人登録法（現廃止）18条1項8号に該当するとして起訴された事件	○憲法13条は、国民の私生活上の自由が保護されるべきことを規定している ○何人もみだりに指紋の押なつを強制されない自由を有する ○この自由も無制限に保護されるものではなく、公共の福祉のため必要がある場合には相当の制限を受けることは、13条に定められている ○在留外国人についての指紋押なつ制度は、その立法目的に十分な合理性があり、かつ、必要性も認められる ○本件当時の制度内容は、精神的・肉体的に過度の苦痛を伴うものとはいえず、方法としても一般的に許容される限度を超えない相当なものであり、13条に反しない R3-2-ウ、H25-3-ア
❷ 住基ネット事件（最判平20. 3. 6 百選Ⅰ19事件）	氏名・生年月日・性別・住所の4情報に、住民コード（無作為に作成された10桁の数字及び1桁の検査数字を組み合わせた数列）及び転入・出生等の変更情報を加えた本人確認情報を、市町村・都道府県・国の機関等で共有してその確認ができるネットワークシステム（住基ネット）が構築され、これが憲法13条の保障するプライバシー権その他の人格権を違法に侵害するものであるかが問題となった事件	○左記4情報は、人が社会生活を営むうえで一定の範囲の他者には当然開示されることが予定されている個人識別情報であり、これらは個人の内面にかかわるような秘匿性の高い情報とはいえない ○本人確認情報が法令等の根拠に基づかずに、正当な行政目的の範囲を逸脱して第三者に開示又は公表される具体的な危険が生じているということもできない R1-3-ア、H25-3-ウ
❸ 早稲田大学江沢民講演会名簿提出事件（最判平15. 9. 12百選Ⅰ18事件）	大学が開催した江沢民の講演会の参加申込者名簿が警備のため無断で警察に提出されたことの違法性が争われた事件であり、氏名等の情報は法的保護の対象となるのかが問題となった事件	○学籍番号、氏名、住所、電話番号のような個人情報についてもプライバシーに係る情報として法的保護の対象となる R3-2-イ、H23-3-ウ ○大学の行為はプライバシーを侵害するものとして不法行為を構成する
❹ 修徳学園高校パーマ事件（最判平 8. 7. 18）	パーマをかけることを禁止する校則に違反するなどした私立高等学校の生徒に対する自主退学勧告の違法性が争われた事件	高校生らしい髪型を維持し非行を防止する目的で定められた校則は、社会通念上、不合理とはいえず、民法1条、90条に違反しない R3-2-ア

CORE TRAINING

02　法の下の平等

□□□　国民への課税要件等を定めるには、極めて専門技術的な判断を要するため、租税法の分野における所得の性質の違い等を理由とする取扱いの区別については、その立法目的が正当なものであり、かつ、当該立法において具体的に採用された区別の態様が目的との関連で著しく不合理であることが明らかでない限り、その合理性は否定できず、憲法第14条に違反しない。 R4-3-ア 、H27-2-ウ	➡ 最大判昭60．3．27（サラリーマン税金訴訟） 4 ❶	○
□□□　生存権は、生存に直結する権利であり精神的自由に準ずる権利である一方、これを具体化するための立法には高度の専門技術的な政策的判断を要するところ、併給調整条項の適用により、障害福祉年金の受給者と非受給者との間で児童扶養手当の受給に関する区別が生じるとしても、立法目的に合理的な根拠があり、かつ、立法目的と当該区別との間に実質的関連性が認められ、合理的理由のない差別とはいえないから、憲法第14条に違反しない。 R4-3-イ 、H27-2-イ	➡ 判例は、生存権が生存に直結する権利として精神的自由に準じるとはしておらず、目的と区別との間に実質的関連性が認められるともしていない（最大判昭57．7．7、堀木訴訟） 4 ❷	×
□□□　憲法は、外国人を日本国民と全く平等に扱うことまでは要求していないが、我が国に入国する全ての外国人に対し、法律により、日本国民と異なる規制を設けることは、人種的な差別をする趣旨ではなくても、憲法第14条第１項後段の「人種」による差別として許されない。 H28-3-ア 、予H24-1-ア	➡ 人種とは、身体的特徴によって区別される人類学上の種類であり、国籍とは、特定の国家の構成員である資格をいう	×
□□□　信条とは、言葉の由来から宗教上の信念を意味するが、今日では広く世俗的な政治上の主義や思想的な主張も含むと解されている。 予H24-1-イ	➡ 信条とは、宗教や信仰のみならず、思想・世界観・政治的意見等を含む概念である	○
□□□　性別とは男女の別をいうが、歴史的に差別されてきたのは女性であるから、憲法上は男性差別を問題にする必要はない。 予H24-1-エ	➡ 男性差別であっても不合理であるかどうかが問題となる	×
□□□　憲法第14条第１項の「社会的身分」とは、人が社会において占める継続的な地位をいうから、高齢であることはこれに当たらないので、町長が町職員の余剰を整理する際、高齢のみを基準として対象者を選択しても、平等原則には反しない。 H27-2-ア	➡ 最大判昭39．5．27 4 ❸	×

CORE PLUS

4 平等権が問題となった主要訴訟その１

	事　案	ポイント
❶ サラリーマン税金訴訟（最大判昭60．3．27百選Ⅰ31事件）	旧所得税法の給与所得課税は、必要経費の実額控除を認めず、給与所得控除という概算控除を認めるにすぎず、また、源泉徴収制度により所得の捕捉率が他の所得に比べて著しく高くなっているなど、事業所得者等に比べて給与所得者に著しく不公平な税負担を課しているとして、憲法14条１項違反を争った事件	○判例は、広い立法裁量により（合理的根拠の基準）、課税規定を違憲ならしめるものとはいえないとした R4-3-ア、H27-2-ウ ○広い立法裁量が認められるとしても、必要経費が概算控除額を著しく上回るような場合には、適用違憲となるとする見解もある
❷ 堀木訴訟（最大判昭57．7．7百選Ⅱ132事件） R4-3-イ、H27-2-イ	原告が、児童扶養手当の受給資格の認定請求をしたところ、兵庫県知事が児童扶養手当と他の公的年金給付との併給禁止を定めた昭和48年改正前の児童扶養手当法４条３項３号によってその認定請求を却下したので、上記規定の合憲性を争った事件	ⅰ「健康で文化的な最低限度の生活」（25Ⅰ）という概念は極めて抽象的・相対的な概念であり、これを現実の立法として具体化するに当たっては、国の財政事情を無視することができず、政策的判断を必要とする ⅱ 25条の規定の趣旨に応えて具体的にどのような立法措置を講ずるかの選択決定は、立法府の広い裁量に委ねられており、それが著しく合理性を欠き明らかに裁量の逸脱・濫用とみざるを得ないような場合を除き、裁判所が審査判断するのに適しない事柄であるといわなければならない ⅲ 障害福祉年金と児童扶養手当は基本的に同一の性格を有しており、併給調整を行うかどうかが立法府の裁量の範囲に属する事柄であることなども考慮すると、併給禁止を定めることは憲法に反しない
❸ 最大判昭39．5．27	町長が町条例に基づき、過員整理の目的で行った待命処分に関して、高齢であることを理由にした社会的身分についての差別であり、憲法14条１項及び地方公務員法13条に違反するかが争われた事件	○14条１項にいう社会的身分とは人が社会において占める継続的な地位をいうものと解されるから（広義説）、高齢であるということは社会的身分に当たらない ○もっとも、14条１項後段の列挙事由は例示的なものであるから、高齢であることが社会的身分に当たらないことのみをもって主張を排斥するのは十分に意を尽くしたとはいえない H27-2-ア ○待命処分は、55歳以上の者を対象者として、対象者のうちから更に勤務成績等の事情を考慮して行われたものであるから、憲法14条１項及び地方公務員法13条に反しない

CORE TRAINING

□□□　社会的身分の意味については狭義説、中間説、広義説と見解が分かれるが、最高裁判所は広義説を採用している。 予H24-1-ウ	➡ 社会的身分とは、一般に人が社会において占めている継続的な地位をいう（広義説）	○
□□□　女性に対し6か月の再婚禁止期間を定める規定の立法目的は、父性の推定の重複を回避し、父子関係をめぐる紛争の発生を未然に防ぐことにあると解され、6か月の再婚禁止期間を設けることはこの立法目的との関連において合理性を有するから、憲法第14条第1項に違反しない。 R3-3-ウ	➡ 最大判平27.12.16（百選Ⅰ28事件）5 ❶ v	×
□□□　再婚禁止期間違憲判決（最高裁判所平成27年12月16日大法廷判決、民集69巻8号2427頁）は、憲法第24条第1項は、婚姻をするかどうか、いつ誰と婚姻をするかについては、当事者間の自由かつ平等な意思決定に委ねられるべきであるという趣旨を明らかにしたものと解され、このような婚姻の自由について、憲法第24条第1項の規定の趣旨に照らし、十分尊重に値するものと解することができる、と述べている。 R5-10-ア改題	➡ 最大判平27.12.16（百選Ⅰ28事件）5 ❶ ii	○
□□□　再婚禁止期間違憲判決は、民法第733条第1項の立法目的は、女性の再婚後に生まれた子につき父性の推定の重複を回避し、もって父子関係をめぐる紛争の発生を未然に防ぐことにあったとし、現代社会においては、DNA検査技術が進歩し、極めて高い確率で生物学上の親子関係の有無が確認できるようになったことから、その立法目的は合理性を欠くに至ったと述べている。 R5-10-イ	➡ 最大判平27.12.16（百選Ⅰ28事件）5 ❶ iv	×
□□□　夫婦同氏を定める民法第750条が憲法第24条に違反しないという見解は、婚姻前の氏を通称として使用することが近時社会的に広まっていることを、論拠とすることはできる。なぜなら、婚姻により氏を改める者は、氏を改めることにより、いわゆるアイデンティティの喪失感を抱くなど、様々な不利益を受けることがあるが、通称使用が近時社会的に広まっていることは、この不利益を一定程度緩和することにつながるからである。 R5-10-ウ	➡ 最大判平27.12.16（百選Ⅰ29事件）5 ❷ i	○

CORE PLUS

5 平等権が問題となった主要訴訟その2

	事　案	ポイント
❶ 最大判平27.12.16（百選Ⅰ28事件）	前夫と離婚後、再婚した女性が民法733条1項（平成28年改正前）の規定があるために、望んだ時期に再婚ができなかったとして国家賠償法1条1項に基づく損害賠償請求を行った事件*	i 憲法14条1項の法の下の平等は、事柄の性質に応じた合理的な根拠に基づくものでない限り、法的な差別的取扱いを禁止する趣旨である ii 24条1項は、婚姻をするかどうか、いつ誰と婚姻をするかについて、当事者間の自由かつ平等な意思決定に委ねられるべきという趣旨を明らかにしたものと解される。婚姻は、重要な法律上の効果が与えられるものとされているほか、国民の中にはなお法律婚を尊重する意識が幅広く浸透していると考えられることをも考慮すると、婚姻をするについての自由は、24条1項の規定の趣旨に照らし、十分尊重に値するものと解する R5-10-ア改題 iii 民法733条1項は、再婚をする際の要件に関し、男性と女性とを区別しており、このような区別をすることが事柄の性質に応じた合理的根拠に基づくものと認められない場合には、同項は憲法14条1項に違反する iv 同項の立法目的は、嫡出推定の重複の回避であり、科学技術が発達した現代においても合理性がある R5-10-イ v 同項のうち100日超過部分は、遅くとも本件原告が前婚を解消した日から100日を経過した時点までには、国会に認められる合理的な立法裁量の範囲を超え、立法目的との関連において合理性を欠くものになっていた R3-3-ウ vi なお、本判決を受け、平成28年改正により女性の再婚禁止期間が6か月から100日に短縮された*1
❷ 最大判平27.12.16（百選Ⅰ29事件）	「夫婦は、婚姻の際に定めるところに従い、夫又は妻の氏を称する」と定める民法750条*2の規定が、憲法14条1項等に違反するかが争われた事件	i 婚姻により氏を改める者にとって、そのことによりアイデンティティの喪失感を抱いたり、婚姻前の氏を使用する中で形成してきた個人の社会的な信用、評価、名誉感情等を維持することが困難になったりするなどの不利益を受ける場合があることは否定できないが、この不利益は、氏の通称使用が広まることにより一定程度緩和され得る R5-10-ウ ii 本件規定は、いずれの氏を称するかを夫婦となろうとする者の協議に委ねているので、その文言上性別に基づく法的な差別的取扱いを定めているわけではなく、夫婦同氏制それ自体に男女間の形式的な不平等が存在するわけでもないから、憲法14条1項に違反しない

＊1　令和4年法律第102号により、民法733条は削除され、女性の再婚禁止期間が撤廃された。なお、この法律は、令和6年4月1日に施行される。

＊2　なお、第213回国会において、750条中「夫又は妻の氏」を「夫若しくは妻の氏を称し、又は各自の婚姻前の氏」に改めることが審議されている。

CORE TRAINING

□□□　日本国籍は重要な法的地位であり、父母の婚姻による嫡出子たる身分の取得は子が自らの意思や努力によっては変えられない事柄であることから、こうした事柄により国籍取得に関して区別することに合理的な理由があるか否かについては、慎重な検討が必要である。H26-3-ア

➡ 最大判平20.6.4（国籍法違憲判決）6 ❶

○

□□□　国籍法の規定が、同じく日本国民である父から認知された子でありながら、父母の婚姻により嫡出子たる身分を取得した者と異なり、父母が法律上の婚姻をしていない非嫡出子は同法所定の他の要件を満たしても日本国籍を取得することができないという区別を生じさせていることは、同規定の立法目的との合理的関連性を欠くものであり、憲法第14条第１項に違反する。R3-3-イ

➡ 最大判平20.6.4（国籍法違憲判決）6 ❶

○

□□□　相続制度をどのように定めるかは、国の伝統、社会事情、国民感情や、その国における婚姻ないし親子関係に対する規律、国民の意識等を総合的に考慮するなど立法府の合理的な裁量判断に委ねられているが、嫡出性の有無による法定相続分の区別は、立法府に与えられた上記のような裁量権を考慮しても、こうした区別をすることについて合理的な根拠が認められないから、合理的理由のない差別として、憲法第14条に違反する。R4-3-ウ

➡ 最大決平25.9.4（百選Ⅰ27事件）6 ❷

○

CORE PLUS

6 平等権が問題となった主要訴訟その3

	事　案	ポイント
❶ 国籍法違憲判決（最大判平20. 6. 4 百選Ⅰ 26事件）	日本人たる父と外国人たる母の間に生まれた非嫡出子が生後認知を受けた場合、「父母の婚姻」があったときに限って日本国籍の取得を認める旧国籍法3条1項の規定が憲法14条1項に違反するか否かが争われた事件	○本判決は立法目的の合理性及び立法目的と手段との合理的関連性を要求しており、いわゆる合理性の基準を採用 ○もっとも、国籍という法的地位の重要性、準正要件の困難性を考慮して、区別の合理性は慎重に検討 H26-3-ア ○具体的には、我が国との密接な結びつきを有する者に限り日本国籍を付与するという立法目的との合理的関連性の認められる範囲を著しく超える手段を採用しており、その結果、不合理な差別を生じさせているものといわざるを得ない R3-3-イ
❷ 最大決平25. 9. 4（百選Ⅰ 27事件）	非嫡出子の相続分を嫡出子の2分の1と定める民法900条（平成25年改正前）の規定が、憲法14条1項に違反するかが争われた事件	相続制度をどのように定めるかは、国の伝統、社会事情、国民感情や、その国における婚姻若しくは親子関係に対する規律、国民の意識等を総合的に考慮するなど立法府の合理的な裁量判断に委ねられているが、このような裁量権を考慮しても合理的な根拠が認められない場合には、14条1項に違反する R4-3-ウ

CORE TRAINING

□□□　尊属に対する尊重報恩は社会生活上の基本的道義であるが、このような自然的情愛ないし普遍的倫理の維持は、刑法上の保護に値するものではなく、尊属殺を通常の殺人よりも重く処罰する規定は、合理的な根拠に基づくものといえないから、憲法第14条第１項に違反する。R3-3-ア

➡ 最大判昭48.４.４（尊属殺重罰規定違憲判決）
7 ❶ iii

×

□□□　尊属殺という特別の罪を設け、刑罰を加重すること自体は直ちに違憲とはならないが、加重の程度が極端であって、立法目的達成の手段として甚だしく均衡を失し、これを正当化し得べき根拠を見出し得ないときは、その差別は著しく不合理なものとして違憲となる。H26-3-ウ

➡ 最大判昭48.４.４（尊属殺重罰規定違憲判決）
7 ❶ ii

○

□□□　憲法第14条第１項後段に列挙された事由は例示的なものであって、必ずしもこれに限る趣旨ではない。また、第14条第１項は、合理的理由のない区別を禁止する趣旨であるから、事柄の性質に即応して合理的と認められる区別は許される。H22-3-イ

➡ 最大判昭48.４.４（尊属殺重罰規定違憲判決）
7 ❶ i

○

□□□　選挙権の平等には各選挙人の投票価値の平等も含まれるが、国会によって定められた選挙制度における投票価値が不平等であっても、その不平等が国会の有する裁量権の行使として合理的と認められるのであれば、憲法第14条に違反しない。H28-3-イ

➡ 最大判昭51.４.14（衆議院議員定数不均衡事件）
7 ❷ ii

○

□□□　一般的な法の基本原則に基づくものとして事情判決の法理を適用して、選挙を無効とせず違法の宣言にとどめるのは、当該選挙を無効とすることによって憲法が所期していない結果を生じることを回避するためである。H26-17-ア

➡ 最大判昭51.４.14（衆議院議員定数不均衡事件）
7 ❷ iv

○

□□□　定数配分規定の違憲判断を選挙の効力と結び付けず、訴訟が提起された選挙区の選挙だけを無効とする手法は、投票価値が不平等であるとされた選挙区からの代表者がいない状態で定数配分規定の是正が行われるという問題がある。H26-17-イ

➡ 最大判昭51.４.14（衆議院議員定数不均衡事件）参照

○

□□□　定数配分規定の違憲判断を選挙の効力と結び付けない判決の将来効の法理は、再選挙を執行することが事実上不可能であることや、事情判決を繰り返すことによって生じる司法審査制自体への弊害という問題にも対処しようとするものである。H26-17-ウ

➡ 定数配分規定の違憲判断と選挙の効力を結び付けると、実際上の不都合が生じるおそれがある

○

□□□　参議院議員選挙に関して、判例は、半数改選という憲法上の要請、そして都道府県を単位とする参議院の選挙区選挙における地域代表的性格という特殊性を重視して、都道府県を各選挙区の単位とする仕組みを維持することを是認し続けている。H27-12-ウ

➡ 最大判平24.10.17（参議院議員定数不均衡事件）7 ❸　×

CORE PLUS

7　平等権が問題となった主要訴訟その４

	事　案	ポイント
❶ 尊属殺重罰規定違憲判決（最大判昭48.4.4百選Ⅰ25事件）	実父に夫婦同様の関係を強いられていた被告人が、虐待に堪え兼ねて実父を殺害し、自首したという事件	i　14条１項後段列挙の事項は例示的なものである。また、同項は、事柄の性質に即応した合理的な根拠に基づくものでない限り、差別的な取扱いをすることを禁止する趣旨である H22-3-イ ii　加重の程度が極端であって、立法目的達成の手段として甚だしく均衡を失し、これを正当化しうべき根拠を見出し得ないときは、その差別は著しく不合理なものとして違憲となる H26-3-ウ iii　多数意見のうちで、８名の裁判官は、尊属の尊重報恩の保護という立法目的は合理的であるが、刑の加重の程度が立法目的達成手段として不合理であるとして違憲とした R3-3-ア
❷ 衆議院議員定数不均衡事件（最大判昭51.4.14百選Ⅱ148事件）	1972年12月に行われた衆議院議員選挙について、千葉県第１区の選挙人らは、１票の較差が最大4.99対１に及んでいることが投票価値の平等に反するとして、選挙無効の訴えを提起した事件	i　投票価値の平等は憲法原則であることを認め、較差は選挙権の要求に違反する ii　両議院の議員の各選挙制度の仕組みの具体的決定を原則として国会の裁量に委ねている H28-3-イ iii　定数配分規定は全体として不可分一体であるので、配分規定は全体として違憲の瑕疵を帯びる iv　選挙の効力は、選挙を全体として無効にすることによって生じる不当な結果を回避するために、事情判決の法理により、選挙を無効とせず違憲の宣言をするにとどめた H26-17-ア
❸ 参議院議員定数不均衡事件（最大判平24.10.17百選Ⅱ150事件）	2010年７月11日に実施された参議院議員通常選挙について、選挙人らは、公職選挙法における参議院議員の定数配分規定、及びこれに基づき行われた選挙が憲法14条１項等に違反し無効であるとして、東京都選挙管理委員会に対し、選挙無効訴訟を提起した事件	選挙当時、選挙区間における投票価値の不均衡は、もはや看過し得ない程度に達しておりこれを正当化すべき特別の理由も見出せない以上、違憲の問題が生ずる程度の著しい不平等状態に至っていたが、上記選挙までの間に定数配分規定を改正しなかったことが国会の裁量権の限界を超えるものとはいえず、上記規定が14条１項に違反するに至っていたということはできないとした H27-12-ウ

8 議員定数配分主要訴訟

【参議院】

最高裁判決	最大較差[*1]	期間の経過[*2]	結論
昭39. 2. 5大法廷判決	○ 1対4.09		合憲
昭58. 4. 27大法廷判決	○ 1対5.26		合憲
平8. 9. 11大法廷判決	× 1対6.59	○ 昭61. 7. 6の通常選挙から約6年 昭63. 10. 21第二小法廷判決から約4年	合憲
平10. 9. 2大法廷判決	○ 1対4.97		合憲
平12. 9. 6大法廷判決	○ 1対4.98		合憲
平16. 1. 14大法廷判決	○ 1対5.06		合憲
平18. 10. 4大法廷判決	○ 1対5.13		合憲
平21. 9. 30大法廷判決	○ 1対4.86		合憲
平24. 10. 17大法廷判決	× 1対5.00	○ 平21. 9. 30大法廷判決から約9か月	合憲
平26. 11. 26大法廷判決	× 1対4.77	○ 平24. 10. 17大法廷判決から約9か月	合憲
平29. 9. 27大法廷判決	○ 1対3.08		合憲
令2. 11. 18大法廷判決	○ 1対3.00		合憲

【衆議院】

最高裁判決	最大較差[*1]	期間の経過[*2]	結論
昭51. 4. 14大法廷判決	○ 1対4.99	× 昭和39年7月2日の法改正から約8年	違憲
昭58. 11. 7大法廷判決	× 1対3.94	○ 昭和50年改正法の施行日（昭51. 12. 5）から約3年半	合憲
昭60. 7. 17大法廷判決	× 1対4.40	× 具体的期間の言及なし	違憲
昭63. 10. 21小法廷判決	× 1対2.92		合憲
平5. 1. 20大法廷判決	× 1対3.18	○ 昭和61年改正法の施行日（昭61. 7. 6）から約3年7か月	合憲
平7. 6. 8小法廷判決	○ 1対2.82		合憲
平11. 11. 10大法廷判決	○ 1対2.309		合憲
平19. 6. 13大法廷判決	○ 1対2.171		合憲
平23. 3. 23大法廷判決	×[*3] 1対2.304	○ 平19. 6. 13大法廷判決から約3年9か月	合憲
平27. 11. 25大法廷判決	× 1対2.13	○ 平23. 3. 23大法廷判決から約3年8か月	合憲
平30. 12. 19大法廷判決	○ 1対1.979		合憲
令5. 1. 25大法廷判決	○ 1対2.079		合憲

＊1　×憲法の投票価値の平等の要求に反する＝違憲状態　○反しない
＊2　×合理的期間を経過した　○経過しない
＊3　1人別枠方式について「合理性は失われていた」としたが、投票価値の最大較差については、1人別枠方式の「不合理性が投票価値の較差としても現れてきていたものということができる」として、明確に合理性が失われたとは判示していない。

No. 016

論　思想・良心の自由

H25-5

□　月　日
□　月　日
□　月　日

憲法第19条の保障する思想・良心の自由に関する次のアからウまでの各記述について、ｂの見解がａの見解の批判となっている場合には１を、そうでない場合には２を選びなさい。

□□□ ア．ａ．思想・良心の意味は、人の内心における物の見方ないし考え方であり、事物に対する是非弁別を含む内心一般と捉えるべきである。

ｂ．思想・良心の自由が保障される範囲を広範に捉えることは、その高い価値を低下させ、むしろ、その自由の保障を弱めるものである。

□□□ イ．ａ．思想・良心の意味は、人生観、世界観、思想体系、政治的意見などのように人格形成に関連のある内心の活動と捉えるべきである。

ｂ．憲法第19条は、「思想」と「良心」を併記し、同等にその自由を保障しているのであるから、「思想」と「良心」の概念を区別する必要はない。

□□□ ウ．ａ．思想・良心の自由のうち、良心の自由については、信教の自由、とりわけ信仰選択の自由ないし信仰の自由と同じ意味に捉えるべきである。

ｂ．欧米諸国では良心の自由と信教の自由が不可分とされてきた歴史もあるが、日本国憲法は第20条で信教の自由を保障しており、あえて良心の自由を限定的に解する必要はない。

No. 016　**正解　ア1、イ2、ウ1**

思想・良心の自由の意義や保障範囲について基本書等で確認しておこう。

正答率 93.8%

ア　批判となっている。

ａの見解は、19条の保障する思想・良心の意味について、人の内心における物の見方又は考え方であり、事物に対する是非弁別を含む内心一般と捉えるべきであるとしている。この見解は、同条が人の内心的態様それ自体を保障の対象としているため、原理的保障としての意味を強く持っているということを根拠としている。この見解に対しては、思想・良心の自由が保障される範囲を広範に捉えることは、思想・良心の自由の保障を相対化することに通じやすく、思想・良心の自由の高い価値を低下させ、その自由の保障を弱めるものであるとの批判が成り立つ。

イ　批判となっていない。

ａの見解は、19条の保障する思想・良心の意味について、人生観、世界観、思想体系、政治的意見等のように人格形成に関連のある内心の活動と捉えるべきであるとしている。そして、ｂの見解は、同条の「思想」と「良心」の概念を区別する必要はないと考えており、両者を一体として捉える立場である。ａの見解は、「思想」と「良心」を一体として捉える立場に立ったうえで、同条によって保障される内心の活動（作用）の意味について述べたものであるから、ａの見解はｂの見解を前提としているといえる。したがって、ｂの見解はａの見解の批判となっていない。

ウ　批判となっている。

ａの見解は、思想・良心の自由のうち、「良心」の自由については、信教の自由、とりわけ信仰選択の自由又は信仰の自由と同じ意味に捉えるべきとしている。この見解は、諸外国の憲法では、良心の自由が概して信仰の自由を意味することを根拠としている。この見解に対しては、日本国憲法では別に20条で信教の自由が保障されているのであるから、良心の自由を信仰の自由と狭く解する必要はなく、また、「良心」の自由が「信教の自由」と重複してしまい解釈論として妥当でないとの批判が成り立つ。

文献　試験対策講座192～194頁

No. 017　君が代起立斉唱拒否事件

H28-4

□ 月 日
□ 月 日
□ 月 日

都立高等学校の校長が教諭に対し、卒業式における国歌斉唱の際に国旗に向かって起立し国歌を斉唱することを命じた職務命令が、憲法第19条に違反するか否かについて判示した最高裁判所の判決（最高裁判所平成23年５月30日第二小法廷判決、民集65巻４号1780頁）に関する次のアからウまでの各記述について、それぞれ正しい場合には１を、誤っている場合には２を選びなさい。

□□□ ア．卒業式等の式典における国歌斉唱の際の起立斉唱行為は、一般的、客観的に見て、これらの式典における慣例上の儀礼的な所作としての性質を有するものであり、校長の職務命令は、「日の丸」や「君が代」に関する当該教諭の歴史観ないし世界観それ自体を否定するものということはできない。

□□□ イ．国旗に向かって起立し国歌を斉唱する行為は、一般的、客観的に見て、特定の思想の表明として外部から認識されるものと評価すべきであり、卒業式等の式典における国歌斉唱の際の起立斉唱行為が職務命令に従って行われたものと外部から認識することも困難であって、校長の職務命令は、特定の思想の有無について告白することを強要する面がある。

□□□ ウ．卒業式等の式典における国歌斉唱の際の起立斉唱行為は、一般的、客観的に見て、国旗及び国歌に対する敬意の表明の要素を含む行為であり、歴史観ないし世界観との関係で「日の丸」や「君が代」に敬意を表明することには応じ難いと考える者が上記行為を求められることは、思想及び良心の自由についての間接的な制約となる面があることは否定し難い。

No. 017　正解　ア１、イ２、ウ１　君が代起立斉唱拒否事件に関して判例集で判例の論理をおさえておこう。　正答率 90.2%

ア　正しい。

本問の判決（最判平23．5．30百選Ⅰ37事件）は、都立高等学校の校長が教諭（以下「上告人」という）に対し、卒業式における国歌斉唱の際に国旗に向かって起立し国歌を斉唱することを命じた職務命令が、19条に違反するか否かが争われた事案において、「上告人は、……日本の侵略戦争の歴史を学ぶ在日朝鮮人、在日中国人の生徒に対し、『日の丸』や『君が代』を卒業式に組み入れて強制することは、教師としての良心が許さないという考えを有している旨主張する。このような考えは、『日の丸』や『君が代』が戦前の軍国主義等との関係で一定の役割を果たしたとする上告人自身の歴史観ないし世界観から生ずる社会生活上ないし教育上の信念等ということができる」が、「**学校の儀式的行事である卒業式等の式典における国歌斉唱の際の起立斉唱行為は、一般的、客観的に見て、これらの式典における慣例上の儀礼的な所作としての性質を有する**ものであ」るから、「上記の起立斉唱行為は、その性質の点から見て、上告人の有する歴史観ないし世界観を否定することと不可分に結び付くものとはいえず、上告人に対して上記の起立斉唱行為を求める本件職務命令は、上記の歴史観ないし世界観それ自体を否定するものということはできない」としている。

イ　誤り。

本問の判決は、「起立斉唱行為は、その外部からの認識という点から見ても、特定の思想又はこれに反する思想の表明として外部から認識されるものと評価することは困難であり、職務上の命令に従ってこのような行為が行われる場合には、上記のように評価することは一層困難であるといえるのであって、本件職務命令は、特定の思想を持つことを強制したり、これに反する思想を持つことを禁止したりするものではなく、特定の思想の有無について告白することを強要するものということもできない」としている。

ウ　正しい。

本問の判決は、「**起立斉唱行為**は、教員が日常担当する教科等や日常従事する事務の内容それ自体には含まれないものであって、**一般的、客観的に見て**も、国旗及び国歌に対する**敬意の表明の要素を含む行為**であるということができる。そうすると、自らの歴史観ないし世界観との関係で否定的な評価の対象となる『日の丸』や『君が代』に対して敬意を表明することには応じ難いと考える者が、これらに対する敬意の表明の要素を含む行為を求められることは、……個人の歴史観ないし世界観に由来する行動（敬意の表明の拒否）と異なる**外部的行為（敬意の表明の要素を含む行為）を求められること**となり、その限りにおいて、その者の思想及び良心の自由についての**間接的な制約となる**面があることは否定し難い」としている。

文献　試験対策講座195頁

No. 018　君が代ピアノ伴奏職務命令拒否事件　H21-5

□　月　日
□　月　日
□　月　日

市立小学校の校長が音楽専科の教諭に対し、入学式における国歌斉唱の際に「君が代」のピアノ伴奏を行うよう命じた職務命令が、憲法第19条に違反しないとした最高裁判所の判決（最高裁判所平成19年２月27日第三小法廷判決、民集61巻１号291頁）に関する次のアからウまでの各記述について、正しいものには○、誤っているものには×を付した場合の組合せを、後記１から８までの中から選びなさい。

□□□ ア．この判決は、校長の職務命令が、「君が代」について当該教諭が有する歴史観ないし世界観それ自体を直接否定するものであることを認めつつも、公務員は全体の奉仕者であって、思想・良心の自由も職務の公共性に由来する内在的制約を受けるから、上記職務命令が当該教諭の思想・良心の自由を制約するものであっても受忍すべきであるとした。

□□□ イ．この判決は、「君が代」のピアノ伴奏の強制により制約される当該教諭の思想・良心の自由と、「君が代」の伴奏が録音テープで行われることによって損なわれる入学式進行の秩序・規律とを、具体的に比較衡量した上で、「君が代」をテープ伴奏にすることによる違和感は看過し難いから、校長の職務命令が不合理とはいえないとした。

□□□ ウ．この判決は、入学式の国歌斉唱の際に「君が代」のピアノ伴奏をする行為は、音楽専科の教諭にとって通常想定され期待されるものであり、当該教諭が特定の思想を有するということを外部に表明する行為であると評価することは困難であって、校長の職務命令は当該教諭に対し特定の思想を持つことを強制したり禁止したりするものではないとした。

１．ア○　イ○　ウ○　　２．ア○　イ○　ウ×　　３．ア○　イ×　ウ○
４．ア○　イ×　ウ×　　５．ア×　イ○　ウ○　　６．ア×　イ○　ウ×
７．ア×　イ×　ウ○　　８．ア×　イ×　ウ×

No. 018　正解 7　今後、論文式試験でも出題される可能性がある。起立斉唱行為拒否に関する最判平23. 5 .30と共におさえておこう。　正答率 82.3%

ア　誤り。

本問の判決は、「入学式の国歌斉唱の際にピアノ伴奏を求めることを内容とする本件職務命令が、直ちに上告人の有する……**歴史観ないし世界観それ自体を否定するものと認めることはできない**」とし、「本件職務命令は、……上告人に対して、**特定の思想**を持つことを**強制したり**、あるいはこれを**禁止したり**するものではなく、特定の思想の有無について**告白することを強要するものでもな**」**い**としている（最判平19. 2 .27、君が代ピアノ伴奏職務命令拒否事件）。したがって、同判決は、校長の職務命令が、君が代について当該教諭が有する歴史観あるいは世界観それ自体を直接否定するものであることを認めているわけではない。

イ　誤り。

本問の判決（君が代ピアノ伴奏職務命令拒否事件）は、本件職務命令は、「公立小学校における儀式的行事において広く行われ、A小学校でも従前から入学式等において行われていた国歌斉唱に際し、音楽専科の教諭にそのピアノ伴奏を命ずるものであって、上告人に対して、**特定の思想**を持つことを**強制したり**、あるいはこれを**禁止したり**するものではなく、特定の思想の有無について**告白することを強要するものでもな**」**いため**、「本件職務命令は、上告人の思想及び良心の自由を侵すものとして憲法19条に反するとはいえない」としている。したがって、同判決は、君が代のピアノ伴奏の強制により制約される当該教諭の思想・良心の自由と、君が代の伴奏が録音テープで行われることによって損なわれる入学式進行の秩序・規律とを、具体的に比較衡量しているわけではない。

ウ　正しい。

本問の判決（君が代ピアノ伴奏職務命令拒否事件）は、「本件職務命令当時、公立小学校における入学式や卒業式において、国歌斉唱として**『君が代』が斉唱されることが広く行われていたことは周知の事実**であり、**客観的に見て**、入学式の国歌斉唱の際に**『君が代』のピアノ伴奏をするという行為自体**は、**音楽専科の教諭等にとって通常想定され期待されるもの**であって、上記伴奏を行う教諭等が特定の思想を有するということを**外部に表明する行為**であると**評価すること**は**困難**なものであ」るとしたうえで、本件職務命令は当該教諭に対して、「**特定の思想**を持つことを**強制したり**、あるいはこれを**禁止したり**するものではなく、特定の思想の有無について**告白することを強要するものでもな**」**い**としている。

文献　試験対策講座195頁。判例シリーズ17事件

No. 019　論

信教の自由

H27-3

□　月　日
□　月　日
□　月　日

信教の自由に関する次のアからエまでの各記述について、誤っているもの二つの組合せを、後記１から６までの中から選びなさい。

□□□　ア．信教の自由には内心における信仰の自由が含まれるが、信仰の自由は、内心にとどまるものである限り、制約が一切許されない。

□□□　イ．宗教とは無関係な行政上の要請により、宗教を信じているか、いずれの宗教団体に属しているかなど、個人の信仰に関する申告をさせることも、内心における信仰の自由の侵害となる。

□□□　ウ．宗教的行為の自由は、憲法第20条第１項前段ではなく、「宗教上の行為」等に「参加することを強制されない」と規定する同条第２項により保障される。

□□□　エ．特定の宗教の宣伝や共同で宗教的行為を行うことを目的とする団体を結成する自由は、信教の自由ではなく、憲法第21条第１項の結社の自由として保障される。

１．アとイ　２．アとウ　３．アとエ　４．イとウ　５．イとエ
６．ウとエ

No. 019　正解 6　信教の自由の内容についての基本問題である。必ず習得しておこう。　正答率 86.4%

ア　正しい。

信教の自由（20条1項前段）には、内心における信仰の自由、宗教的行為の自由及び宗教的結社の自由が含まれる。そして、**内心における信仰の自由**は、思想・良心の自由（19条）の宗教的側面であるから、思想・良心の自由と同様に、**内心にとどまるものである限り、絶対的な保障**を受ける。

イ　正しい。

内心における信仰の自由は、アの解説で述べたように思想・良心の自由の宗教的側面であるため、内心における信仰の自由の一内容として信仰についての沈黙の自由も認められる。**沈黙の自由**とは、**個人が国から信仰の告白を強制され、又は信仰に反する行為を強制されない自由**のことをいう。これは、宗教政策的見地に基づく場合だけでなく、統計上の必要など、**宗教とは無関係な行政上・司法上の要請に基づく場合であっても、信仰にかかわる調査を禁ずる**ものである。したがって、宗教とは無関係な行政上の要請により、宗教を信じているか、いずれの宗教団体に属しているかなど、個人の信仰に関する申告をさせることも、内心における信仰の自由の侵害となる。

ウ　誤り。

アの解説で述べたように、信教の自由（20条1項前段）には、宗教的行為の自由が含まれる。**宗教的行為の自由**とは、**信仰に関して、個人が単独で、又は他の者と共同して、祭壇を設け、礼拝や祈とうを行うなど、宗教上の祝典、儀式、行事その他布教などを任意に行う自由**をいう。そして、宗教的行為の自由は、**宗教的行為をしない自由**や、参加を**強制されない自由**といった**消極的な自由を含む**ものであるところ、「何人も、宗教上の行為、祝典、儀式又は行事に参加することを強制されない」と規定する同条2項は、この点を重ねて強調したものである。

エ　誤り。

アの解説で述べたように、信教の自由（20条1項前段）には、宗教的結社の自由が含まれる。**宗教的結社の自由**とは、**特定の宗教を宣伝し、又は共同で宗教的行為を行うことを目的とする団体を結成する自由**である。そうだとすれば、結社の自由（21条1項）のうち、宗教的な団体を結成する自由については信教の自由の一部としても保障されていることになる。

文献　試験対策講座200頁

No. 020

信教の自由

H26-5

□　月　日
□　月　日
□　月　日

信教の自由に関する次のアからウまでの各記述について、最高裁判所の判例の趣旨に照らして、正しいものには○、誤っているものには×を付した場合の組合せを、後記1から8までの中から選びなさい。

□□□ ア．生徒が自らの信仰に基づき、その通学する公立校で義務付けられている授業の履修を拒んだため不利益処分を受けることになっても、公教育が特例なしに実施されるべきであることに鑑み、その不利益の内容や程度に関わりなく、これを受忍しなければならない。

□□□ イ．僧侶がその業務として遂行した行為の結果、刑法上の犯罪構成要件に該当することになった場合、その行為の目的や内容に宗教上の意義が認められるときは、たとえそれが著しく社会的妥当性を欠くものであっても、正当な業務行為として処罰の対象とはならない。

□□□ ウ．宗教法人が法令に違反して著しく反社会的な行為を組織的に行ったため、裁判所から宗教法人法所定の解散命令を受け、法人格を失った宗教団体やその信者が宗教上の行為を継続する上で支障が生じても、その支障は間接的で事実上のものにとどまるので、やむを得ない。

1．ア○　イ○　ウ○　　2．ア○　イ○　ウ×　　3．ア○　イ×　ウ○
4．ア○　イ×　ウ×　　5．ア×　イ○　ウ○　　6．ア×　イ○　ウ×
7．ア×　イ×　ウ○　　8．ア×　イ×　ウ×

No. 020	正解 7	記述アの判例を一度よく読んで、裁判所がどのような事実を捉えてどのように評価しているかを理解しよう。	正答率 94.4%

ア　誤り。

判例は、公立高校の生徒が信仰上の理由によって必修科目である保健体育の剣道実技の履修拒否をしたことを理由に、当該生徒を2回連続原級留置処分にし、更にそれを根拠として退学処分にしたという校長の処分が、当該生徒の信教の自由を侵害するとして当該各処分の取消訴訟が提起された事案において、**退学処分、原級留置処分いずれも、生徒の受ける不利益の程度に照らし**、「その要件の認定につき他の処分の選択に比較して**特に慎重な配慮を要する**ものであ」り、剣道履修拒否は、当該生徒の「信仰の核心部分と密接に関連する真しなものであ」るから、単位認定のための**代替措置の有無も検討せず**に、**原級留置処分をし**、更に**退学処分を行った校長の処分**は、「**裁量権の範囲を超える違法なもの**といわざるを得ない」としている（最判平8.3.8百選Ⅰ41事件、剣道実技拒否事件）。したがって、公教育が特例なしに実施されるべきであることに鑑み、その不利益の内容や程度にかかわりなく、これを受忍しなければならないものとはしていない。

イ　誤り。

判例は、加持祈禱《とう》行為により、被害者が死亡したため、当該行為を行った僧侶が傷害致死罪で起訴されたところ、当該行為が正当業務行為に当たるとして、違法性が阻却されないかが問題となった事案において、「被告人の本件行為は、……一種の宗教行為としてなされたものであったとしても、それが……他人の生命、身体等に危害を及ぼす違法な有形力の行使に当るものであり、これにより被害者を死に致したものである以上、被告人の右行為が著しく反社会的なものであることは否定し得ないところであって、憲法20条1項の信教の自由の保障の限界を逸脱したものというほかはなく、これを刑法205条に該当するものとして処罰したことは、何ら憲法の右条項に反するものではない」としている（最大判昭38.5.15百選Ⅰ38事件、加持祈禱事件）。

ウ　正しい。

判例は、宗教法人の代表役員が不特定多数の者を殺害する目的で殺人予備行為を行ったため、宗教法人法に基づく解散命令を受けたことが、信者の信教の自由を侵害しないか等が問題となった事案において、「解散命令によって宗教団体であるオウム真理教やその信者らが行う宗教上の行為に何らかの支障を生ずることが避けられないとしても、その支障は、解散命令に伴う間接的で事実上のものであるにとどまる。したがって、本件解散命令は、宗教団体であるオウム真理教やその信者らの精神的・宗教的側面に及ぼす影響を考慮しても、……必要でやむを得ない法的規制である」としている（最決平8.1.30百選Ⅰ39事件、宗教法人オウム真理教解散命令事件）。

文献 試験対策講座201～203頁。判例シリーズ21、23事件

No. 021

論

政教分離

H29-5

□　月　日
□　月　日
□　月　日

いわゆる政教分離に関する次のアからウまでの各記述について、最高裁判所の判例の趣旨に照らして、それぞれ正しい場合には１を、誤っている場合には２を選びなさい。

□□□ ア．国公有地が特定の宗教的施設の敷地として無償提供された場合に政教分離原則に違反するか否かを判断するに当たり、当該宗教的施設の性格、当該無償提供に至る経緯及びその提供の態様については考慮に入れるべきであるが、これらに対する一般人の評価についてまで考慮に入れることは、多数者による少数者の宗教的抑圧につながるおそれがあるので相当ではない。

□□□ イ．宗教上の祝典、儀式、行事については、その目的が宗教的意義を持ち、その効果が宗教に対する援助、助長、促進又は圧迫、干渉等になるような行為であれば、憲法第20条第３項により禁止される「宗教的活動」に含まれるが、その判断に当たっては、社会通念に従って客観的になされなければならないから、行為者がどのような宗教的意識を有していたかについてまで考慮に入れるべきではない。

□□□ ウ．地方公共団体が町内会に対し特定の宗教的施設の敷地として公有地を無償で利用に供してきたところ、当該行為が政教分離原則に違反するおそれがあるためにこれを是正解消する必要がある一方で、当該宗教的施設を撤去させることを図るとすると、信教の自由に重大な不利益を及ぼしかねないことなどの事情がある場合には、当該町内会に当該公有地を譲与したとしても直ちに政教分離原則に違反するとはいえない。

No. 021　正解　ア２、イ２、ウ１　各判例はいずれも重要判例である。事案・判旨のほか、関係性についての議論もおさえておこう。　正答率 87.5%

ア　誤り。

判例は、市が町内会に対し市有地を無償で神社施設の敷地としての利用に供している行為が、**政教分離原則に違反するか否か**が問題となった事案において、「国公有地が無償で宗教的施設の敷地としての用に供されている状態が、……憲法89条に違反するか否かを判断するに当たっては、当該宗教的施設の**性格**、当該土地が無償で当該施設の敷地としての用に供されるに至った**経緯**、当該無償提供の**態様**、これらに対する**一般人の評価**等、**諸般の事情を考慮**し、**社会通念に照らして総合的に判断すべき**」としている（最大判平22.１.20百選Ⅰ47事件、砂川政教分離〔空知太神社〕訴訟上告審判決）。

イ　誤り。

判例は、20条３項の「宗教的活動」を、「当該行為の**目的が宗教的意義**をもち、その**効果が**宗教に対する**援助、助長、促進**又は**圧迫、干渉**等**になるような行為をいう**」と定義したうえで、「宗教的活動に該当するかどうかを検討するにあたっては、……当該行為の外形的側面のみにとらわれることなく、**当該行為の行われる場所、当該行為に対する一般人の宗教的評価、当該行為者が当該行為を行うについての意図**、目的及び宗教的意識の有無、程度、当該行為の一般人に与える効果、影響等、**諸般の事情を考慮し、社会通念に従って、客観的に判断**」すべきとしている（最大判昭52.７.13百選Ⅰ42事件、津地鎮祭事件）。したがって、行為者の宗教的意識の有無は「宗教的活動」の判断の考慮要素となり得る。

ウ　正しい。

判例は、公有地上に神社施設が存在する状態を解消するために、公有地を町内会に譲与する行為が、政教分離原則に違反するかについて、「本件譲与前に市が本件各土地を無償で神社敷地としての利用に供していた行為」を継続することが、「市が特定の宗教に対して特別の便益を提供し、これを援助していると評価されるおそれがあった」ため、このような状態を是正解消する必要がある一方、「市が本件神社との関係を解消するために本件神社施設を撤去させることを図るとすれば、……上記地域住民の集団によって守り伝えられてきた**宗教的活動を著しく困難なものにし、その信教の自由に重大な不利益を及ぼすことになる**」場合には、当該町内会に当該公有地を譲与することが「市と本件神社ないし神道との間に、我が国の社会的、文化的諸条件に照らし、信教の自由の保障の確保という制度の根本目的との関係で相当とされる限度を超えるかかわり合いをもたらすものということはできず、**憲法20条３項、89条に違反するものではない**」としている（最大判平22.１.20、砂川政教分離〔富平神社〕訴訟上告審判決）。

文献　試験対策講座205～211頁。判例シリーズ24事件

No. 022

論　憲法20条

R4-4

□ 月 日
□ 月 日
□ 月 日

憲法第20条に関する次のアからウまでの各記述について、bの見解がaの見解の批判となっている場合には1を、そうでない場合には2を選びなさい。

□□□ ア．a．憲法第20条第2項と同条第3項の規定は、その目的、趣旨、対象、範囲を異にしており、同条第2項の「宗教上の行為、祝典、儀式又は行事」は、必ずしも全てが同条第3項の「宗教的活動」に含まれるという関係にはない。

b．憲法第20条第3項の「宗教的活動」に含まれない宗教上の祝典、儀式、行事等であっても、国家がこれに参加を強制すれば、同条第2項違反の問題が生じ得る。

□□□ イ．a．憲法第20条第3項にいう「宗教的活動」とは、国及びその機関の活動の中で宗教と関わりを持つ全ての行為を指すものではなく、その関わりが相当とされる限度を超えるものに限られる。

b．国家が社会生活に規制を加え、あるいは教育、福祉、文化等に関する助成、援助等の諸施策を実施するに当たって、宗教と一定の関わりを生ずることは避けられない。

□□□ ウ．a．憲法第20条第3項の「宗教的活動」とは、目的が宗教的意義を持ち、効果が宗教に対する援助、助長、促進又は圧迫、干渉等になるものをいい、その該当性判断において、一般人の宗教的評価や行為者の意図等の主観、行為が一般人に与える影響等も考慮すべきである。

b．「宗教的活動」の該当性判断において一般人の宗教的評価等を考慮することは、多数者による少数者の信仰の抑圧につながる可能性がある。

No. 022 正解 ア2、イ2、ウ1　宗教的活動については論文試験でも出題可能性があるため知識をおろそかにしないようにしよう。　正答率 84.2%

ア　批判となっていない。　類 R1-4-ウ

判例（津地鎮祭事件）は、傍論において、20条2項と同条3項の規定は、「それぞれ目的、趣旨、保障の対象、範囲を異にするもの」であるから、「2項の宗教上の行為等は、必ずしもすべて3項の宗教的活動に含まれるという関係にあるものではなく」としている。そのうえで、「たとえ**3項の宗教的活動に含まれないとされる宗教上の祝典、儀式、行事等であっても、宗教的信条に反する**としてこれに参加を拒否する**者に対し国家が参加を強制すれば**、右の者の**信教の自由を侵害**し、2項に違反することとなるのはいうまでもない」としている。

イ　批判となっていない。

判例（津地鎮祭事件）は、**政教分離原則は**「**国家と宗教との完全な分離を理想とし、国家の非宗教性ないし宗教的中立性を確保しようとしたもの**」と示しつつ、宗教は外部的な社会事象としての側面があるため、「**現実の国家制度として、国家と宗教との完全な分離を実現することは、実際上不可能に近い**」としている。そのうえで、「政教分離原則は、国家が宗教的に中立であることを要求するものではあるが、国家が宗教とのかかわり合いをもつことを全く許さないとするものではなく、**宗教とのかかわり合いをもたらす行為の目的及び効果にかんがみ、そのかかわり合いが……相当とされる限度を超えるものと認められる場合にこれを許さないとするもの**」としている。

ウ　批判となっている。

判例（砂川政教分離〔空知太神社〕訴訟上告審判決）は、市が町内会に対し市有地を無償で神社施設の敷地としての利用に供している行為が、**政教分離原則に違反するか否か**が問題となった事案において、「国公有地が無償で宗教的施設の敷地としての用に供されている状態が、……憲法89条に違反するか否かを判断するに当たっては、当該宗教的施設の**性格**、当該土地が無償で当該施設の敷地としての用に供されるに至った**経緯**、当該無償提供の**態様**、**これらに対する一般人の評価等、諸般の事情を考慮し、社会通念に照らして総合的に判断すべき**」としている。もっとも、判例のこの見解には、「宗教的活動」の該当性判断において一般人の宗教的評価等を考慮することは、多数者による少数者の信仰の抑圧につながる可能性があるという批判がある。

文献　試験対策講座208、209、212、213頁。判例シリーズ24事件

No. 023

論　学問の自由

H25-7

□　月　日
□　月　日
□　月　日

憲法第23条の保障する学問の自由に関する次のアからウまでの各記述について、正しいものには○、誤っているものには×を付した場合の組合せを、後記1から8までの中から選びなさい。

□□□ ア．学問研究は、真理の探究を目的とするので、それが大学で行われる限り、研究テーマについても、研究を遂行する手段・方法についても、制約されない。

□□□ イ．国や地方公共団体が研究助成を行う場合に、応募者の研究内容やこれまでの研究成果への評価に基づいて助成金の額に差異を設けることは、憲法第23条に違反しない。

□□□ ウ．大学の自治の保障は、大学の施設や学生の管理に関する自主的な秩序維持の権能には及ぶが、大学の教授その他の研究者の人事に関する自主的な決定権には及ばない。

1．ア○　イ○　ウ○　　2．ア○　イ○　ウ×　　3．ア○　イ×　ウ○
4．ア○　イ×　ウ×　　5．ア×　イ○　ウ○　　6．ア×　イ○　ウ×
7．ア×　イ×　ウ○　　8．ア×　イ×　ウ×

No. 023　**正解 6**　学問の自由の保障範囲につき、基本書等で具体例を確認しておこう。　正答率 93.3%

ア　誤り。

23条が保障する学問の自由の一内容としての学問研究の自由は、すべての国民に保障されるものであるが、大学が学術の中心として深く真理を探究することを本質とすることに鑑みて、特に大学において保障されることを趣旨としたものである（最大判昭38.5.22百選Ⅰ86事件、東大ポポロ事件）。この学問研究の自由は、内面的精神活動であり、特に研究内容については、絶対的に制約は許されないと解されてきた。しかし、近年の急激な科学技術の進歩とその危険性の下では、**先端科学技術の統制**が必要となってきている。特に問題となるものに、遺伝子治療やヒトクローン技術のような先端科学技術があるが、このような研究において濫用や事故が生じた場合には、生命・健康や社会秩序の維持に対して重大な影響を及ぼしかねない。そこで、このような**研究テーマ**や**研究を遂行する手段・方法**について**制約を課すことの必要性**が説かれている。現実には、ヒトクローン研究そのものが法律で禁止されている（ヒトに関するクローン技術等の規制に関する法律）。したがって、学問研究が、大学で行われる場合であっても、研究テーマやその研究を遂行する手段・方法について、制約されないというわけではない。

イ　正しい。

国や地方公共団体が研究助成を行う場合に、応募者の研究内容やこれまでの研究成果への評価に基づいて助成金の額に差異を設けることがあるが、このこと自体が、23条に反するとは解されていない。同条は、基本的に政府の介入を排除する権利であり、研究者が積極的に研究に対する助成金を請求する権利を保障するわけではないからである。また、研究助成を行う場合に、限られた財源を有効に配分するために、応募者の研究内容やこれまでの研究成果への評価に基づいて助成金の額について差異を設けざるを得ないという面もある。

ウ　誤り。

23条は、大学の自治の保障も含み、大学が自主的に決定できる自治の範囲について、大学の教授その他の研究者の人事が重要かつ基本的なものであると解されている。判例（東大ポポロ事件）も、「大学における学問の自由を保障するために、伝統的に大学の自治が認められている。**この自治は**、とくに**大学の教授その他の研究者の人事に関して認められ**、大学の学長、教授その他の研究者が大学の自主的判断に基づいて選任される。また、**大学の施設と学生の管理**についてもある程度で認められ、これらについて**ある程度で大学に自主的な秩序維持の権能が認められている**」としている。したがって、大学の自治の保障は、大学の教授その他の研究者の人事に関する自主的な決定権にも及ぶ。

文献　試験対策講座216～219頁。判例シリーズ47事件

No. 024 論 **学問の自由** H28-7　□ 月 日 □ 月 日 □ 月 日

学問の自由に関する次のアからウまでの各記述について、判例の趣旨に照らして、正しいものには○を、誤っているものには×を付した場合の組合せを、後記１から８までの中から選びなさい。

□□□ ア．学問の自由は、学問的研究の自由とその研究成果の発表の自由を指しており、憲法第23条は大学が学術の中心として深く真理を探究することを本質とすることに鑑みて規定されたものであるから、同条の保障は大学の教授や研究者を対象とするものであり、国民一般はその保障の対象ではない。

□□□ イ．大学における学問の自由を保障するために伝統的に大学の自治が認められているところ、学内集会について大学の自治の保障が及ぶか否かの判断に当たって、その集会の目的や性格を考慮することは、学内で行われる活動をその思想内容に着目して規制することになり、大学の自治を認めた趣旨に抵触するから、許されない。

□□□ ウ．普通教育の場において使用される教科書は学術研究の結果の発表を目的とするものではなく、教科書検定は、記載内容がいまだ学界において支持を得ていないとき、あるいは当該教科課程で取り上げるにふさわしい内容と認められないときなど一定の検定基準に違反する場合に、教科書の形態における研究結果の発表を制限するにすぎないから、憲法第23条に反しない。

１．ア○　イ○　ウ○　　２．ア○　イ○　ウ×　　３．ア○　イ×　ウ○
４．ア○　イ×　ウ×　　５．ア×　イ○　ウ○　　６．ア×　イ○　ウ×
７．ア×　イ×　ウ○　　８．ア×　イ×　ウ×

No. 024　**正解 7**　下記解説にある判例を中心に、学問の自由に関する判例を判例集等で確認しておこう。　正答率 90.9%

ア　誤り。

判例（東大ポポロ事件）は、大学の構内で行われた演劇発表会に警察官が立ち入った行為が23条に反しないかどうかが争われた事案において、「同条の学問の自由は、学問的研究の自由とその研究結果の発表の自由とを含むものであって、同条が学問の自由はこれを保障すると規定したのは、一面において、広く**すべての国民に対してそれらの自由を保障する**とともに、他面において、大学が学術の中心として深く真理を探究することを本質とすることにかんがみて、**特に大学におけるそれらの自由を保障することを趣旨としたもの**である」としている。したがって、23条の保障は大学の教授や研究者を対象とすると共に、国民一般も対象としている。

イ　誤り。

判例（東大ポポロ事件）は、「大学における学問の自由を保障するために、伝統的に大学の自治が認められている」が、大学における学生の集会は、大学の本質に基づき、大学の教授その他の研究者の有する特別な学問の自由と自治の効果としての範囲で認められるものであり、「大学の公認した学内団体であるとか、大学の許可した学内集会であるとかいうことのみによって、特別な自由と自治を享有するものではない。**学生の集会**が真に学問的な研究またはその結果の発表のためのものでなく、**実社会の政治的社会的活動に当る行為をする場合**には、大学の有する**特別の学問の自由と自治は享有しない**といわなければならない」として、学内集会について、大学の自治の保障が及ぶか否かの判断に当たって、当該集会の目的や性格を考慮している。

ウ　正しい。

判例（最判平5.3.16百選Ⅰ88事件、教科書裁判第一次訴訟上告審）は、自らが執筆した高校用教科書が文部大臣（現文部科学大臣）により検定不合格処分及び条件付検定合格処分を受けたため、**教科書検定**が23条等に反するとして、損害賠償を求めた事案において、「教科書は、教科課程の構成に応じて組織排列された教科の主たる教材として、普通教育の場において使用される児童、生徒用の図書であって……、学術研究の結果の発表を目的とするものではなく、本件検定は、申請図書に記述された研究結果が、たとい執筆者が正当と信ずるものであったとしても、いまだ学界において支持を得ていなかったり、あるいは当該学校、当該教科、当該科目、当該学年の児童、生徒の教育として取り上げるにふさわしい内容と認められないときなど旧検定基準の各条件に違反する場合に、**教科書の形態における研究結果の発表を制限するにすぎ**」ず、本件検定は学問の自由を保障した23条の規定に違反しないとしている。

文献　試験対策講座218～221、256～259頁。判例シリーズ47、48事件

No. 025 論 **学問の自由** R5-5

□ 月 日
□ 月 日
□ 月 日

学問の自由に関する次のアからウまでの各記述について、最高裁判所の判例の趣旨に照らして、正しいものには○、誤っているものには×を付した場合の組合せを、後記１から８までの中から選びなさい。

□□□ ア．普通教育の場において使用される教科書は、研究結果の発表を直接の目的とするものではないものの、研究結果の発表という面があることから、記載内容がいまだ学界において支持を得ていないときに検定基準を満たさないとする教科書検定処分は憲法第23条に違反する。

□□□ イ．大学における学問の自由を保障するために、伝統的に大学の自治が認められており、この自治は、特に大学の教授その他の研究者の人事に関して認められるとともに、大学の施設と学生の管理についてもある程度で認められる。

□□□ ウ．憲法第23条の学問の自由は、学問研究の自由とその研究結果の発表の自由とを含むものであるが、教育ないし教授の自由は、学問の自由と密接な関係を有するけれども、学問の自由に含まれるものではない。

１．ア○　イ○　ウ○　　２．ア○　イ○　ウ×　　３．ア○　イ×　ウ○
４．ア○　イ×　ウ×　　５．ア×　イ○　ウ○　　６．ア×　イ○　ウ×
７．ア×　イ×　ウ○　　８．ア×　イ×　ウ×

No. 025　正解　6

・学問の自由の内容について、判例も踏まえて理解しておこう。

正答率 84.0%

ア　誤り。

判例（教科書裁判第一次訴訟上告審）は、教科書検定制度が23条に違反するかが問題となった事案において、「教科書は、……普通教育の場において使用される児童、生徒用の図書であって……、学術研究の結果の発表を目的とするものではなく」、教科書検定は、「申請図書に記述された研究結果が、……いまだ学界において支持を得ていなかったり、あるいは当該学校、当該教科、当該科目、当該学年の児童、生徒の教育として取り上げるにふさわしい内容と認められないときなど……検定基準の各条件に違反する場合に、教科書の形態における研究結果の発表を制限するにすぎ」ず、この制度は23条に違反しないとしている。

イ　正しい。

判例（東大ポポロ事件）は、「大学における学問の自由を保障するために、伝統的に**大学の自治**が認められている」としつつ、「この自治は、とくに**大学の教授その他の研究者の人事**に関して認められ、……また、**大学の施設と学生の管理**についてもある程度で認められ」るとしている。

ウ　誤り。

まず、学問研究の自由とその研究結果の発表の自由が学問の自由に含まれるかという点について、判例（東大ポポロ事件）は、「学問の自由は、学問的研究の自由とその**研究結果の発表の自由とを含む**」としている。

次に、教育・教授の自由が学問の自由に含まれるかという点について、判例（東大ポポロ事件）は、「教授その他の研究者は、その研究の結果を大学の講義または演習において**教授する自由**を保障される」としている。また、「憲法の保障する学問の自由は、……その結果を教授する自由をも含むと解されるし、……普通教育の場においても、例えば教師が公権力によって特定の意見のみを教授することを強制されないという意味において、また、子どもの教育が教師と子どもとの間の直接の人格的接触を通じ、その個性に応じて行われなければならないという本質的要請に照らし、教授の具体的内容及び方法につきある程度自由な裁量が認められなければならないという意味においては、一**定の範囲における教授の自由**が保障されるべきことを肯定できないではない」（最大判昭51．5．21百選Ⅱ136事件、旭川学テ事件）としている。

したがって、教育・教授の自由は、学問の自由に含まれる。

文献　試験対策講座218～221、256～259頁。判例シリーズ47、48、68事件

CORE TRAINING

01　思想・良心の自由

□□□　憲法第19条の保障する良心の自由は、単に事物に関する是非弁別の内心的自由のみならず、かかる是非弁別の判断に関する事項を外部的に表現するか否かの自由をも包含するものであるから、謝罪広告の掲載を命ずる判決は、良心の自由への直接的な制約となるが、その内容が名誉回復のために必要な限度にとどまるものであれば、同条に違反しない。R3-4-ア

➡ 最大判昭31.7.4（謝罪広告強制事件）1 ❶　×

□□□　公立小学校の校長が、音楽専科の教諭に対し、入学式における国歌斉唱の際に「君が代」のピアノ伴奏を行うよう命ずることは、個人の歴史観ないし世界観に由来する行動と異なる外部的行為を求めるものとして、思想・良心の自由への間接的な制約となるが、地方公務員としての職務の公共性に加え、ピアノ伴奏が音楽専科の教諭にとって通常想定され期待される行為であることからすれば、許容される制約であり、憲法第19条に違反しない。R3-4-ウ

➡ 最判平19.2.27（君が代ピアノ伴奏職務命令拒否事件）1 ❷　×

CORE PLUS

1 思想・良心の自由に関連する判例その1

判　例	ポイント
❶ 謝罪広告強制事件（最大判昭31.7.4 百選Ⅰ33事件）	○謝罪広告のなかには、それを強制執行すれば、「債務者〔加害者〕の人格を無視し著しくその名誉を毀損し意思決定の自由乃至良心の自由を不当に制限すること」となるものもあり得る ○もっとも、「単に事態の真相を告白し陳謝の意を表明するに止まる程度のもの」であれば、新聞紙への掲載を強制しても、「倫理的な意思、良心の自由を侵害する」ものではないとしている R3-4-ア
❷ 君が代ピアノ伴奏職務命令拒否事件（最判平19.2.27）	客観的にみて、伴奏行為自体は、音楽専科の教諭に通常想定・期待されるものであり、特定の思想を有することを外部に表明することにはならず、思想良心の自由への制約がないとして、ピアノ伴奏命令を合憲とした R3-4-ウ

CORE TRAINING

□□□　公立中学校の校長が、同校の生徒について、大学生の政治集会に参加しているなどと記載した内申書を作成提出することは、同記載が生徒の思想、信条そのものを記載したものでなく、同記載に係る外部的行為によっては生徒の思想、信条を了知し得るものではないし、また、生徒の思想、信条自体を高等学校の入学者選抜の資料に供したものと解することはできないから、憲法第19条に違反しない。 R3-4-イ 、H26-4-ウ 、H23-5-イ

➡ 最判昭63.7.15（麹町中学内申書事件） 2 ❶

○

□□□　企業者が特定の思想、信条を有する者を、それを理由に雇い入れることを拒んでも、当然に違法とすることはできず、企業者が労働者の採否決定に当たり、その者の思想、信条を調査し、そのためにその者から関連事項について申告を求めることも違法行為とすべき理由はないが、いったん労働者を雇い入れ、その者に雇用関係上の一定の地位を与えた後では、特定の信条を有することを理由として解雇することは違法である。 R5-2-ア 、H29-4-ア

➡ 最大判昭48.12.12（三菱樹脂事件） 2 ❷

○

□□□　企業内においても労働者の思想、信条等の精神的自由は十分尊重されるべきであることから、企業が労働者に対し、その者が特定の政党に所属するかどうかに関する書面の提出を求めることは、それがたとえ企業の組織秩序の維持を目的とする調査の一環であり、強要にわたるような態様のものでなかったとしても、社会的に許容し得る限界を超えて労働者の精神的自由を侵害した違法行為である。 R5-2-ウ 、R2-4-ア 、H26-4-ア 、H23-5-ウ

➡ 最判昭63.2.5（東電塩山営業所事件） 2 ❸

×

02　信教の自由

□□□　宗教法人に対する解散命令のような法的規制は、たとえ信者の宗教上の行為を法的に制約する効果を伴わないとしても、これに何らかの支障を生じさせることがあり得ることから、信教の自由の重要性に鑑み、憲法上、そのような規制が許容されるものであるかどうかは慎重に吟味しなければならない。 H30-4-ウ

➡ 最決平8.1.30（宗教法人オウム真理教解散命令事件） 3 ❷ii

○

CORE PLUS

2 思想・良心の自由に関連する判例その2

判　例	ポイント
❶ 麹町中学内申書事件(最判昭63.7.15百選Ⅰ34事件)	中学校の内申書にその学校の全共闘を名乗って機関紙を発行した等の記載について、「いずれの記載も……思想、信条そのものを記載したものでないことは明らかであり、右の記載に係る外部的行為によっては……思想、信条を了知し得るものではない」としている R3-4-イ、H26-4-ウ、H23-5-イ
❷ 三菱樹脂事件(最大判昭48.12.12百選Ⅰ9事件)	企業者は契約締結の自由を有し、いかなる者を雇い入れるか等について原則自由に決定できるのであって、企業者が特定の思想を持つ者をその思想を持つことを理由に雇い入れを拒んだとしても当然には違法とならないとしている →つまり、①企業者が採否の決定に当たり、労働者の思想、信条を調査し、これに関連する事項について申告を求めることも違法ではない。H29-4-ア ②いったん労働者を雇い入れ、雇用関係上の一定の地位を与えた後に、その地位を一方的に奪うことについては、雇入れの場合のような広い範囲の自由を有しない →特定の信条を有することを解雇の理由として定めることは、労働基準法3条の労働条件に関する差別的な取扱いとして、同条に違反する R5-2-ア
❸ 東電塩山営業所事件(最判昭63.2.5百選Ⅰ35事件)	企業内においても労働者の思想、信条等の精神的自由は十分尊重されるべきであることに鑑みると、書面提出の要求は、「調査方法として不相当な面があるといわざるを得ない」が、強要にわたるものではなく、「社会的に許容し得る限界を超えて」原告の「精神的自由を侵害した違法行為であるということはできない」との判断がなされている R5-2-ウ、R2-4-ア、H26-4-ア、H23-5-ウ
❹ 君が代起立斉唱拒否事件(最判平23.5.30百選Ⅰ37事件)	起立斉唱行為は一般的客観的にみて、儀礼的な所作としての性質を有し、特定の思想表明として外部から認識されるものではないから直接的制約はないとする一方で、起立斉唱行為は一般的客観的には国旗及び国歌への敬意の表明を要素とするから、これを命じることは、結果として個人の歴史観あるいは世界観に由来する行動(敬意の表明の拒否)と異なる外部的行為を強制することとなるといえ、間接的制約があるとした。もっとも、起立斉唱命令は合憲と判断された

3 信教の自由の内容と限界

❶ 内容	ⅰ 内心における信仰の自由	○宗教を信仰し又は信仰しないこと、信仰する宗教を選択し又は変更することについて、個人が任意に決定する自由 ○内心における自由であり、絶対不可侵である
	ⅱ 宗教的行為の自由	○信仰に関して、個人が単独で、又は他者と共同して、祭壇を設け、礼拝や祈祷《とう》を行うなど、宗教上の祝典、儀式、行事その他布教などを任意に行う自由 ○宗教的行為をしない自由、宗教的行為への参加を強制されない自由を含む(最大判昭52.7.13百選Ⅰ42事件、津地鎮祭事件)
	ⅲ 宗教的結社の自由	特定の宗教を宣伝し、又は共同で宗教的行為を行うことを目的とする団体を結成する自由
❷ 限界	ⅰ 内心における信仰の自由は絶対的に保障される ⅱ 外部的な行為を伴う場合は規制の対象となる。もっとも、内面的な信仰に深く関わる問題であるから、慎重な配慮が必要となる(最決平8.1.30百選Ⅰ39事件、宗教法人オウム真理教解散命令事件) H30-4-ウ	

CORE TRAINING

□□□　憲法第20条第1項前段及び同条第2項によって保障される信教の自由は、自己の信仰と相容れない信仰を持つ者の信仰に基づく行為に対しても寛容であることを要請するものであり、県護国神社による殉職した自衛官の合祀は、遺族が同神社の宗教行事に参加を強制されるなどの干渉等とならない限り、同神社が自由になし得る。R1-4-イ

➡ 最大判昭63.6.1（自衛官合祀拒否訴訟）4 ❷

○

□□□　靖国神社及び護国神社は、憲法第89条にいう「宗教上の組織若しくは団体」に該当することは明らかであり、国又は機関が靖国神社や護国神社に玉串料等として公金を支出すれば、直ちに違憲となる。H23-6-イ

➡ 直ちには違憲とならない（最大判平9.4.2愛媛玉串料訴訟）5 ❷ i

×

□□□　県知事の大嘗祭への参列は、日本国及び日本国民統合の象徴である天皇に対する社会的儀礼を尽くすことを目的とするものであり、その効果も、特定の宗教に対する援助、助長、促進又は圧迫、干渉等にはならず、政教分離規定に反しない。H23-6-ア

➡ 最判平14.7.11（鹿児島県大嘗祭訴訟）5 ❶ iii

○

□□□　町会は、地域住民によって構成される町内会組織であって、宗教的活動を目的とする団体ではなく、町会が地蔵像の維持管理を行う行為も宗教的色彩の希薄な伝統的習俗行事にとどまるから、市が地蔵像建立のために市有地を町会に無償提供した行為は、政教分離規定に反しない。H23-6-ウ

➡ 最判平4.11.16（大阪地蔵像訴訟）5 ❶ iv

○

□□□　内閣総理大臣が靖国神社を参拝する行為は、他の宗教を信じる者に心理的圧迫を加えることになるので、これにより自己の心情ないし宗教上の感情が害され不快の念を抱いた者は、国の宗教活動を禁じた憲法第20条第3項の定める政教分離原則に違反することを理由として国に損害賠償を請求することができる。R1-4-ア

➡ 最判平18.6.23（小泉首相靖国神社参拝訴訟）5 ❶ v

×

CORE PLUS

4 宗教的人格権

❶ 内容	静ひつな宗教的環境の下で信仰生活を送る利益
❷ 判例	信教の自由の保障は、何人も自己の信仰と相容れない信仰をもつ者の信仰に基づく行為に対して、自己の信教の自由を妨害するものでない限り寛容であることを要請しており、宗教的人格権は、憲法上保障されないとした（最大判昭63. 6．1 百選Ⅰ43事件、自衛官合祀拒否訴訟） R1-4-イ

5 政教分離に関する判例

	判　例	事　案	ポイント
❶ 合憲	ⅰ 津地鎮祭事件（最大判昭52. 7．13百選Ⅰ42事件）	市が市体育館を建設するに当たって、神職主宰の下で神式の地鎮祭を行い、神職への謝礼及び供物料の挙式費用を公金から支出	建設現場で、建築着工の際の慣習化した社会的儀礼として行為がなされたうえ、主催者はこれを世俗的行事と評価
	ⅱ 箕面忠魂碑・慰霊祭訴訟（最判平5. 2．16百選Ⅰ46事件）	遺族会が挙行した忠魂碑前での神式・仏式の慰霊祭に箕面市の教育長が参列すると共に、市職員や公費を使って準備	慰霊祭に教育長らが参列して玉串をささげ、焼香したことは職務に関わる社会的儀礼的行為
	ⅲ 鹿児島県大嘗祭訴訟（最判平14. 7．11百選Ⅰ45事件） H23-6-ア	県知事が、皇室行事である大嘗《じょう》祭に参列し、県の公金を支出	参列は、天皇の即位に伴う皇室の伝統行事に際して天皇に対する社会的儀礼を尽くすもの
	ⅳ 大阪地蔵像訴訟（最判平 4．11．16） H23-6-ウ	市が、町会に対して地蔵像建立・移設のための市有地の無償使用を承認	地域住民の融和促進という目的のうえ、習俗化して地蔵像の帯有する宗教性は希薄
	ⅴ 小泉首相靖国神社参拝訴訟（最判平18. 6．23） R1-4-ア	内閣総理大臣が靖国神社を公式参拝	人が神社に参拝する行為自体は他人の信仰生活等に対して圧迫、干渉を加えるものでない
❷ 違憲	ⅰ 愛媛玉串料訴訟（最大判平 9．4．2 百選Ⅰ44事件） H23-6-イ	知事らが靖国神社等の例大祭等に玉串料として公金を支出	神社の境内での例大祭と同時になされたうえ、主催者は宗教的意義を意識
	ⅱ 砂川政教分離（空知太神社）訴訟上告審判決（最大判平22. 1．20百選Ⅰ47事件）	市が神社の敷地を無償で提供	本章CORE PLUS 6 参照
	ⅲ 孔子廟《びょう》訴訟（最大判令 3．2．24令 3 重判 6 事件）	市が都市公園内の国公有地の使用料を免除	孔子廟の敷地の使用料の免除は、特定の宗教に対して特別の便益を提供し、これを援助していると一般人から評価されてもやむを得ない

CORE TRAINING

□□□　国公有地が無償で宗教的施設の敷地としての用に供されるといっても、当該施設の性格や来歴、無償提供に至る経緯、利用の態様には様々なものがあり得るのであって、これらの事情のいかんが政教分離原則との関係を考えるに当たって重要な考慮要素とされるべきである。 H24-2-ア

➡ 最大判平22.1.20（砂川政教分離〔空知太神社〕訴訟上告審判決）6 ❶ ii

○

□□□　無償提供された国公有地上に存在する宗教的施設の宗教性を判断するに当たっては、当該宗教的施設に対する一般人の評価を抽象的に観念するのではなく、当該施設が存在する地元住民の一般的評価を検討することが重要である。 H24-2-イ

➡ 最大判平22.1.20（砂川政教分離〔空知太神社〕訴訟上告審判決）6 ❶ i

×

□□□　宗教的施設に対する国公有地の無償提供が憲法第89条に違反し違憲と判断される場合には、このような違憲状態を解消するための手段として、使用貸借契約の解除までは必要ないが、当該土地上に存在する宗教的施設の撤去が必要である。 H24-2-ウ

➡ 最大判平22.1.20（砂川政教分離〔空知太神社〕訴訟上告審判決）6 ❷

×

03　学問の自由

□□□　最高裁判所の判例によれば、憲法第23条は、狭義の学問の自由ばかりでなく、大学の自治を制度的に保障する。なぜなら、大学における学問の自由を保障するために、大学の自治が伝統的に認められているからである。 H22-8-ウ

➡ 最大判昭38.5.22（東大ポポロ事件）7 ❷ ii

○

□□□　大学は、自治権を有し、その施設及び学生の管理に関して自主的に決定する権利を有することから、警察は、大学の了解なしには大学構内において令状に基づく犯罪捜査を行うことはできない。 H26-8-イ

➡ 7 ❷ iv a

×

□□□　大学教授が授業中に行ったその所属学部の執行部への批判を理由として、当該学部が当該教授の授業開講を認めない措置を採るような場合には、学問の自由と大学の自治とが対立的な関係に立つ。 H26-8-ウ

➡ 7 ＊

○

CORE PLUS

[6] 砂川政教分離（空知太神社）訴訟上告審判決（最大判平22.１.20百選Ⅰ47事件）

❶ 判断基準	i「当該宗教的施設の性格、当該土地が無償で当該施設の敷地としての用に供されるに至った経緯、当該無償提供の態様、これらに対する一般人の評価等、諸般の事情を考慮」する H24-2-イ ii 考慮要素について、「当該施設の性格や来歴、無償提供に至る経緯、利用の態様等には様々なものがあり」、「これらの事情いかんは、……政教分離原則との関係を考えるに当たっても、重要な考慮要素とされるべき」としている H24-2-ア
❷ 違憲状態の解消方法について	「神社施設を撤去し土地を明け渡す以外にも適切な手段があり得る」としたうえで、例えば、土地の「全部又は一部を譲与し、有償で譲渡し、又は適正な時価で貸し付ける等の方法によっても上記の違憲性を解消することができる」としている H24-2-ウ

[7] 学問の自由と大学の自治

❶ 学問の自由	内　容	学問研究の自由、学問研究結果の発表の自由、教授の自由
❷ 大学の自治	i 意　義	大学（国公立たると私立たるとを問わない。）の内部行政に関しては大学の自主的な決定に任せ、大学内部への外部勢力の干渉を排除する
	ii 憲法上の根拠	23条。学問の自由の保障のなかに当然のものとして含まれており、制度的保障として認められる（最大判昭38．５．22百選Ⅰ86事件、東大ポポロ事件） H22-8-ウ ∵大学における学問の自由と大学の自治は伝統的に不可分に結び合う共生の関係にある。また、大学の自治は大学における学問の自由に奉仕するもので、その内容の核心（人事の自治、学生・施設管理）もほぼ明確である
	iii 大学の自治の内容	人事の自治、学生・施設管理の自治、研究教育の内容及び方法の自主決定権*、予算管理の自治
	iv 大学の自治の限界（大学の自治と警察権との関係）	a 犯罪捜査のための大学構内への立ち入り →大学であっても治外法権の場ではないので、正規の令状による捜査を拒否することはできない。もっとも、捜査に名を借りた警察公安活動のおそれがあるので、大学関係者の立会いが必要 H26-8-イ b 大学構内の秩序回復のための活動 →原則として出動の判断は大学側が行う c 大学構内における警察公安活動 →大学の了承なしに学内に立ち入ることは許されない

＊　大学の自治の一環として大学教授の授業展開を制限するようなことがあれば、それは大学の自治と大学教授の学問の自由とが衝突することになる。H26-8-ウ

MEMO

No. 026

論　知る権利

H28-6

□　月　日
□　月　日
□　月　日

知る権利に関する次のアからウまでの各記述について、判例の趣旨に照らして、正しいものには○、誤っているものには×を付した場合の組合せを、後記1から8までの中から選びなさい。

□□□ ア．様々な意見、知識、情報の伝達の媒体である新聞紙等の閲読の自由が憲法上保障されるべきことは、表現の自由を保障した憲法第21条の規定の趣旨、目的から、いわばその派生原理として当然に導かれるものである。

□□□ イ．新聞等の記事が特定の者の名誉ないしプライバシーに重大な影響を及ぼし、その者に対する不法行為が成立する場合には、具体的な成文法がなくても、反論権の制度として、反論文掲載請求権が認められる。

□□□ ウ．自己の思想、意見を形成するために自由な情報の受領は不可欠であるから、特に、国の政府機関が保有する情報の開示請求権は、これを具体化する法律がない場合であっても、当然に具体的権利として認められ、司法上の救済を受けることができる。

1．ア○　イ○　ウ○　　2．ア○　イ○　ウ×　　3．ア○　イ×　ウ○
4．ア○　イ×　ウ×　　5．ア×　イ○　ウ○　　6．ア×　イ○　ウ×
7．ア×　イ×　ウ○　　8．ア×　イ×　ウ×

No. 026　**正解　4**　知る権利やそれに関連する権利に関して、判例を中心に確認しておこう。　正答率 90.6%

ア　正しい。

判例は、未決拘禁者が私費で購読していた新聞のある特定の記事を刑事施設の長が抹消した処分につき、当該未決拘禁者が新聞閲読の自由の侵害を主張した事案において、「さまざまな……意見、知識、情報の伝達の媒体である新聞紙、図書等の**閲読の自由が憲法上保障されるべきこと**は、思想及び良心の自由の不可侵を定めた**憲法19条の規定**や、表現の自由を保障した**憲法21条の規定の趣旨、目的から**、いわばその**派生原理として当然に導かれる**」としている（最大判昭58.６.22百選Ｉ14事件、よど号ハイジャック記事抹消事件）。

イ　誤り。

判例は、新聞において批判的な記事を掲載された者が、言論の自由（21条１項）、人格権、名誉毀損に対する原状回復（民723条）を根拠として反論文の掲載を求めた事案において、いわゆる**反論権の制度**については、「名誉あるいはプライバシーの保護に資するものがあることも否定し難い」としても、反論文の掲載を強制され、本来であれば利用できた紙面を割かなければならなくなる等の負担により、「批判的記事、ことに**公的事項に関する批判的記事の掲載をちゅうちょさせ、憲法の保障する表現の自由を間接的に侵す危険につながるおそれ**」があるとして、新聞等の「記事が特定の者の名誉ないしプライバシーに重大な影響を及ぼすことがあるとしても、**不法行為が成立する場合にその者の保護を図ることは別論**として、……**具体的な成文法がないのに、反論権を認める……ような反論文掲載請求権をたやすく認めることはできない**」としている（最判昭62.４.24百選Ｉ76事件、サンケイ新聞意見広告事件）。したがって、少なくとも、具体的な成文法がない場合には、反論権の制度として、反論文掲載請求権が認められることはない。

ウ　誤り。

判例（よど号ハイジャック記事抹消事件）は、「各人が、自由に、さまざまな意見、知識、情報に接し、これを摂取する機会をもつことは、その者が個人として自己の思想及び人格を形成・発展させ、社会生活の中にこれを反映させていくうえにおいて欠くことのできないもの」であるとして、各人が情報等を受領することの重要性について認めている。しかし、国の政府機関が保有する情報の開示請求権が具体的権利として認められるとした判例はない。また、学説によれば、国の政府機関が保有する情報の公開を求める権利は表現の自由（憲21条１項）として保障されると解されてはいるものの、個々の国民が、裁判上、当該権利を行使するためには、公開の基準や手続等について、法律による具体的定めが必要であると解されている。したがって、国の政府機関が保有する**情報の開示請求権は、抽象的権利**にとどまり、これを**具体化する法律がなければ、司法上の救済を受けることができない。**

文献　試験対策講座140～142、225～228頁。判例シリーズ９、40事件

No. 027

知る権利

R2-6

□　月　日
□　月　日
□　月　日

知る権利に関する次のアからウまでの各記述について、ｂの見解がａの見解の根拠となっている場合には１を、そうでない場合には２を選びなさい。

□□□ ア．ａ．マス・メディアの報道に対して反論記事の掲載等を求める権利は、憲法第21条第１項が保障する表現の自由に含まれる知る権利の一局面であり、同項を直接の根拠として認められる。

ｂ．インターネットの普及によって双方向的な情報流通が可能となり、誰もが自ら情報の発信者となることが容易になった。

□□□ イ．ａ．日本放送協会の放送を受信することのできる受信設備を設置した者に受信契約の締結を強制する放送法の規定は、憲法第21条第１項の保障する情報摂取の自由を制限するものであり、その合憲性は厳格に審査される必要がある。

ｂ．国民の知る権利を実現するためにいかなる放送制度を採用するかは立法裁量の問題である。

□□□ ウ．ａ．児童買春その他の犯罪から児童を保護すること等の目的のため、電子掲示板の運営者に届出義務を課した上、一定の書き込みに関する削除義務を課すことは、憲法第21条第１項に違反する。

ｂ．インターネット上において表現の場を提供する行為は知る権利に資するものとして、憲法第21条第１項の保障を受ける。

No. 027 正解 ア2、イ2、ウ1

見解問題は問題文をよく読んで論理的に整合するか確認しながら解いてみよう。

正答率 83.9%

ア　根拠となっていない。

bの見解は、インターネットの普及によって双方向的な情報流通が可能となり、誰もが自ら情報の発信者となり、自己の思想・情報を発信することができるというものである。そして、aの見解はマス・メディアの報道に対して反論記事の掲載等を求める権利を知る権利の一局面として捉えるものであるが、bの見解からすれば、インターネット等を通じてマス・メディアの報道に対して自身の反論等を掲載し、その思想・情報を発信することで双方向的な情報流通を図ることができるため、このような権利を認めるべき必要性はないこととなる。

イ　根拠となっていない。

bの見解は、知る権利を実現するために採用すべき放送制度について、立法裁量を認めるものである。このような立法裁量が認められる場合には、立法府の裁量的判断を尊重すべきであるから、裁判所の違憲審査がなじまず、その合憲性について厳格に審査すべきでないこととなる。

ウ　根拠となっている。

bの見解は、インターネット上において表現の場を提供する行為について21条1項の保障を受けるとし、このような行為を正当な理由なく制限することは、表現の自由に対する不当な制約として違憲となるとするものである。そうすると、児童買春その他の犯罪から児童を保護すること等の目的のためであっても、電子掲示板の運営者に届出義務を課した上、一定の書き込みに関する削除義務を課すことは、同項で保障される上記行為への制約となるため、表現の自由に対する不当な制約として同項に違反するという結論の根拠となる。

文献　試験対策講座227、228、235～237、278頁

No. 028　論

表現の自由

R4-5

□　月　日
□　月　日
□　月　日

表現の自由に関する次のアからウまでの各記述について、最高裁判所の判例の趣旨に照らして、正しいものには○、誤っているものには×を付した場合の組合せを、後記１から８までの中から選びなさい。

□□□ ア．ビラの配布のために集合住宅の共用部分及び敷地内に管理権者の承諾なく立ち入って、その管理権やそこで私的生活を営む者の私生活の平穏を侵害したとしても、ビラの内容が政治的意見を記載したものであれば、表現の自由の行使として尊重されるべきであるから、当該立入り行為を刑法第130条前段の罪に問うことは憲法第21条第１項に違反し、許されない。

□□□ イ．公立図書館は、住民に対して思想、意見その他の種々の情報を含む図書館資料を提供してその教養を高めること等を目的とする公的な場であり、図書の著作者にとっては、その思想、意見等を公衆に伝達する公的な場でもあるから、図書の著作者は、公立図書館に対して表現の自由に基づいて自らの著作物を購入し、閲覧に供するよう求めることができる。

□□□ ウ．報道機関の報道が正しい内容を持つためには、報道のための取材の自由も憲法第21条の精神に照らして十分尊重されなければならず、取材源の秘密は、取材の自由を確保するために必要なものとして重要な社会的価値を有するから、報道機関の記者が民事訴訟で証人として尋問された場合、取材源に関する証言の拒絶は、それによって真実発見及び裁判の公正が犠牲になるとしても、直ちに認められなければならない。

１．ア○　イ○　ウ○　　２．ア○　イ○　ウ×　　３．ア○　イ×　ウ○
４．ア○　イ×　ウ×　　５．ア×　イ○　ウ○　　６．ア×　イ○　ウ×
７．ア×　イ×　ウ○　　８．ア×　イ×　ウ×

No. 028　**正解　8**　表現の自由は論文でも重要分野であるから、判例をよく読んでおこう。　正答率 89.6%

ア　誤り。　類 H29-6-ア、予R2-3-ア

判例は、ビラの配布のため集合住宅の共用部分及び敷地内に管理権者の承諾なく立ち入った事案において、「表現の自由は、……特に重要な権利として尊重されなければならず、被告人らによるその政治的意見を記載したビラの配布は、表現の自由の行使ということができる」としたが、「憲法21条1項も、表現の自由を絶対無制限に保障したものではなく、公共の福祉のため必要かつ合理的な制限を是認するものであって……その手段が他人の権利を不当に害するようなものは許されない」とした。そのうえで、集合住宅の共用部分及びその敷地は、「一般に人が自由に出入りすることのできる場所ではない」とし、「このような場所に管理権者の意思に反して立ち入ることは、管理権者の管理権を侵害するのみならず、そこで私的生活を営む者の私生活の平穏を侵害するもの」として、被告人らの行為を刑法130条前段の罪に問うことは憲法21条1項に違反しないとした（最判平20.4.11百選Ⅰ58事件、立川反戦ビラ事件）。

イ　誤り。

判例は、「公立図書館は、住民に対して思想、意見その他の種々の情報を含む図書館資料を提供してその教養を高めること等を目的とする公的な場」としている。また、公立図書館は、「図書の著作者にとって、その思想、意見等を公衆に伝達する公的な場でもある」として、「**図書館職員が閲覧に供されている図書を著作者の思想や信条を理由とするなど不公正な取扱いによって廃棄することは、当該著作者が著作物によってその思想、意見等を公衆に伝達する利益を不当に損なうもの**といわなければならない」とし、「**上記利益は、法的保護に値する人格的利益である**」としている。もっとも、**図書の著作者は、公立図書館に対して表現の自由に基づいて自らの著作物を購入し、閲覧に供するよう求めることができるとはしていない**（最判平17.7.14百選Ⅰ70事件）。

ウ　誤り。

判例は、「報道の自由は……憲法21条の保障の下にある」とし、「**取材の自由も、憲法21条の精神に照らし、十分尊重に値する**」としたうえで、「取材源の秘密は、取材の自由を確保するために必要なものとして、重要な社会的価値を有する」としている。もっとも、「当該報道が公共の利益に関するものであって、その取材の手段、方法が一般の刑罰法令に触れるとか、取材源となった者が取材源の秘密の開示を承諾しているなどの事情がなく、しかも、当該民事事件が社会的意義や影響のある重大な民事事件であるため、**当該取材源の秘密の社会的価値を考慮してもなお公正な裁判を実現すべき必要性が高く、そのために当該証言を得ることが必要不可欠であるといった事情が認められない場合には、当該取材源の秘密は保護に値する**」としており、取材源に関する証言の拒絶は、それによって真実発見及び裁判の公正が犠牲になるとしても、直ちに認められなければならないとはしていない（最決平18.10.3百選Ⅰ71事件、嘱託証人尋問証言拒否事件）。

文献　試験対策講座163、230~232頁

No. 029　論　**表現の自由**　R3-5

□ 月 日
□ 月 日
□ 月 日

表現の自由に関する次のアからウまでの各記述について、bの見解がaの見解の批判となっている場合には1を、そうでない場合には2を選びなさい。

□□□ ア．a．表現の自由に対する規制について、表現の内容に着目した内容規制には、厳格な審査基準が妥当し、表現の時・場所・方法等の規制に関わる内容中立的規制の場合には、より緩やかな審査基準が妥当する。

b．審査基準の枠組みの設定の仕方が図式的になり過ぎており、人によって極めて重要な意義を持つはずの表現の時・場所・方法等の規制の危険性・問題性を軽視している。

□□□ イ．a．商品知識の啓蒙や、意見の伝達等何らかの表現行為に関わる広告は、表現の自由の保障の対象となるが、純然たる営利広告は、経済的自由の保障の対象となる。

b．消費者の側から見ると、純然たる営利広告も、一つの重要な生活情報としての意味を持ち得るから、それを表現の自由の保障の対象外としてしまうと、消費者の知る権利を害することになる。

□□□ ウ．a．表現行為に先立ち行政権がその内容を事前に審査し不適当と認める場合にその表現行為を禁止する検閲は、憲法第21条第2項により絶対的に禁止され、同条第1項から導き出される広義の事前抑制の原則的禁止とは区別される。

b．独立性を保障された司法権と行政権との区別は重要であり、また、検閲の禁止に例外を認める解釈は、憲法第21条第2項が、「検閲は、これをしてはならない」と明記していることに反する。

No. 029 正解 ア１、イ１、ウ２

表現の自由に関する諸問題について、複数の見解の内容・根拠を理解しておこう。

正答率 95.7%

ア　批判となっている。 類 H20-5-ウ

ａの見解は、表現の**内容規制・内容中立規制二分論**の考え方であり、その内容は、表現の内容に着目した内容規制は、とりわけ権力によって都合の悪い表現内容の恣意的抑圧の危険をはらむが故に厳格な審査が求められ、時・場所・方法などの規制にかかわる内容中立規制の場合はより緩やかな審査で足りるというものである。この見解に対しては、**内容規制**であるからといって**すべての場合に厳格な審査が妥当するのか**、他方で、**時・場所・方法**などでの表現行為（例えば、ある時・場所でのビラ貼り・配り行為）は人によって極めて**重要な意義**をもつものであり、その規制について**当然に緩やかな審査が妥当するとみるべきではない**との批判が成り立つ。したがって、ｂの見解はａの見解の批判となっている。

イ　批判となっている。 類 H21-8-ア

ａの見解は、営利広告を、言論の自由の内容をなすものと、経済的自由として保障される純然たる営利広告に**二分する考え方**であり、前者については、言論の自由の内容をなすが、後者については、思想の自由市場と関係がないので、優越的地位を占める自由とみるのは適当でなく、むしろ経済的自由権の行使との関連性が強く、合理的な目的による制限を受けると解する。この見解に対しては、純然たる営利広告と精神活動的要素を含むものとの**区別が判然とせず**、また、「消費者の側からみると、純然たる営利広告も、一つの重要な生活情報としての意味を持ち得るから」、**消費者の知る権利の観点から表現の自由の保障外とすべきではない**との批判が成り立つ。したがって、ｂの見解はａの見解の批判となっている。

ウ　批判となっていない。

ａの見解は、事前抑制の禁止と検閲の禁止との関係について、**事前抑制を二つの類型に分けて**、広義においては、表現行為がなされるに先立ち公権力が何らかの方法でこれを抑制すること、及び実質的にこれと同視できるような影響を表現行為に及ぼす規制方法をいうと定義し、広義の事前抑制禁止の法理は21条１項によって当然に前提とされていると解されるのに対し、事前抑制のうち、表現行為に先立ち行政権がその内容を事前に審査し、不適当と認める場合にその表現行為を禁止することをいうと定義される検閲については、21条２項によって絶対的に禁止されると解する考え方である。この見解は、21条２項の**検閲を比較的狭く解釈して絶対的に禁止される**ものとし、例えば裁判所による事前差止めのような**検閲以外の事前抑制については原則的禁止として例外が許容される**ものと解するものであり、**司法権と行政権の区別を重視**し、検閲（同項）は絶対的に禁止されるとするものであるから、ｂの見解はａの見解の**根拠**となっているといえる。したがって、ｂの見解はａの見解の批判となっていない。

文献　試験対策講座244、248～254、262～265頁

No. 030　論　憲法21条　R1-6

□　月　日
□　月　日
□　月　日

憲法第21条に関する次のアからウまでの各記述について、ｂの見解がａの見解の根拠となっている場合には１を、そうでない場合には２を選びなさい。

□□□　ア．ａ．「検閲」とは、行政権が主体となって、思想内容等の表現物を対象とし、その全部又は一部の発表の禁止を目的として、対象とされる一定の表現物につき網羅的一般的に、発表前にその内容を審査した上、不適当と認めるものの発表を禁止することを、その特質として備えるものであり、絶対的に禁止される。

ｂ．大日本帝国憲法下においては、文書、図画ないし新聞、雑誌等を出版直前ないし発行時に提出させた上、その発売、頒布を禁止する権限が内務大臣に与えられ、その運用を通じて実質的な検閲が行われたほか、映画フィルムにつき典型的な検閲が行われる等、思想の自由な発表、交流が妨げられるに至った経験を有する。

□□□　イ．ａ．公務員又は公職選挙の候補者に対する評価、批判等の表現行為に関する出版物の公布等の事前差止めは、原則として許されず、その表現内容が真実でなく、又はそれが専ら公益を図る目的のものではないことが明白であって、かつ、被害者が重大にして著しく回復困難な損害を被るおそれがあるときにのみ例外的に許される。

ｂ．表現行為に対する事前抑制は、表現物がその自由市場に出る前に抑止してその内容を読者等の側に到達させる途を閉ざし又はその到達を遅らせてその意義を失わせ、公の批判の機会を減少させるものであり、性質上、予測に基づくものとならざるを得ないこと等から広汎にわたりやすく、濫用のおそれがある上、実際上の抑止的効果が大きい。

□□□　ウ．ａ．主催者が集会を平穏に行おうとしているのに、その集会の目的や主催者の思想、信条等に反対する者らが、これを実力で阻止し、妨害しようとして紛争を起こすおそれがあることを理由に公の施設の利用を拒むことができるのは、警察の警備等によってもなお混乱を防止することができないなど特別な事情がある場合に限られる。

ｂ．集団行動による思想等の表現は、現在する多数人の集合体自体の力によって支持されているから、平穏静粛な集団であっても、一瞬にして暴徒と化し、勢いの赴くところ実力によって法と秩序をじゅうりんし、集団行動の指揮者はもちろん警察力を以てしても如何ともし得ないような事態に発展する危険が存在する。

No. 030　正解　ア１、イ１、ウ２　「検閲」の定義や事前抑制の法理、暴徒化論をしっかりと理解しておこう。　正答率 90.8%

ア　根拠となっている。

ａの見解は、判例（最大判昭59.12.12百選Ⅰ69事件、税関検査事件）の見解である。

ｂの見解は、検閲はその性質上表現の自由に対する最も厳しい制約となることを前提とし、大日本帝国憲法下において検閲が行政権により濫用されたとの歴史的経緯を踏まえた見解である。そして、検閲は、このような歴史的経緯を反省し、絶対的に禁止されるに至ったものである。したがって、ｂの見解は検閲を絶対的に禁止するというａの見解の根拠となる。

イ　根拠となっている。

ａの見解は、判例（最大判昭61.６.11百選Ⅰ68事件、北方ジャーナル事件）の見解である。

ｂの見解は、**事前抑制は思想の自由市場を破壊し**、また、性質上予測に基づいた運用にならざるを得ないことから**濫用のおそれが大きい**とする見解である。この見解からすれば、**事前抑制は厳格かつ明確な要件の下でのみ許される**と考えることとなる。したがって、ｂの見解は、事前抑制を例外的な場合にのみ認めるとするａの見解の根拠となる。

ウ　根拠となっていない。

ａの見解は、判例（最判平８.３.15）の見解である。

ｂの見解は、集団行動による表現は一瞬にして暴徒と化す危険があるとするものである。この見解からすれば、平穏に集会を行おうとしている集団であっても、その集会の目的や主催者の思想、信条等に反対する者らが、これを実力で阻止し、妨害しようとして紛争を起こすおそれがある場合には、上記のような危険性が存在するといえる。したがって、ｂの見解からすれば、主催者が集会を平穏に行おうとしている場合であっても、上記のような危険性が認められれば公の施設の利用を拒むことも可能である。そのため、ｂの見解によれば、ａの見解にあるような特別な事情がなくとも公の施設の利用を拒むことができ、ｂの見解は、ａの見解の根拠となっていない。

文献　試験対策講座250〜259、268〜274頁。判例シリーズ35、36事件

No. 031

論　検　閲

H26-6

□　月　日
□　月　日
□　月　日

憲法第21条第２項前段の「検閲」に関する次のアからウまでの各記述について、ｂの見解がａの見解の批判となっている場合には１を、そうでない場合には２を選びなさい。

□□□ ア．ａ．名誉毀損のおそれのある記事を掲載した書籍の販売等を、裁判所の仮処分により事前差止めするのは、「検閲」に該当しない。

ｂ．「検閲」の解釈に当たっては、過去に検閲が行政権により濫用されたという歴史的経緯を踏まえる必要がある。

□□□ イ．ａ．外国で出版済みの書籍について、輸入禁制品である「公安又は風俗を害すべき書籍」に該当するか否かを税関が検査するのは、「検閲」に該当しない。

ｂ．「検閲」は、表現の自由に対する制約という側面と、この自由と一体をなす知る権利に対する制約という側面がある。

□□□ ウ．ａ．受刑者の逃走防止等を目的として、その発信しようとする信書の内容を刑務所長が事前に検査するのは、「検閲」に該当しない。

ｂ．「検閲」の禁止は、国民に対する関係では、絶対的に禁止されるが、特殊の法律関係にある者については、異なる取扱いが認められる。

No.
031

正解
ア２、イ１、ウ２

判例のいう検閲の定義は、議論の出発点として書けるようにしておこう。

正答率
83.9%

ア　批判となっていない。

ａの見解は、**裁判所**による表現行為の事前差止めについて「検閲」に**該当しない**としていることから、**司法権**（裁判所）は**検閲の主体に含まれない**と考えていることが分かる。他方、ｂの見解は、「検閲」の解釈に当たり、検閲が行政権に濫用されたという歴史的経緯を踏まえる必要があるというのであるから、**行政権が検閲の主体である**と考えていることが分かる。したがって、ｂの見解はａの見解の根拠となるものであり、批判となっていない。

イ　批判となっている。

ａの見解は、**外国で出版済みの書籍**に対する税関検査が「検閲」に**該当しない**としている。このことから、この見解は、検閲の時期について**形式的に発表前**と捉えていることが分かる。他方、ｂの見解は、「検閲」には**知る権利に対する制約**という側面があることを強調している。このことから、この見解は、検閲の時期について知る権利の観点から**発表後受領前**、すなわち発表後に国民が当該書籍に接する前も**含む**と捉えていることがわかる。したがって、ｂの見解からは、外国で出版済みの書籍に対する税関検査であっても、「検閲」に当たり得ることになる。

ウ　批判となっていない。

ａの見解は、**刑務所長**による受刑者の信書の内容の事前検査は、受刑者の信書の発表を禁止することが目的ではなく、**受刑者の逃走防止等を目的**としてなされるものであるから、「検閲」に**当たらない**としたものであると考えることができる。他方、ｂの見解は、刑事施設被収容関係のような**特殊な法律関係にある者**について、その者の信書の内容を刑務所長が事前に検査する場合、**一般の国民とは異なった取扱いが認められる**ため「検閲」に当たらない、又は「検閲」に当たるものの例外的に許されるとしたものであると考えることができる。これは、ａの見解の根拠あるいは同様の結論を導くものであるといえ、批判となっていない。

文献　試験対策講座251～259頁

No. 032　論　**集会の自由**　R3-6

□　月　日
□　月　日
□　月　日

集会の自由に関する次のアからウまでの各記述について、ｂの見解がａの見解の批判となっている場合には１を、そうでない場合には２を選びなさい。

□□□　ア．ａ．地方公共団体は、公の施設を利用して特定の集会が開かれることにより、その集会の主催者と敵対するグループ等とが衝突して、人の生命・身体・財産が侵害され、公共の安全が損なわれる危険がある場合には、公の施設の利用を不許可とすることができる。

ｂ．主催者が集会を平穏に行おうとしているのに、その集会の目的や主催者の思想、信条に反対する他のグループ等がこれを実力で阻止し、妨害しようとして紛争を起こすおそれがあることを理由に公の施設の利用を拒むことは、憲法第21条の趣旨に反する。

□□□　イ．ａ．所有権や管理権に基づく集会の規制が許されるかどうかの判断に当たっては、集会の場所が一般公衆が自由に出入りできるものであるときには、集会の自由の保障に可能な限り配慮する必要がある。

ｂ．主張や意見を社会に伝達する自由を保障する場合には、その表現の場を確保することが重要な意味を持ち、特に、表現の自由の行使が行動を伴うときには、表現のための物理的な場所が提供されなければ、意見を受け手に伝えることができない。

□□□　ウ．ａ．集会や集団行動については、公共の秩序を維持するため、又は公共の福祉が著しく害されることを防止するために一定の法的規制が必要であるから、集会等の時間、場所、方法を問わず、事前の許可を要すると条例で定めることもやむを得ない。

ｂ．集会や集団行動が他人の権利と衝突することがあるとしても、その衝突の程度は集会等の具体的態様によって大きく異なるから、一律に事前の許可にかからしめることは集会の自由に対する過大な制約である。

No. 032 **正解 ア１、イ２、ウ１** 集会の自由に関する判例は論文式でも使うので、しっかりと理解しよう。 正答率 94.7%

ア　批判となっている。

ａの見解は、地方自治法244条の公の施設に対する集会の使用申請について、管理権者が、その**集会の主催者に敵対する別の団体の妨害行為による混乱を避ける**ことを理由に、その施設の**利用を拒否できる**との考え方である。この見解に対して、判例は「**主催者が集会を平穏に行おうとしているのに、**その集会の目的や主催者の思想、信条に反対する他のグループ等がこれを実力で阻止し、妨害しようとして紛争を起こすおそれがあることを理由に公の施設の**利用を拒むことは、憲法21条の趣旨に反する**」と述べ（最判平７.３.７百選Ⅰ81事件、泉佐野市民会館事件）、英米の判例上確立された法理（**敵意ある聴衆の法理**）を参照してａの見解を**批判**している。

イ　批判となっていない。

ａの見解は、道路、公園、広場など、一般公衆が自由に出入りすることができる場所を「**パブリック・フォーラム**」と呼び、このパブリック・フォーラムが表現の場所として用いられるときには、所有権や、本来の利用目的のための管理権に基づく制約を受けざるを得ないとしても、その機能に鑑み、**表現の自由の保障を可能な限り配慮する必要がある**という考え方である（最判昭59.12.18百選Ⅰ57事件、駅構内ビラ配り事件の伊藤正己裁判官の補足意見）。ｂの見解は、主張や意見を社会に伝達する自由の保障のため、**表現の場の確保に重要な意味**を見出すものであるから、上記パブリック・フォーラム論の**前提をなすもの**である。したがって、ｂの見解は、ａの見解の批判となっていない。

ウ　批判となっている。

ａの見解は、国民が国の公共用の施設を利用して集会を催すことができるのは、**国がその施設を公共の用に供していることの結果**であるから、公共の施設を利用しての集会は、**公物管理主体の定める利用条件に従って初めて許容**されるものと解されるため、国が一律一般的な許可制をとっていても、それが公園としての機能を発揮させるために必要なものであるとすれば、そのこと自体が**直ちに集会の自由を直接侵害するものではない**という考え方である。この見解に対しては、公物管理権の行使としての許可制も集会に対する事前抑制に当たり、**事前抑制の原則的禁止の法理が妥当**するので、前記国民公園管理規則のように、具体的かつ明確な基準もなしに公園内における集会を**一律一般的に許可にかからしめることは憲法上疑問**があるとのｂの批判が成り立つ。

文献 試験対策講座268～270頁。判例シリーズ43事件

No. 033

インターネット上の名誉毀損罪の成否と表現の自由

H30-5

□　月　日
□　月　日
□　月　日

次の見解は、インターネット上の名誉毀損罪の成否と表現の自由について論じたものである。この見解に関する次のアからエまでの各記述について、それぞれ正しい場合には１を、誤っている場合には２を選びなさい。

「インターネットの利用者は、自己の見解を外部に向かって発信することができるから、インターネットを利用している被害者は、自己に向けられた加害者のインターネット上の表現行為に対し、言論による反論が可能である。したがって、インターネットの利用者が名誉毀損の表現行為をした場合には、新聞などのマス・メディアを通じた表現の場合よりも、名誉毀損罪の成立する範囲を限定すべきである。」

□□□ ア．この見解に対しては、インターネット上の全ての情報を知ることは不可能であり、自己の名誉を毀損する表現が存在することを知らない被害者に対して反論を要求すること自体、そもそも不可能である、という批判があり得る。

□□□ イ．言論の応酬により当不当を判断することができるのは意見や論評であって、事実の摘示による名誉毀損の場合には、被害者と加害者が言論の応酬をしても、インターネット利用者は真偽を判断することができないという指摘は、この見解の根拠となり得る。

□□□ ウ．この見解に対しては、インターネット上に載せた情報は、不特定多数の利用者が瞬時に閲覧可能となり、全世界に伝播される可能性もあることから、被害者のインターネット上の反論によって名誉の回復が図られる保証もない、という批判があり得る。

□□□ エ．言論による侵害に対しては、言論で対抗するのが表現の自由の基本原則であり、被害者が加害者に対し十分な反論ができ、功を奏するのであれば、被害者の社会的評価が害されるおそれはないという指摘は、この見解の根拠となり得る。

No. 033 **正解 ア1、イ2、ウ1、エ1** 学説問題にみえても論理問題なので、設問文から根拠、批判の成否を推理しよう。 正答率 93.0%

ア　正しい。

設問で示された見解は、ある思想を表明した者はそれに対して加えられた批判に対しては名誉毀損法理などでの法的救済を期待するべきではなく、反論で自らの思想を守るべきであるといういわゆる対抗言論の法理を下敷きに、インターネットにおける表現に名誉毀損罪が成立する範囲を限定的に解すべきというものである。

そして、アの記述は、インターネット上の表現による名誉毀損の被害者が自身の被害を認識できることを前提に、ネット上での反論によって名誉を回復することができるという理由で、インターネット上の表現に名誉毀損罪が成立する範囲を限定すべきとしている。このような見解には、被害者がネット上の表現すべてを把握することはできず、被害者による反論は不可能であるとの批判が成り立つ。

イ　誤り。

設問で示された見解は、インターネット上での言論の応酬に対して受け手の正確な判断がなされることで被害者の名誉は回復されるということを前提に、インターネット上の表現に対する名誉毀損罪の成立範囲は限定されるとしている。したがって、このような見解にはインターネット利用者の判断能力が不十分であり、上記前提を欠くとの批判が成り立つ。よって、イの記述は設問の見解の批判であり、根拠ではない。

ウ　正しい。

判例は、「インターネット上に載せた情報は、**不特定多数**のインターネット利用者が**瞬時に閲覧可能**であり、これによる名誉毀損の**被害は時として深刻な**ものとなり得ること、一度損なわれた**名誉の回復は容易ではなく**、インターネット上での**反論によって十分にその回復が図られる保証があるわけでもない**こと」を考慮しており（最決平22. 3 .15）、この判示と同内容のウの記述は設問の見解への反論になる。

エ　正しい。

エの記述はアの解説にあるように、言論には言論で対抗するのが表現の自由の原則であるという、いわゆる対抗言論の法理に依拠している。したがって、対抗言論の法理を説くエの記述は設問の見解の根拠となる。

文献　試験対策講座246、278～280頁

CORE TRAINING

01　表現の自由の意味

□□□　表現の自由が有する真理到達機能を重視し、真理の最上のテストは市場の競争において自らを容認させる思想の力であり、その競争で最後に残った意見が真理であるとする見解がある。しかし、この見解は、「思想の自由市場」が必ずしも自由とは言い難い現実からして問題が残る。また、仮に「市場」が完全に機能しているとしても、最後に残った意見が真理であることを立証することは、不可能である。 H21-8-ウ

➡ 1 ※2　○

CORE PLUS

1 表現の自由の価値

❶ 意味	思想・情報を発表し伝達する自由
❷ 内容	i　自己実現の価値：個人が言論活動を通じて自己の人格を発展させるという個人的な価値 ii　自己統治の価値：言論活動によって国民が政治的意思決定に関与するという、民主政に資する社会的な価値

※1　表現の自由は、自己実現の価値と自己統治の価値を有することから、極めて重要なものとされている。思想の自由市場（真理と誤謬《びゅう》を競い合わせれば、真理が生き残るはずであるという考えの下、自由な言論を保障すること）の下では、発表する自由を保障すればこれら2つの価値を実現できる。

※2　なお、思想の自由市場に対しては、思想の自由市場が必ずしも自由とはいいがたい現実があること、また、仮に市場が完全に機能しているとしても、最後に残った意見が真理であることを立証することは不可能であることからして、問題があるとされる。 H21-8-ウ

CORE TRAINING

□□□　放送事業者は、権利の侵害を受けた者の請求に基づく調査によって放送内容が真実でないことが判明した場合、放送法の規定により訂正放送をしなければならないが、これは、放送内容の真実性の保障及び干渉排除による表現の自由の確保の観点から、放送事業者において自律的に訂正放送を行うことを公法上の義務として定めたものである。 予H29-3-ア

➡ 最判平16.11.25　2 ❷　○

02　表現の自由の内容

□□□　最高裁判所の判例によれば、刑事訴訟法第149条の規定は例示列挙である。 オリジナル①

➡ 最大判昭27.8.6（石井記者事件）　4 ❶ i　×

□□□　最高裁判所の判例によれば、憲法21条は、公共の福祉のため最も重大な司法権の公正な発動につき、必要欠くべからざる証言の義務をも犠牲にして、証言拒絶の権利までも保障したものではないとした。 オリジナル②

➡ 最大判昭27.8.6（石井記者事件）　4 ❶ ii　○

CORE PLUS

2 マス・メディアへの請求権に関連する判例

❶ サンケイ新聞意見広告事件（最判昭62. 4. 24 百選Ⅰ76事件）	いわゆる反論権*の制度は、新聞等を発行・販売する者にとっては、反論文の掲載のために紙面を割かなければならなくなる等の負担を強いられるのであって、これらの負担が特に公的事項に関する批判的記事の掲載をちゅうちょさせ、憲法の保障する表現の自由を間接的に侵す危険につながるおそれも多分に存することから、「たやすく認めることはできない」としている
❷ 最判平16. 11. 25	放送事業者は、権利の侵害を受けた者の請求に基づく調査によって放送内容が真実でないことが判明した場合、放送法の規定により訂正放送をしなければならないが、これは、放送内容の真実性の保障及び干渉排除による表現の自由の確保の観点から、放送事業者において自律的に訂正放送を行うことを公法上の義務として定めたもので、被害者に対して訂正放送等を求める私法上の請求権を付与する趣旨の規定ではないとしている 予H29-3-ア

＊　ここにいう反論権は、いわゆるアクセス権に含まれる。アクセス権とは、一般国民が、マス・メディアに対して、自己の意見の発表の場の提供を要求する権利のことをいう。

3 取材源の秘匿権

狭義の秘匿権	公衆に対する情報伝播《ぱ》の目的で、内々の信頼関係を通じて取材した場合に取材源の開示を要求されない権利
広義の秘匿権	内々の信頼関係を通じて得られた情報（取材メモ・フィルム等）の開示を要求されない権利

4 狭義の取材源秘匿権の肯否

判　例	ポイント
❶ 刑事訴訟における取材源秘匿権（最大判昭27. 8. 6、石井記者事件）	刑事訴訟法上も憲法上も、証言拒絶権（取材源秘匿の自由）は保障されていない →ⅰ　証言義務は国民が司法裁判の適正な行使に協力すべき重大な義務であり、証言拒絶権が認められる場合は極めて例外的な場合に限られるから、刑事訴訟法143条の例外規定（同149）は限定列挙であって、新聞記者に当該規定を類推適用することはできない オリジナル① ⅱ　憲法21条は、公共の福祉のため最も重大な司法権の公正な発動につき必要欠くべからざる証言の義務をも犠牲にして、証言拒絶の権利までも保障したものではない オリジナル②
❷ 民事訴訟における取材源秘匿権（最決平18. 10. 3 百選Ⅰ71事件、嘱託証人尋問証言拒否事件）	公開されると職業に深刻な影響を与え以後その遂行が困難になるものであれば「職業の秘密」（民訴197Ⅰ③）に当たるが、そのうち「保護に値する秘密」に限って取材源秘匿の自由が認められる そして、「保護に値する秘密」であるかどうかは、比較衡量により決せられるが、取材源の秘密の社会的価値を考慮してもなお公正な裁判を実現すべき必要性が高く、そのために当該証言を得ることが必要不可欠であるといった事情が認められない場合には、取材源の秘密は保護に値すると考えられる

CORE TRAINING

□□□　報道のための取材の自由も憲法第21条の精神に照らし十分尊重に値するが、取材の自由といっても、何らの制約を受けないものではなく、公正な裁判の実現という憲法上の要請があるときは、ある程度の制約を受けることがあることは否定できない。H24-4-ア、予H28-3-ア

➡ 最大決昭44.11.26（博多駅テレビフィルム提出命令事件）は、取材の自由は、「憲法21条の精神に照らし、十分尊重に値いする」としている　5❷a

○

□□□　報道機関が専ら報道目的で撮影したビデオテープを、裁判所の提出命令によって提出させる場合よりも裁判官が発付した令状に基づき検察事務官が差し押さえる場合の方が、取材の自由に対する制約の許否に関して、より慎重な審査を必要とする。H24-4-イ

➡ 最決平元.1.30（日本テレビビデオテープ差押事件）　5❷b

×

□□□　編集の上、既に放映されたビデオテープのマザーテープの差押えにより報道機関が受ける不利益は、このビデオテープの放映が不可能となり報道の機会が奪われるという不利益ではなく、将来の取材の自由が妨げられるおそれがあるという不利益にとどまる。H24-4-ウ

➡ 最決平元.1.30（日本テレビビデオテープ差押事件）　5❹b

○

□□□　取材の自由は、公正な刑事裁判の実現の要請からある程度制約を受けることがあるが、公正な刑事裁判を実現するに当たっては、適正迅速な捜査が不可欠の前提であるから、適正迅速な捜査の要請からも取材の自由が制約を受けることがある。予H28-3-イ

➡ 最決平2.7.9（TBSビデオテープ差押事件）　5❷c

○

CORE PLUS

5 広義の取材源秘匿権に関する判例

	a 博多駅テレビフィルム提出命令事件（最大決昭44．11．26百選Ⅰ73事件）	b 日本テレビビデオテープ差押事件（最決平元．1．30）	c TBSビデオテープ差押事件（最決平2．7．9百選Ⅰ74事件）
❶事　案	裁判所がテレビ局に、放映済みのものを含むテレビフィルムを証拠として提出するよう命じた	検察が日本テレビの取材ビデオテープを贈賄事件の捜査の一環として差押え・押収した	警察がTBSの取材ビデオテープを暴力団組員による犯罪の捜査の一環として、未放映部分を含めて差押え・押収した
❷反対利益との調整について	公正な裁判の実現という憲法上の要請（31、32、37Ⅰ参照） →取材の自由がある程度の制約を受けることも否定できない H24-4-ア、予H28-3-ア	適正迅速な捜査の遂行の要請 →適正迅速な捜査が公正な刑事裁判の実現の不可欠の前提であり、取材の自由に対する制約の許否に関しては、裁判所の提出命令によって提出させる場合と裁判官が発付した令状に基づき検察事務官が差し押さえる場合とで本質的な差異はない H24-4-イ	適正迅速な捜査の遂行の要請 →公正な裁判の実現という憲法上の要請がある場合のみならず、「公正な刑事裁判を実現するために不可欠である適正迅速な捜査の遂行という要請がある場合にも、同様に、取材の自由がある程度の制約を受ける場合がある」としている　予H28-3-イ
❸証拠としての価値	罪責の有無を判定するうえでほとんど必須	犯罪の成否を判断するうえでほとんど不可欠	犯罪の成否を判断するうえで重要
❹取材の自由が妨げられる程度	将来の取材の自由が妨げられるおそれがあるにとどまる	将来の取材の自由が妨げられるおそれがあるにとどまる H24-4-ウ	将来犯罪者の取材協力が得られなくなるとしても、そのような不利益はさして考慮するに値しない
❺報道の自由に及ぼす影響の度合い	既に放映されたものを含む放映のために準備されたものであり、報道の自由そのものに不利益はない	マザーテープの押収だが、押収当時は既に編集も終了し、放映も済んでおり、報道の自由そのものに不利益はない	マザーテープの押収だが、一部分は既に放映済みで、今後放映する予定も認められなかったのであり、報道の自由そのものに不利益はない

CORE TRAINING

□□□　一般人の筆記行為の自由は、報道機関の取材の自由と同様に、憲法第21条の精神に照らして十分尊重に値する。したがって、一般の傍聴者が法廷でメモを取る行為と司法記者クラブ所属の報道機関の記者が法廷でメモを取る行為とを区別することには、合理的理由を見出すことはできない。H22-6-イ

➡ 最大判平元.3.8（レペタ事件）6 ❶ ii　×

□□□　裁判の傍聴人が法廷においてメモを取ることについては、憲法第21条第1項の規定により憲法上の権利として保障されており、法廷警察権によってこれを制限又は禁止することは、公正かつ円滑な訴訟の運営の妨げとなるおそれがあるにとどまらず、訴訟の運営に具体的な支障が現実に生じている場合でなければ許されない。予H29-3-イ、予H28-3-ウ

➡ 最大判平元.3.8（レペタ事件）6 ❶ i　×

□□□　情報摂取のためになされる筆記行為の自由は、憲法第21条第1項の精神に照らして尊重されるべきであって、傍聴人が法廷でメモを取る自由は、そこで見聞する裁判を認識、記憶するためになされる限り、尊重に値し、故なく妨げられてはならないから、その制限又は禁止に対する審査に当たっては、表現の自由に制約を加える場合に一般的に必要とされる厳格な基準が要求される。R5-3-ア

➡ 最大判平元.3.8（レペタ事件）6 ❶ i　×

□□□　報道機関の取材の手段・方法が、贈賄、脅迫、強要等の一般の刑罰法令には触れなくても、取材対象者の個人としての人格の尊厳を著しくじゅうりんする等法秩序全体の精神に照らして社会観念上是認することができない態様のものである場合には、国家公務員法との関係では、正当な取材行為の範囲を逸脱し違法性を帯びることになる。H22-6-ウ

➡ 最決昭53.5.31（外務省秘密漏洩事件）6 ❷　○

□□□　公務員としての行動に関する批判的論評が公務員の社会的評価を低下させる場合でも、その論評が専ら公益目的でなされ、かつ前提たる事実が主要な点において真実であることの証明があれば、論評としての域を逸脱していない限り、名誉毀損の不法行為は成立しない。H25-6-ア

➡ 最判平元.12.21（長崎教師批判ビラ事件）7 ❷　○

□□□　少年法第61条が禁止する推知報道に当たるか否かは、少年と面識のある特定多数の者あるいは少年が生活基盤としてきた地域社会の不特定多数の者ではなく、不特定多数の一般人が、当該事件報道記事等により、少年を当該事件の本人であると推知することができるかを基準にして判断すべきである。R5-3-ウ

➡ 最判平15.3.14（長良川リンチ殺人報道訴訟）7 ❸　○

CORE PLUS

6 取材の自由への制限に関する判例

判　例	ポイント
❶ レペタ事件(最大判平元．3．8百選Ⅰ72事件)	ⅰ 筆記行為の自由につき、「21条１項の規定の精神に照らして尊重される」としながら、「21条１項の規定によって直接保障されている表現の自由そのものとは異なるものであるから」厳格な基準は要求されないとしたうえで、「法廷における公正かつ円滑な訴訟の運営を妨げる場合には、それが制限又は禁止されるべきことは当然である」とした R5-3-ア、予H29-3-イ、予H28-3-ウ ⅱ 司法記者クラブ所属の報道機関の記者に対してのみ法廷においてメモを取ることを許可することも、合理性を欠くとはいえない H22-6-イ
❷ 外務省秘密漏洩事件(最決昭53．5．31百選Ⅰ75事件)	取材の手段・方法が一般の刑罰法令に触れなくとも、取材対象者の人格の尊厳を著しく蹂躙《じゅうりん》する等法秩序全体の精神に照らし社会観念上是認できない態様のものである場合、正当な取材活動の範囲を逸脱し違法性を帯びる H22-6-ウ

7 名誉毀損的表現

❶ 憲法上の保障	名誉毀損的表現　→21条１項で保障 (人の名誉は13条で保障)
❷ 長崎教師批判ビラ事件(最判平元．12．21百選Ⅰ66事件)	主観的な意見の表明又は論評により名誉毀損が成立するか。客観的な事実の摘示がない点で問題となる →判例は、公務員としての行動に関する批判的論評が公務員の社会的評価を低下させる場合でも、その論評が専ら公益目的でなされ、かつ前提たる事実が主要な点において真実であることの証明があれば、論評としての域を逸脱していない限り、名誉毀損は成立しないとしている H25-6-ア
❸ 長良川リンチ殺人報道訴訟(最判平15．3．14百選Ⅰ67事件)	本件の報道が、「推知報道」(少年法61条)に該当するかは、その報道等により、当該事件の本人と面識等のない不特定多数の一般人がその者を当該事件の本人であると推知することができるかどうかを基準として判断すべきである R5-3-ウ

CORE TRAINING

□□□　公務員又は公職選挙の候補者に対する評価、批判等の表現行為に関する事前差止めは、原則として許されず、例外的に、その表現内容が真実でなく、又はそれが専ら公益を図る目的のものではないことが明白であって、かつ、被害者が重大にして著しく回復困難な損害を被るおそれがあるときにのみ許されるが、その場合には迅速を旨とする仮処分手続による以上、原則として、口頭弁論や債務者審尋を経る必要はない。R5-3-イ	➡ 最大判昭61.6.11（北方ジャーナル事件）8 ❷	×
□□□　インターネット検索事業者に対し、自らの逮捕歴に関し検索結果として表示される情報の削除を求めることの可否について判断した最高裁判所の決定は、個人のプライバシーに属する事実をみだりに公表されない利益が法的保護の対象となるとした上、過去に犯した罪の逮捕歴に係る事実は個人のプライバシーに属する事実に当たるものと判断した。R2-2-ア	➡ 最決平29.1.31（百選Ⅰ63事件）9 ❶	○
□□□　上記決定は、検索事業者の行う情報の収集、整理及び提供がプログラムにより自動的に行われることから、検索事業者が検索結果を表示することは、インターネット上の情報を媒介しているにすぎず、検索事業者自身による表現行為とはいえないとした。R2-2-イ	➡ 最決平29.1.31（百選Ⅰ63事件）9 ❷	×
□□□　上記決定は、プライバシーに属する事実を公表されない法的利益と、URL等の情報を検索結果として提供する理由に関する諸事情を比較衡量し、前者の法的利益が優越することが明らかな場合には、その情報の削除を求めることができるという判断の枠組を示した。R2-2-ウ	➡ 最決平29.1.31（百選Ⅰ63事件）9 ❸	○
□□□　表現の自由が有する自己実現あるいは自己充足の価値を重視し、表現の自由の目的は個人の自律の保護にあり、表現の自由は思想・情報の送り手を保護する楯であると解する見解がある。しかし、自己実現あるいは自己充足の価値を重視するこの見解によれば、商業広告のような営利的言論は、個人の自己充足とは無関係であるとして、憲法が保障する表現の自由に含まれないことになる。H21-8-ア	➡ 営利的言論であっても、消費者である国民に対し、様々な生活情報を与えることで国民自身の人格向上に資するものであり、自己実現あるいは自己充足の価値が認められる	×

CORE PLUS

8 北方ジャーナル事件（最大判昭61.6.11百選Ⅰ68事件）

❶ 名誉権に基づく出版物の事前差止めは許されるか	出版物が公務員又は公職選挙の候補者に対する評価、批判等に関するものである場合には、原則として許されず、①その表現内容が真実でないか又は専ら公益を図る目的でないことが明白であって、かつ、②被害者が重大にして著しく回復困難な損害を被るおそれがあるときに限り、例外的に許される
❷ 事前差止めをする場合には、口頭弁論又は債務者の審尋を経ることは必要か	原則として口頭弁論又は債務者の審尋を経ることを要するが、①債務者の提出した資料によって、表現内容が真実でないか又は専ら公益を図る目的のものでないことが明白であり、かつ、②債務者が重大にして著しく回復困難な損害を被るおそれがあると認められるときは、口頭弁論又は債務者の審尋を経なくてもよい R5-3-イ

9 最高裁判所平成29年1月31日第三小法廷決定（百選Ⅰ63事件）

❶ 個人のプライバシーに属する事実をみだりに公表されない利益が法的保護の対象となるか	法的保護の対象となる （また、過去に犯した罪の逮捕歴に係る事実は個人のプライバシーに属する事実に当たるものと判断）R2-2-ア
❷ 検索事業者が検索結果を表示することは、検索事業者自身による表現行為といえるか	表現行為といえる R2-2-イ ∵「検索事業者は、インターネット上のウェブサイトに掲載されている情報を網羅的に収集してその複製を保存し、同複製を基にした索引を作成するなどして情報を整理し、利用者から示された一定の条件に対応する情報を同索引に基づいて検索結果として提供するものであるが、この情報の収集、整理及び提供はプログラムにより自動的に行われるものの、同プログラムは検索結果の提供に関する検索事業者の方針に沿った結果を得ることができるように作成されたものであるから、検索結果の提供は検索事業者自身による表現行為という側面を有する」
❸ 判断枠組み	プライバシーに属する事実を公表されない法的利益と、URL等を検索結果として提供する理由に関する諸事情を比較衡量し、前者の法的利益が優越することが明らかな場合、その情報の削除を求めることができる R2-2-ウ

※　なお、ツイッター（現X）上での過去の逮捕歴に関するツイートによってプライバシーに属する事実をみだりに公表されない利益等が侵害されているとして、ツイッターに対して当該投稿の削除を求めた事案において、最高裁は、逮捕歴に関する事実を公表されない法的利益と本件ツイートを一般の閲覧に供し続ける理由に関する諸事情を比較衡量して判断するとしたが、明白性要件は用いなかった（最判令4．6．24）。

CORE TRAINING

03　表現の自由の限界

□□□　教科書検定は、検定で不合格とされた図書を一般図書として「思想の自由市場」に流通させることを何ら妨げるものではなく、発表禁止目的や発表前の審査等の特質がないから、憲法第21条第２項の「検閲」には当たらない。H22-5-ウ

➡ 最判平５．３．16（教科書裁判第一次訴訟上告審）10 ❶　〇

□□□　教科書検定が教科書執筆者の表現行為を制限することになるとしても、教育の中立・公正、一定水準の確保等の要請にかんがみれば、検定による表現の自由の制約は合理的で必要やむを得ない限度のものであるから、憲法第21条第１項に違反しない。H22-5-イ

➡ 最判平５．３．16（教科書裁判第一次訴訟上告審）10 ❷　〇

□□□　殊更に交通秩序の阻害をもたらすような行為は、思想表現行為としての集団行進に不可欠な要素ではないから、道路における集団行進を許可するに際し、これを禁ずるという条件を付するとしても、憲法上の権利を不当に侵害するものではない。予H25-3-ウ

➡ 最大判昭50．９．10（徳島市公安条例事件）11 ※　〇

□□□　憲法の禁ずる検閲とは、公権力が主体となって、表現物を対象とし、その全部又は一部の発表の禁止を目的として、表現物につき網羅的一般的に、発表前にその内容を審査した上で不適当と認めるものの発表を禁止することを、その特質として備えるものをいう。H25-6-ウ

➡ 最大判昭59．12．12（税関検査事件）12 ❶　×

□□□　関税法により輸入が禁止されている「風俗を害すべき書籍、図画」等について、合理的に解釈すれば、「風俗」とは専ら性的風俗を意味し、輸入禁止の対象とされるのは、わいせつな書籍、図画等に限られるという見解には、表現の自由を規制する法律の規定には明確性が求められることに鑑みると、わいせつ表現物の輸入のみを規制しようとするのであれば、「わいせつな書籍、図画」等と具体的に規定すべきであるという批判がある。予R4-11-ア

➡ 最大判昭59．12．12（税関検査事件）12 ❷　〇

CORE PLUS

⑩ 教科書裁判第一次訴訟上告審（最判平５.３.16百選Ⅰ88事件）

問題点	判　断
❶ 検定は検閲（21Ⅱ前段）に当たるか	「検閲」に当たらない →教科書検定は、本来思想調査を目的とするものではなく、また、既に市販されている図書を検定申請すること、不合格となった原稿を一般の図書として出版することは禁止されておらず、発表禁止目的や発表前の審査などの特質がない　H22-5-ウ
❷ 表現の自由（21Ⅰ）との関係	表現の自由を侵害しない →教科書検定は、普通教育における教育の中立・公正、一定水準の確保等の要請を実現するうえで不適切と認められる内容を含む図書のみを教科書として発行することを禁じる制限にすぎず、合理的で必要やむを得ない　H22-5-イ

⑪ 徳島市公安条例事件（最大判昭50.９.10百選Ⅰ83事件）

❶ 明確性の原則（21Ⅰ、31）との関係	明確性の原則に反するかは、「通常の判断能力を有する一般人の理解において、具体的場合に当該行為がその適用を受けるものかどうかの判断を可能ならしめるような基準が読みとれるかどうか」により判断される、という基準を示した
❷「法律の範囲内で」（94）の判断基準	「条例が国の法令に違反するかどうかは、両者の対象事項と規定文言を対比するのみでなく、それぞれの趣旨、目的、内容及び効果を比較し、両者の間に矛盾牴触があるかどうかによってこれを決しなければならない」という基準を示した

※　判例（徳島市公安条例事件）では、殊更に交通秩序の阻害をもたらすような行為は、思想表現行為としての集団行進に不可欠な要素ではないから、道路における集団行進を許可するに際し、これを禁ずるという条件を付するとしても、憲法上の権利を不当に侵害するものではない、としている。予H25-3-ウ

⑫ 税関検査事件（最大判昭59.12.12百選Ⅰ69事件）

❶ 税関検査が「検閲」（21Ⅱ前段）に当たるか	検閲とは、「行政権が主体となって、思想内容等の表現物を対象とし、その全部又は一部の発表の禁止を目的として、対象とされる一定の表現物につき網羅的一般的に、発表前にその内容を審査した上、不適当と認めるものの発表を禁止すること」をいう　H25-6-ウ →税関検査は、表現物は国外で発表済みであり、輸入が禁止されても発表の機会が全面的に奪われるわけではない、検査は関税徴収手続の一環として行われるもので、思想内容等の網羅的審査・規制を目的としない、輸入禁止処分には司法審査の機会が与えられている、などの点から「検閲」には当たらない
❷「風俗を害すべき」という文言は明確性の原則（21Ⅰ）に反しないか	明確性の原則に反しない ∵「関税定率法（平成６年改正前）21条１項３号にいう『風俗を害すべき書籍、図画』等との規定を合理的に解釈すれば、右にいう『風俗』とは専ら性的風俗を意味し、右規定により輸入禁止の対象とされるのは猥褻《わいせつ》な書籍、図画等に限られるものということができ、このような限定的な解釈が可能である以上、右規定は、何ら明確性に欠けるものでは」ない（合憲限定解釈）予R4-11-ア

CORE TRAINING

□□□　表現の自由も絶対無制限に保障されるものではなく、公共の福祉のため必要かつ合理的な制限は是認されるものであって、たとえ思想を外部に発表するための手段であっても、その手段が他人の財産権、管理権を不当に害するごときものは許されないといわなければならないから、私鉄の駅構内において、同駅管理者の許諾を受けずにビラ配布や拡声器による演説を行い、駅構内からの退去要求を受けながらそれを無視して約20分間同駅構内に滞留した行為を不退去罪等により処罰することは許される。予R2-3-イ

➡ 最判昭59.12.18（駅構内ビラ配り事件）13 ❶　○

□□□　公共の福祉のため、表現の自由に対し必要かつ合理的な制限をすることは許されるが、政治的表現の自由は、民主政に資する価値を有する特に重要な権利であるから、政党の演説会開催の告知宣伝を内容とする立て看板を街路樹にくくりつける行為について、美観風致の維持及び公衆に対する危害防止の目的のために屋外広告物の表示の場所・方法等を規制する屋外広告物条例を適用して処罰することは、許されない。予R2-3-ウ

➡ 最判昭62.3.3（大分県屋外広告物条例事件）13 ❷　×

□□□　公務員宿舎である集合住宅の各室玄関ドアの新聞受けに、政治的意見を記載したビラを投かんする目的で同集合住宅の敷地等に立ち入った事案について判示した最高裁判所の判決（平成20年4月11日第二小法廷判決、刑集62巻5号1217頁）は、表現の自由は、送り手の情報が妨げられることなく受け手に受領されることを当然に内包しており、本件で被告人らの行為に刑事罰を科すことは、本件公務員宿舎の居住者が情報に接する機会を奪い、その受領権を侵害することになるとした。H29-6-イ

➡ 最判平20.4.11（立川反戦ビラ事件）は、受領権侵害について、このような言及をしていない　13 ❸　×

□□□　上記判決は、本件立入りの場所が自衛隊・防衛庁当局が管理するものであることから、いわゆるパブリック・フォーラムたる性質を持つものであることを前提としつつ、判示したものである。H29-6-ウ

➡ 13 ❸ iii　×

CORE PLUS

13 公共の場における表現活動への規制判例その１

判　例	事　案	ポイント
❶ 駅構内ビラ配り事件（最判昭59.12.18百選Ⅰ57事件）	駅構内にて、無断で乗客らにビラを配布し、拡声器で集会への参加を呼びかける演説を行い、駅管理者からの退去要求を無視して20分間にわたり駅に滞留したため、鉄道営業法35条（演説勧誘等の罰則）、刑法130条後段（不退去罪）により起訴された	「憲法21条１項は、表現の自由を絶対無制限に保障したものではなく、公共の福祉のため必要かつ合理的な制限を是認するものであって、たとえ思想を外部に発表するための手段であっても、その手段が他人の財産権、管理権を不当に害するごときものは許されないといわなければならない」から、各行為を「処罰しても憲法21条１項に違反するものではない」 予R2-3-イ
❷ 大分県屋外広告物条例事件（最判昭62.3.3百選Ⅰ56事件）	大分市内の街路樹の支柱に政党の演説会に関するプラカード式のポスター２枚を掲出したため、大分県屋外広告物条例違反として起訴された	「都市の美観風致を維持することは、公共の福祉を保持する所以であり、……規制は、公共の福祉のため、表現の自由に対し許された必要かつ合理的な制限と解することができるから」、「同条例……を適用してこれを処罰しても憲法21条１項に違反するものでない」 予R2-3-ウ
❸ 立川反戦ビラ事件（最判平20.4.11百選Ⅰ58事件） H29-6-イ	Ｘらが、ビラを投函《かん》する目的で、陸上自衛隊宿舎の敷地、敷地内各棟の階段、各室玄関前に立ち入った行為に邸宅侵入罪（刑130前段）が成立するかが問題となった	ⅰ 制約 「公共の福祉のため必要かつ合理的な制限を是認」 ⅱ 問題の所在 「表現そのものを処罰することの憲法適合性が問われているのではなく、表現の手段すなわちビラの配布のために『人の看取する邸宅』に管理権者の承諾なく立ち入ったことを処罰することの憲法適合性が問われている」 ⅲ Ｘらが立ち入った上記場所の性質 「防衛庁の職員及びその家族が私的生活を営む場所である集合住宅の共用部分及びその敷地であり、自衛隊・防衛庁当局がそのような場所として管理していたもので、一般に人が自由に出入りすることのできる場所ではない」（※判示から、上記判例は、Ｘらが立ち入った場所はパブリック・フォーラムとしての性質を有していないと考えられている） H29-6-ウ ⅳ 反対利益 管理権者の管理権及びそこで私的生活を営む者の私生活の平穏 ⅴ 結論 21条１項に反しない

CORE TRAINING

□□□　判決（最高裁判所平成21年11月30日第二小法廷判決、刑集63巻９号1765頁）では、政党のビラを配布するために民間の分譲マンションの各住戸の廊下等共用部分に立ち入った行為につき、表現の自由の重要性に鑑み、当該マンションの管理者が商業的な宣伝・広告のビラのみならず政党のビラを配布することまで禁止するのは合理性を欠くとして、かかる行為を刑法第130条の罪に問うことは憲法第21条第１項に反する旨判示された。 H29-6-エ

➡ 最判平21.11.30（葛飾マンションビラ配布事件） 14 ❶

×

□□□　「選挙に関し、投票を得若しくは得しめ又は得しめない目的をもって戸別訪問をすること」を処罰する公職選挙法の規定が憲法第21条に違反しないとした判決は、合憲限定解釈という法律解釈の方法をとっている。 H19-7-小問2-2改題

➡ 最判昭56.７.21（戸別訪問禁止規定事件）は合憲限定解釈をしていない　14 ❷

×

CORE PLUS

⑭ 公共の場における表現活動への規制判例その2

判　例	事　案	ポイント
❶ 葛飾マンションビラ配布事件（最判平21.11.30）	共同玄関がオートロック化されていない7階建ての分譲マンションで、7階から3階まで、各戸のドアポストに日本共産党発行のビラを配布した。この行為に建造物侵入罪（刑130前段）が成立するか問題となった	「本件で被告人が立ち入った場所は、本件マンションの住人らが私的生活を営む場所である住宅の共用部分であり、その所有者によって構成される本件管理組合がそのような場所として管理していたもので、一般に人が自由に出入りすることのできる場所ではない。たとえ表現の自由の行使のためとはいっても、そこに本件管理組合の意思に反して立ち入ることは、本件管理組合の管理権を侵害するのみならず、そこで私的生活を営む者の私生活の平穏を侵害するものといわざるを得ない。したがって、本件立入り行為をもって刑法130条前段の罪に問うことは、憲法21条1項に違反するものではない」 H29-6-エ
❷ 戸別訪問禁止規定事件（最判昭56.7.21百選Ⅱ158事件） H19-7-小問2-2改題	「選挙に関し、投票を得若しくは得しめ又は得しめない目的をもつて戸別訪問をすること」を禁止する公職選挙法138条1項が憲法21条1項に違反するかが問題となった	①戸別訪問が買収、利害誘導等の温床になりやすいこと、②選挙人の生活の平穏を害すること、③候補者にとっても煩に耐えない選挙運動であり、多額の出費を余儀なくされること、④投票も情実に支配されやすくなることなどの弊害を防止するという目的は正当であり、戸別訪問を一律に禁止することと禁止目的との間に合理的な関連性がある。そして、表現の自由への制約は手段方法の禁止に伴う限度での間接的、付随的な制約にすぎない反面、禁止により得られる利益は、失われる利益に比してはるかに大きいから、21条1項に反しない

CORE TRAINING

04　集会・結社の自由、通信の秘密

□□□　皇居外苑などの国民公園は、国が直接公共の用に供した財産であるとしても、集会のために設置されたものではないため、公園を集会に使用するための許可の申請について、公園の管理権者はその許否を自由に決することができ、不許可処分を行っても憲法第21条に反しない。R5-4-ウ	➡ 最大判昭28.12.23（皇居前広場事件）15 ※	×
□□□　集会の自由に対する不当な制約を防ぐため、集会の用に供される公共施設の利用許可申請を公の秩序が害されるおそれを理由にして拒否することが許されるのは、明らかな差し迫った危険の発生が具体的に予見される場合に限られる。予H25-3-ア	➡ 最判平7.3.7（泉佐野市民会館事件）15 ❷ii	○
□□□　集会の用に供される公共施設においてある集会を開催すると、それに反対する勢力が妨害行為を起こすことが確実に予想される場合、施設管理者が自らの管理権を行使するだけではその妨害行為による混乱を防止できないと判断すれば、当該集会を不許可とすることができる。予H25-3-イ	➡ 公の施設の利用を拒むことができるのは、警察の警備等によってもなお混乱を防止することができないなど特別な事情がある場合に限られる（最判平8.3.15）	×
□□□　公共の秩序を保持し、又は公共の福祉が著しく侵されることを防止するため、特定の場所又は方法につき、合理的かつ明確な基準の下に、集団行進についてあらかじめ許可を受けることを必要とするとの規定を設けたとしても憲法第21条に反しない。R5-4-イ	➡ 最大判昭29.11.24（新潟県公安条例事件）16 ❶	○
□□□　集団行進が行われることによって一般交通の用に供せられるべき道路の機能を著しく害するものと認められ、また、条件を付与することによってもかかる事態の発生を阻止することができないと予測される場合には、当該集団行進について不許可処分がなされたとしても憲法第21条に反しない。R5-4-ア	➡ 最判昭57.11.16（道路交通法77条1項4号事件）16 ❸	○

CORE PLUS

⑮ 泉佐野市民会館事件（最判平７．３．７百選Ⅰ81事件）

❶ 集会の自由への制約について	必要かつ合理的な範囲での制約を受け得る →「制限が必要かつ合理的なものとして肯認されるかどうかは、……集会の自由の重要性と、当該集会が開かれることによって侵害されることのある他の基本的人権の内容や侵害の発生の危険性の程度等を較量して決せられる」
❷ 市立泉佐野市民会館条例７条１号の「公の秩序をみだすおそれがある場合」について	ⅰ「公の秩序をみだすおそれがある場合」 →「本件会館における集会の自由を保障することの重要性よりも、本件会館で集会が開かれることによって、人の生命、身体又は財産が侵害され、公共の安全が損なわれる危険を回避し、防止することの必要性が優越する場合をいうものと限定して解すべき」 ⅱ 危険性の程度 →「単に危険な事態を生ずる蓋然性があるというだけでは足りず、明らかな差し迫った危険の発生が具体的に予見されることが必要であると解する」 予H25-3-ア

※　なお、集会の自由に関し、判例は、公園の使用申請に対する不許可処分が問題となった皇居前広場事件（最大判昭和28.12.23百選Ⅰ80事件）において、「利用の許否は、その利用が公共福祉用財産の、公共の用に供せられる目的に副《そ》うものである限り、管理権者の単なる自由裁量に属するものではなく、管理権者は、……その公共福祉用財産としての使命を十分達成せしめるよう適正にその管理権を行使すべきであり、若しその行使を誤り、国民の利用を妨げるにおいては、違法たるを免れない」としている。R5-4-ウ

⑯ 集団行動の自由（公安条例、道交法について）

❶ 新潟県公安条例事件（最大判昭29.11.24百選Ⅰ82事件）	「公共の秩序を保持し、又は公共の福祉が著しく侵されることを防止するため、特定の場所又は方法につき、合理的かつ明確な基準の下に、予じめ許可を受けしめ、又は届出をなさしめてこのような場合にはこれを禁止することができる旨の規定を条例に設けても」憲法第21条に反しない R5-4-イ
❷ 東京都公安条例事件（最大判昭和35．7．20百選Ⅰ A 8 事件）	「地方的情況その他諸般の事情を十分考慮に入れ、不測の事態に備え、法と秩序を維持するに必要かつ最小限度の措置を事前に講ずることは、けだし止むを得ない次第である」
❸ 道路交通法77条１項４号事件（最判昭57.11.16百選Ⅰ85事件） R5-4-ア	「憲法21条は、表現の自由を無条件に保障したものではなく、公共の福祉のため必要かつ合理的な制限を是認する」

CORE TRAINING

□□□　通信の秘密の保障の目的は、私生活の自由を保護することにあるだけでなく、公権力による通信内容の探索の可能性を断つことにより自由な表現伝達手段を確保することにもある。H27-5-ア

➡ 17 ❶　○

□□□　通信の秘密は、特定の他者との通信の秘密を保障するものであり、はがき、手紙のほか、電話、電信もその保障の対象に含まれるが、インターネット上の通信はこれに含まれない。H27-5-イ

➡ 17 ❷　×

□□□　通信の秘密の保障は、通信の内容のみならず、通信の当事者の氏名、住所、通信の日時、通信の個数など通信に関する全ての事項に及ぶ。H27-5-ウ

➡ 17 ❸　○

CORE PLUS

17 通信の秘密（21Ⅱ後段）

❶ 保障の趣旨	○特定人間のコミュニケーションの保護 ○公権力による通信内容の検索の可能性を断つことで自由な表現伝達手段を確保する H27-5-ア
❷「通信」	「通信」とは、特定人からの特定人に対する情報の伝達であり、通信の手段には、メッセージを特定人に対して送信できる手段・媒体のすべてを含む →はがき・手紙や電話・電信のみならず、電子メール等のインターネット上の通信であっても、通信の秘密の保障の対象となる H27-5-イ
❸ 保障の内容	通信の秘密の保障は、通信の内容のみならず、通信の当事者の氏名、住所、通信の日時、通信の個数など通信に関するすべての事項に及ぶ H27-5-ウ ⅰ 積極的知得行為の禁止 →公権力によって通信の内容及び通信の存在自体に関する事柄について調査の対象とはされないこと ⅱ 漏えい行為の禁止 →通信業務従事者によって職務上知り得た通信に関する情報を漏えいされないこと
❹ 保障の限界の具体例	○郵便物の押収（刑訴100、222Ⅰ本文） ○破産者にあてた郵便物の開披（破82Ⅰ） ○刑事施設被収容者の信書の発受等の制限（刑事収容126～144等） ○通信傍受法

No. 034

営業の自由

H27-6

□　月　日
□　月　日
□　月　日

営業の自由に関する次のアからウまでの各記述について、それぞれ正しい場合には１を、誤っている場合には２を選びなさい。

□□□ ア．営業の自由を市場における私的な独占からの自由と捉える見解によれば、事業者に対し一定の取引分野での競争を不当に制限する行為を禁止する立法は、自由を促進する立法と位置付けられる。

□□□ イ．営業の自由が歴史的には公序として形成されてきたものであるとしても、憲法は「国家からの自由」を中心に人権を保障することを第一義とするものであるから、営業の自由を憲法第22条第１項で保障される人権と解することは可能である。

□□□ ウ．営業の自由の内容を開業・廃業と営業活動に分け、前者は憲法第22条第１項、後者は憲法第29条により保障されるとする見解は、営業の自由の保障根拠を憲法第22条第１項のみに求める見解と比べて、営業の自由を広く保障する。

No. 034　正解　ア1、イ1、ウ2　学説知識を記憶する必要はないが、学説と結論との間に論理矛盾がないか判断する訓練をしよう。　正答率 87.7%

ア　正しい。

本記述の見解は、営業の自由を市場における私的な独占からの自由と捉えている。これは、営業の自由を国家からの形式的自由ではなく、国家によって自由競争を確保する実質的自由と捉えているものといえる。したがって、この見解によれば、事業者に対し一定の取引分野での競争を不当に制限する行為を禁止する独占禁止法は、自由を制約する立法ではなく、自由競争の確保のための国家介入であり、自由を促進する立法と位置付けられるものといえる。

イ　正しい。

営業の自由が歴史的には市場における私的な独占を排除する公序として形成されてきたものであるという見解が存在する。もっとも、そのことから直ちに営業の自由が憲法で保障される人権ではないとの結論になるわけではない。憲法は「国家からの自由」を中心に人権を保障することを第一義とするものであり、営業も「職業」の一形態であるとするならば、営業の自由も国家との関係における自由権として、22条１項の職業選択の自由に含まれると解することは可能である。したがって、営業の自由が歴史的には公序として形成されてきたものであるとしても、営業の自由を同項で保障される人権と解することは可能である。

ウ　誤り。

本記述前段の見解は、営業の自由の内容を開業・廃業と営業活動に分け、開業・廃業の自由は22条１項により保障され、営業活動の自由は財産権行使の自由として29条により保障されるという見解である。他方、本記述後段の見解は、営業の自由は、22条１項のみにより保障されるという見解である。これら２つの見解は、営業の自由の憲法上の根拠をどの条項に求めるかに違いはあるが、一方の見解が他方の見解と比べて、営業の自由を広く保障するという関係にあるわけではない。

文献　試験対策講座285～287頁

No. 035

論

居住・移転の自由

H25-8

□ 月 日
□ 月 日
□ 月 日

居住・移転の自由の複合的性格に関する次のアからウまでの各記述について、正しいものには○、誤っているものには×を付した場合の組合せを、後記1から8までの中から選びなさい。

□□□ ア．居住・移転の自由は、歴史的には、職業選択の自由の当然の前提として自由に住所を定め、他の場所に移動することを認めたところに由来するものである。

□□□ イ．居住・移転の自由は、非人道的な自由の拘束状態からの解放を企図する人身の自由の要素を併せ持つものではない。

□□□ ウ．居住・移転の自由の保障は、広く知的な接触の機会を得るためにも不可欠であるので、精神的自由の要素も併せ持っている。

1．ア○　イ○　ウ○　　2．ア○　イ○　ウ×　　3．ア○　イ×　ウ○
4．ア○　イ×　ウ×　　5．ア×　イ○　ウ○　　6．ア×　イ○　ウ×
7．ア×　イ×　ウ○　　8．ア×　イ×　ウ×

No. 035 | **正解 3** | 居住・移転の自由の性格に関する基本事項について、基本書等で確認しておこう。 | 正答率 82.2%

ア　正しい。

居住・移転の自由（22条１項）は、自己の住所又は居所を自由に決定し、移動することを内容とする。封建時代においては、人は生まれながらの身分によって職業が固定されると共に、その土地の構成員として土地に拘束され、その移動も制限されていたが、近代市民革命の結果、封建制が否定され、人々は職業も所在も自由に決定できるようになった。このように、居住・移転の自由は、**歴史的には、資本主義社会で人々が職業を選択する前提**として、**自己の住所又は居所の選択に自由を認めた**ところに由来するものである。

イ　誤り。

アの解説にあるように、居住・移転の自由は、職業選択の自由の当然の前提として自由に住所を定め、他の場所に移動することを認めたという歴史的背景に基づいて、**経済的自由のひとつ**に数えられてきた。それに加えて、居住・移転の自由は、身体の拘束を解く意義を有しており、これにより人々は**自己の移動したいところに自由に移動できる**という点で**人身の自由としての要素**を持っている。したがって、居住・移転の自由は、非人道的な自由の拘束状態からの解放を企図する人身の自由の要素をも併せ持っているといえる。

ウ　正しい。

居住・移転の自由は、人が自由に居場所を定め、あるいは変更させることによって、他者とのコミュニケーションの可能性を拡大させるものであり、**広く知的な接触の機会を実質的に保障する**という点で**精神的自由としての要素**を持っている。したがって、居住・移転の自由は、精神的自由の要素も併せ持っているといえる。

文献　試験対策講座294頁

No. 036

居住・移転の自由

H30-8

□　月　日
□　月　日
□　月　日

居住・移転の自由に関する次のアからエまでの各記述について、明らかに誤っているものの組合せを、後記1から6までの中から選びなさい。

□□□ ア．自衛官につき、防衛大臣が指定する場所に居住しなければならないとする法律の規定は、当該国民が自ら自衛官に志願した結果として課される制約であるところ、我が国の防衛のためいつでも職務に従事できる態勢にあることが求められるという自衛官の職務の性質に照らし、このような居住地の制限は合理的な制限であって合憲と解される。

□□□ イ．外務大臣において、著しくかつ直接に日本国の利益又は公安を害するおそれがあると認めるに足りる相当な理由がある者につき一般旅券を発給しないことができるとする法律の規定は、単に旅券の発給を制限するに過ぎず、海外渡航の自由を制約するものではないため合憲と解される。

□□□ ウ．住民が住所を変更したときには市町村長に届け出なければならない旨を義務付ける法律の規定は、住所・居所の決定や移転それ自体を制限するものではなく、規制態様が軽微である反面、住民票の整備により得られる公益が大きいことから合憲と解される。

□□□ エ．破産手続中の破産者につき、裁判所の許可なく居住地を離れることを禁止する法律の規定は、破産手続という限られた期間内にのみ適用されるものに過ぎず、仮に裁判所の許可が得られなくても破産手続が終結すれば自由に居住地を離れることができるため、居住・移転の自由に対する制約が認められず合憲と解される。

1．ア　イ　　2．ア　ウ　　3．ア　エ　　4．イ　ウ　　5．イ　エ
6．ウ　エ

No. 036　**正解 5**　権利への制約があるか、制約がある場合はそれが正当化されるかという視点で判例を読もう。　正答率 86.9%

ア　明らかに誤っているとはいえない。

自衛隊法55条は「自衛官は、防衛省令で定めるところに従い、防衛大臣が指定する場所に居住しなければならない」としているが、自発的に自衛官という職業を選択した結果、同条による居住・移転の自由に対する制約を受けるとしても、その職務の特殊性に照らせば、合理的関連性を有する制限として認められている。

イ　明らかに誤っている。

判例は、旅券の発給拒否処分が海外渡航の自由を侵害するかが争われた事案において、「外国旅行の自由といえども無制限のままに許されるものではなく、公共の福祉のために合理的な制限に服するものと解すべきである」として、海外旅行の自由を制約することを前提として旅券法の規定や旅券発給拒否処分の合憲性を判断している。したがって、最高裁は旅券の発給拒否処分が海外渡航の自由を制約しないとしているわけではない（最大判昭33．9．10百選Ⅰ105事件、帆足計事件）。

ウ　明らかに誤っているとはいえない。

住民基本台帳法22条から24条までによる住民の住所変更届出義務は、居住・移転の自由に対する制約と考えられるが、単に移転の事実を届け出ることは居住・移転の本質にはかかわらない軽微な制約である反面、住民の居住関係が公証されて日常生活や各種行政事務の処理の便宜が図られるという公益性が大きいことから合憲と考えられている。

エ　明らかに誤っている。

裁判所の許可なく居住地を離れることを禁止する破産法37条1項は破産者の居住・移転の自由を制約するものであるが、破産者自身による説明義務（破40条1項柱書本文）の履行を確保し、破産者の財産状態の徹底究明という破産の目的の遂行のために最も有効な手段として合憲と解されている。

文献　試験対策講座295、297、298頁。判例シリーズ58事件

No. 037

論　財産権

R2-8

□　月　日
□　月　日
□　月　日

財産権に関する次のアからウまでの各記述について、最高裁判所の判例の趣旨に照らして、正しいものには○、誤っているものには×を付した場合の組合せを、後記1から8までの中から選びなさい。

□□□ ア．憲法第29条は、私有財産制度を制度として保障するものであり、国民の個々の財産権につき基本的人権として保障するものではない。

□□□ イ．法律で一旦定められた財産権の内容を事後の法律で変更しても、それが公共の福祉に適合するようにされたものである限り、違憲とはいえない。

□□□ ウ．憲法第29条第3項の「公共のために用ひる」には、道路、ダム等の公共事業のために財産を収用する場合だけでなく、特定の個人が受益者となる場合も含まれることがある。

1．ア○　イ○　ウ○　　2．ア○　イ○　ウ×　　3．ア○　イ×　ウ○
4．ア○　イ×　ウ×　　5．ア×　イ○　ウ○　　6．ア×　イ○　ウ×
7．ア×　イ×　ウ○　　8．ア×　イ×　ウ×

No. 037　正解 5　いずれも財産権に関する基本的知識であるので、必ず正解できるようにしよう。　正答率 86.6%

ア　誤り。

判例は、29条は、「**私有財産制度**を保障しているのみでなく、社会的経済的活動の基礎をなす国民の**個々の財産権**につきこれを**基本的人権**として**保障**する」としている（最大判昭62. 4 .22百選Ⅰ96事件、森林法共有林分割制限事件）。

イ　正しい。

判例は、29条２項の文言から、「法律でいったん定められた財産権の内容を事後の法律で変更しても、それが公共の福祉に適合するようにされたものである限り、これをもって違憲の立法ということができない」としている（最大判昭53. 7 .12百選Ⅰ99事件）。

ウ　正しい。

判例は、収用全体の目的が「公共のため」のものであれば、たまたま特定の者が利益を享受する結果となっても、29条３項に反しないとしている（最判昭29. 1 .22）。

文献　試験対策講座300、301、304、306頁。判例シリーズ54事件

CORE TRAINING

01　職業選択の自由

□□□　判例によれば、職業活動の自由も精神的自由も、国の積極的な社会経済政策のために規制することが許されるのは同様であるが、前者の自由の規制には立法府の裁量的判断が広く認められる点が異なる。 H24-5-ア

➡ 最大判昭47.11.22（小売市場距離制限事件） 1 ❶

×

CORE PLUS

1 職業選択の自由の限界

<table>
<tr><td>❶ 規制の根拠</td><td colspan="2">「憲法は、国の責務として積極的な社会経済政策の実施を予定して」おり、「個人の経済活動の自由に関する限り、個人の精神的自由等に関する場合と異なって」、「一定の合理的規制措置を講ずること」を許容している（最大判昭47.11.22百選Ⅰ91事件、小売市場距離制限事件） H24-5-ア
∵職業選択の自由も、現実の社会生活における公共の安全・秩序維持の見地からの内在的制約に服する
22条１項は13条の「公共の福祉」とは別に、特に「公共の福祉に反しない限り」としており、積極的な政策的制約に服し得ることを示している</td></tr>
<tr><td rowspan="2">❷ 規制の類型</td><td>消極目的規制</td><td>自由国家的見地から、国民の生命及び健康に対する危険を防止するために加えられる規制で、警察比例の原則に基づくことが要請される</td></tr>
<tr><td>積極目的規制</td><td>社会国家的見地から、経済の調和の取れた発展を確保し、特に社会的・経済的弱者を保護するためになされる社会・経済政策の一環として採られる規制である</td></tr>
</table>

CORE TRAINING

□□□　判例によれば、憲法第22条１項が「公共の福祉に反しない限り」という留保を伴っているのは、職業活動は社会的相互関連性が大きく、精神的自由と比較して公権力による規制の要請が強いことを強調するためである。H24-5-イ	➡ 最大判昭50.４.30（薬局距離制限事件）2 ❺ ii	○
□□□　判例によれば、職業の許可制は自由に対する強力な制限であるから、その合憲性を肯定し得るためには、原則として重要な公共の利益のために必要かつ合理的な措置であることを要する。ただし、この要請は、個々の許可条件の合憲性判断においてまで求められるものではない。H24-5-ウ	➡ 最大判昭50.４.30（薬局距離制限事件）2 ❺ iii	×
□□□　判例は、許可制の場合には重要な公共の利益のために必要かつ合理的措置であることを要するとする一方で、租税法の制定に当たっては立法府の政策的・技術的な裁量的判断が尊重されるべきであるとして、許可制の必要性と合理性についての立法府の判断が政策的・技術的裁量の範囲を逸脱した著しく不合理なものでない限り、合憲であるとした。H21-9-ア	➡ 最判平４.12.15（酒類販売免許制事件）2 ❼ i	○
□□□　判例は、酒類販売の免許制は、経済的弱者保護という意味での積極目的による規制とは異なるとした上で、免許の許否が実際に既存の酒類販売業者の権益を擁護するような運用になっているか否かに着目すべきであるが、そのような運用でない限り酒税法の立法目的を明らかに逸脱するものであるとはいえず、合憲であるとした。H21-9-ウ	➡ 最判平４.12.15（酒類販売免許制事件）2 ❼ iii	×

CORE PLUS

2 職業選択の自由に関する代表的判例

判　例	目　的	積極目的 消極目的	合憲 違憲
❶ タクシー事業の免許制（最大判昭38.12.4 百選Ⅰ90事件）	道路運送事業の適正な運営及び公正な競争を確保すると共に、道路運送に関する秩序を確立することにより道路運送の総合的な発達を図り、もって公共の福祉を増進する	積極目的	合憲
❷ 西陣ネクタイ事件（最判平2．2．6 百選Ⅰ93事件）	生糸の輸出の増進及び蚕糸業の経営の安定に資するため繭及び生糸の価格を安定させ、養蚕農家の保護を図る	積極目的	合憲
❸ たばこ小売販売業の許可制（最判平5．6．25）	従前のたばこ小売人指定制度に基づく小売人の保護	積極目的	合憲
❹ 小売市場距離制限事件（最大判昭47.11.22百選Ⅰ91事件）	過当競争によって招来される共倒れからの小売商の保護	積極目的	合憲
❺ 薬局距離制限事件（最大判昭50．4．30百選Ⅰ92事件）	国民の生命及び健康に対する危険の防止 H24-5-イ・ウ	消極目的	違憲
❻ 公衆浴場距離制限事件	国民保険及び環境衛生の確保（最大判昭30．1．26百選Ⅰ89事件）	消極目的	合憲
	公衆浴場業者の経営の安定（最判平元．1．20）	積極目的	合憲
	国民保険・環境衛生の確保及び公衆浴場業者の経営の安定（最判平元．3．7）	併有	合憲
❼ 酒類販売免許制事件（最判平4.12.15百選Ⅰ94事件）	租税の適正かつ確実な賦課徴収 H21-9-ア・ウ	不明	合憲

【❺】 薬局距離制限事件	ⅰ 職業は、各人が自己のもつ個性を全うすべき場として、個人の人格的価値とも不可分の関連を有する ⅱ 職業は、性質上社会的相互関連性が大きいから、精神的自由に比して公権力による規制の要請が強く、22条1項が「公共の福祉に反しない限り」という留保の下に職業選択の自由を認めたのも、特にこの点を強調する趣旨と考えられる H24-5-イ ⅲ 許可制は、職業選択の自由そのものに制約を課す強力な制限であるから、原則重要な公共の利益のために必要かつ合理的な措置であることを要し、この要件は制約内容についても要求され、許可制の採用自体及び、個々の許可条件の個別的な適否まで判断しなければならない H24-5-ウ
【❼】 酒類販売免許制事件	ⅰ 職業の許可制による規制は、その必要性と合理性の判断が、政策的・技術的裁量の範囲を逸脱した著しく不合理なものでない限り、合憲となる H21-9-ア ⅱ 消費者への酒税の負担の円滑な転嫁を実現する目的で、これを阻害するおそれのある酒類販売業者を免許制によって酒類の流通過程から排除した ⅲ 補足意見において「酒類販売業の許可制に関する規定の運用の過程において、財政目的を右のような経済上の積極的な公益目的と同一視することにより、既存の酒類販売業者の権益の保護という機能をみだりに重視するような行政庁の裁量を容易に許す可能性があるとすれば、……憲法22条1項に照らし、違憲のそしりを免れない」との指摘があるものの、本件についてそのような事情はないとされた H21-9-ウ

CORE TRAINING

02　居住・移転の自由

□□□　居住者が暴力団員であることを理由として市営住宅の退去を求める条例の規定は、憲法第22条第１項に反し許されない。オリジナル	➡ 最判平27.3.27（百選Ⅰ106事件）[3]❶	×
□□□　海外渡航の自由は、出国の自由と再入国の自由を包括する概念であるが、その性質は、経済的自由の側面にとどまらず、精神的自由、人身の自由などと関連し、複合的かつ多元的な性質を持つ。予H28-4-ア	➡ ここにいう海外渡航とは一時的な外国旅行を意味する　[3]、[4]	○
□□□　憲法第22条１項の「公共の福祉」との文言によって直ちに広範な政策的制約が許されるものではないと考えれば、海外渡航の自由について、憲法上の根拠を同項に求めるか他の条項に求めるかによって、許される制約の程度に決定的な差異は生じない。予H28-4-イ	➡ [4] ※	○

CORE PLUS

3 居住・移転の自由の性格

居住・移転の自由 予H28-4-ア
- 経済的自由の側面←封建体制の否定
- 精神的自由の側面←知的接触による人格形成
- 人身の自由の側面←身体拘束を解くという自由権の基礎

❶ 経済的自由の側面に向けられた制約	○破産法37条１項：「破産者は、その申立てにより裁判所の許可を得なければ、その居住地を離れることができない」と規定 ○自衛隊法55条：「自衛官は、防衛省令で定めるところに従い、防衛大臣が指定する場所に居住しなければならない」と規定 ○西宮市住宅条例46条１項６号：市長は、入居者が「暴力団員であることが判明したとき（同居者が該当する場合を含む。）」に市営住宅の明渡しを請求することができると規定（最判平27.３.27百選Ⅰ106事件） オリジナル →上記規定による居住の制限は、公共の福祉による必要かつ合理的なものであることが明らかであるとして、憲法22条１項に違反しないとされた
❷ 人身の自由の側面に向けられた制約	○夫婦同居義務（民752）や親権者の子に対する居所指定権（民822）のような家族法上の義務 ○感染症予防法19、20条や精神保健福祉法29条等の患者の強制入院・隔離 ○らい予防法（現廃止）のハンセン病患者の療養所への強制隔離（熊本地判平13.５.11百選Ⅱ192事件）

4 海外渡航の自由

22条２項は外国移住の自由を保障しているところ、海外渡航とは、広義では、外国移住をも含むが、狭義には一時的な海外旅行を意味する。そこで、この狭義の海外渡航の自由が憲法上いかに保障されるかが問題となる。 予H28-4-ア

❶ 22条２項説（帆足計事件、最大判昭33.９.10百選Ⅰ105事件）	22条１項は専ら国内の居住・移転を保障し、同条２項の「外国に移住」という文言に一時的な外国への旅行も含まれる ∵憲法が永住のための出国を保障しながら、旅行のための出国を認めていないと解することは不合理である
❷ 22条１項説	22条１項の「移転……の自由」が居住所の変更のみならず旅行も保障し、後者は国内外問わないと解する ∵文言解釈として、「移住」は日本国の支配を脱する意味を有するから、一時的な海外旅行を「移住」よりも「移転」に含むほうが無理がない
❸ 13条説	旅行の自由は、国内外問わず、一般的自由又は幸福追求権の一部として13条により保障される ∵旅行は動き回る観念であり、居住所の変更を意味する「移転」、定住を意味する「移住」とも異なる

※　22条１項の「公共の福祉」が人権制約に関して特別の意味を有するのであれば、許される制約の程度に関しては海外渡航の自由の憲法上の根拠をどこに求めるかが重要な意味を持つが、「公共の福祉」から直ちに政策的な広い制約が許されると解するべきではないから、海外渡航の自由の制約基準は、制約される自由の性質に従って具体的に考えていくべきである。 予H28-4-イ

CORE TRAINING

03　財産権

□□□　憲法は、私有財産制と具体的な財産上の権利を共に保障しており、後者には所有権などの物権のほか債権や知的財産権などが含まれる。H25-9-ア	➡ 5 ❶	○
□□□　財産権の内容は必ず法律によって定めなければならないが、財産権の制約は法律によらずに、政令によることも許される。H25-9-イ	➡ 国会中心立法の原則（41） 5 ❸	×
□□□　①共有森林分割制限を定める旧森林法186条を違憲とした判決、②上場会社等の役員又は主要株主による当該会社の株式等に係る短期売買利益返還義務を定める証券取引法（現金融商品取引法）の規定を合憲とした判決は共に、財産権に対する規制の合憲性について、規制の目的、必要性、内容、その規制によって制限される財産権の種類、性質及び制限の程度等を比較衡量して判断すべきであるとする点で共通する。H22-9-ア	➡ 最大判昭62.4.22（森林法共有林分割制限事件）、最大判平14.2.13（証券取引法164条1項事件） 6 ❶	○
□□□　上記①判例は、財産権規制の目的は、社会政策及び経済政策上の積極的なものから、安全の保障や秩序の維持等の消極的なものまで様々なものがあり得るが、森林法の共有林分割請求権の制限規定は積極目的規制であるとしている。H24-7-イ	➡ 最大判昭62.4.22（森林法共有林分割制限事件） 6 ＊1	×
□□□　上記①判例は、財産権規制の目的が公共の福祉に合致しないことが明らかであるか、規制手段が規制目的を達成する手段として必要性や合理性に欠けていることが明らかであって、立法府の判断が合理的裁量の範囲を超えるものとなる場合に限り、当該規制立法は違憲となるとしている。H24-7-ウ	➡ 最大判昭62.4.22（森林法共有林分割制限事件） 6 ＊2	○
□□□　上記①及び②判例は、いずれも、財産権に規制を加える立法について規制目的の正当性は認めている。その上で、規制手段の必要性及び合理性に関して、①判例はこれが認められないと判断したのに対し、②判例はこれが認められると判断したものである。H22-9-ウ	➡ 最大判昭62.4.22（森林法共有林分割制限事件）、最大判平14.2.13（証券取引法164条1項事件） 6 ❹	○

CORE PLUS

5 財産権保障とその制約

❶「財産権」	一切の財産的価値を有する権利をいい、物権、債権のほか著作権・特許権・商標権等の無体財産権や漁業権等の特別法上の権利も含む H25-9-ア
❷ 財産権保障	○個人の現に有する具体的な財産上の権利の保障 ○個人が財産権を享有し得る法制度→私有財産制の保障
❸ 公共の福祉による制限	29条2項は、1項で保障された財産権の内容が、「法律」によって一般的に制約されたものであるという趣旨を明らかにした規定と解される。そして、憲法は国会を唯一の立法機関とし(41)、独立命令を認めていない以上、政令による財産権制約は認められない H25-9-イ
❹ 条例による制限の許否	地方公共団体の事務として処理することが必要かつ適当な場合には、条例によって財産権を制限することができる(最大判昭38.6.26百選Ⅰ98事件、奈良県ため池条例事件)

6 森林法共有林分割制限事件と証券取引法164条1項事件

	森林法共有林分割制限事件 (最大判昭62.4.22百選Ⅰ96事件)	証券取引法164条1項事件 (最大判平14.2.13百選Ⅰ97事件)
❶ 規制の憲法適合性	規制の目的、必要性、内容、その規制によって制限される財産権の種類、性質及び制限の程度等を比較衡量して判断すべきである H22-9-ア	
❷ 財産権規制の目的	財産権の種類、性質は多種多様であり、財産権に対し規制を要求する社会的理由ないし目的も、社会公共の便宜の促進、経済的弱者の保護等の社会政策及び経済政策上の積極的なものから、社会生活における安全の保障や秩序の維持等の消極的なものまで多岐にわたり種々様々である＊1	
❸ 立法目的の正当性の有無	○ 公共の福祉に合致しないことが明らかであるとはいえない＊2	○ 正当性を有し、公共の福祉に適合するものであることは明らかである
❹ 規制手段の必要性及び合理性の有無 H22-9-ウ	× 立法目的との関係において、合理性と必要性のいずれをも肯定することのできないことは明らか	○ 立法目的達成のための手段として必要性又は合理性に欠けるものであるとはいえない

＊1　判例（森林法共有林分割制限事件）は、森林法の共有林分割請求権の制限規定は積極目的規制であるとはしていない。H24-7-イ

＊2　判例（森林法共有林分割制限事件）は、財産権規制の目的が「公共の福祉に合致しないことが明らかであるか、又は規制目的が公共の福祉に合致するものであっても規制手段が右目的を達成するための手段として必要性若しくは合理性に欠けていることが明らかで……立法府の判断が合理的裁量の範囲を超えるものとなる場合に限り、当該規制立法が憲法29条2項に違背するものとして、その効力を否定することができる」としている。H24-7-ウ

CORE TRAINING

□□□　法律の規定により財産上の権利の行使が制限される場合であっても、災害を未然に防止するという社会生活上のやむを得ない必要からその制限が当然受忍すべきものであるときは、憲法第29条第３項による損失補償を要しない。R3-8-ア	➡ 最大判昭38.６.26（奈良県ため池条例事件）7 ❸	○
□□□　憲法第29条３項にいう「正当な補償」とは、その当時の経済状態において成立すると考えられる取引価格に基づき、合理的に算出された相当な額をいうが、かかる補償は、対象となる私有財産の収用ないし供与と同時に履行されなければならない。H23-8-イ	➡ 最大判昭28.12.23（農地改革事件）、最大判昭24.７.13 7 ❹	×
□□□　財産上の権利の行使を制限する法律に補償規定が置かれている場合であっても、その法律は、補償の内容が憲法第29条第３項の要求する水準にあるか否かについて、憲法適合性の審査の対象となる。R3-8-ウ	➡ 最判平14.６.11参照　7 ❺	○
□□□　財産上の権利の行使を制限する法律が補償規定を欠いている場合であっても、相当の資本を投入してきた者が、一般的に当然に受忍すべきものとされる範囲を超えて制限を受けるときは、憲法第29条第３項を根拠として補償請求をする余地がある。R3-8-イ	➡ 最大判昭43.11.27（河川附近地制限令事件）7 ❻	○
□□□　財産権が公務員の故意又は過失による違法な行為によって侵害されたとき、被害者は国又は地方公共団体に対し損失補償を請求できる。H25-9-ウ	➡ 17、国賠１Ⅰ。損失補償ではなく国家賠償を請求できる　8	×
□□□　憲法第29条３項に基づく損失補償は、国の正当な行為について行われるもので、物的財産だけでなく、身体に対してもなされるというのが最高裁判所の立場である。予H27-6-ウ	➡ 29Ⅲ。最高裁判例は存在しない　8 ※１	×

CORE PLUS

7 財産権の制限と補償の要否（29Ⅲ）

❶ 損失補償の趣旨	適法な公権力の行使によって生じた損失を個人の負担ではなく、平等原則に基づいて国民の一般的負担に転嫁させる
❷「公共のために用ひる」	広く社会公共の利益のために私有財産の収用・制限を行う場合（広義説）
❸ 補償の要否	○特定の者に対してその財産権に内在する社会的・自然的制約を越えて、特別の犠牲を課する場合（特別犠牲説） ○社会生活上のやむを得ない必要からその制限が当然受忍すべきものであるときは不要（最大判昭38．6．26百選Ⅰ98事件、奈良県ため池条例事件） R3-8-ア ○なお、特別の犠牲の内容について争いあり
❹ 補償の支払時期	憲法は「正当な補償」と規定しているだけであって、補償の時期については少しも言明していないのであるから、補償が財産の供与と交換的に同時に履行さるべきことについては、憲法の保障するところではない（最大判昭24．7．13） H23-8-イ
❺「正当な補償」の内容	○完全補償が必要か、相当補償で足りるかについて争いあり（最判昭48．10．18百選Ⅰ101事件、最判平14．6．11） ○補償の内容が29条3項の要求する水準にあるか否かについて、憲法適合性の審査の対象となることに争いなし R3-8-ウ
❻ 法律で補償規定を欠く場合	29条3項を直接の根拠として補償請求をする余地がある（最大判昭43．11．27百選Ⅰ102事件、河川附近地制限令事件） R3-8-イ

8 国家賠償と損失補償の谷間の問題　H25-9-ウ

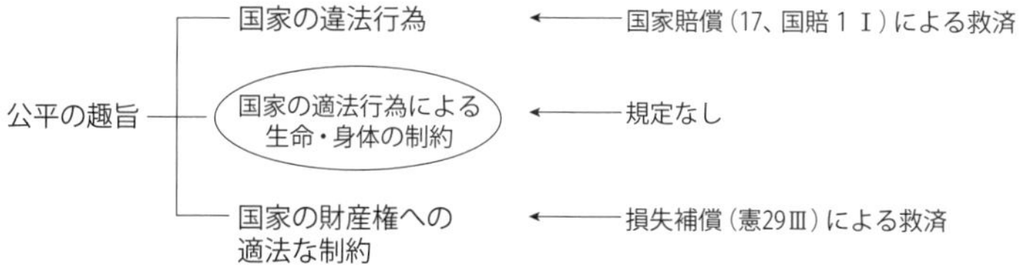

※1　生命、身体に対して特別の犠牲が課せられた場合において、このような犠牲を強いられた者が29条3項を類推適用し、直接同項に基づき請求することができるとした裁判例がある（東京地判昭59．5．18百選Ⅰ103事件）。予H27-6-ウ

※2　予防接種に際しての公務員（厚生労働大臣）の過失を認定するという、国家賠償法理によって予防接種事故の被害者を救済した裁判例がある（東京高判平4．12．18）。

MEMO

No. 038

人身の自由

H20-9

□ 月 日
□ 月 日
□ 月 日

人身の自由に関する次のアからウまでの各記述について、最高裁判所の判例の趣旨に照らして、それぞれ正しい場合には1を、誤っている場合には2を選びなさい。

□□□ ア．迅速な裁判を一般的に保障する憲法第37条第1項は、それ自体が裁判規範性を有するものではないので、現実にこの保障に明らかに反し、迅速な裁判を受ける被告人の権利が害されたと認められる事態が生じた場合には、これに対処すべき法律上の規定があるときに限ってその審理を打ち切ることができる。

□□□ イ．道路交通法上の警察官の呼気検査は、飲酒運転を防止するために運転者から呼気を採取してアルコール保有の程度を調査するものであって、その者から供述を得ようとするものではないから、これを拒んだ者を処罰する旨の規定は、憲法第38条第1項に違反しない。

□□□ ウ．憲法第39条前段は、何人も、実行の時に適法であった行為については刑事上の責任を問われない旨を規定しているが、行為の時に最高裁判所の判例が示していた法解釈に従えば無罪となるべき行為を処罰することは、同規定に違反するものではない。

No. 038　正解　ア２、イ１、ウ１

他の科目を勉強している際に憲法が登場した場合には、憲法の知識としても覚えるように心掛けよう。　正答率 96.5%

ア　誤り。

判例は、「憲法37条１項の保障する迅速な裁判をうける権利は、憲法の保障する基本的な人権の一つであり、右条項は、単に迅速な裁判を一般的に保障するために必要な立法上および司法行政上の措置をとるべきことを要請するにとどまらず、さらに個々の刑事事件について、現実に右の保障に明らかに反し、審理の著しい遅延の結果、迅速な裁判をうける被告人の権利が害せられたと認められる異常な事態が生じた場合には、これに対処すべき具体的規定がなくても、もはや当該被告人に対する手続の続行を許さず、その審理を打ち切るという非常救済手段がとられるべきことをも認めている趣旨の規定である」としている（最大判昭47.12.20百選Ⅱ116事件、高田事件）。

イ　正しい。

判例は、道路交通法上の警察官の呼気検査につき、「憲法38条１項は、刑事上責任を問われるおそれのある事項について供述を強要されないことを保障したものと解すべきところ、右検査は、酒気を帯びて車両等を運転することの防止を目的として運転者らから呼気を採取してアルコール保有の程度を調査するものであって、その供述を得ようとするものではないから、右検査を拒んだ者を処罰する右道路交通法の規定は、憲法38条１項に違反するものではない」としている（最判平９.１.30）。

ウ　正しい。

判例は、行為当時の最高裁判所の判例の示す法解釈に従えば無罪となるべき行為を処罰しても、39条前段に反しないとしている（最判平８.11.18）。

文献　試験対策講座335、336、338〜343頁

No. 039

刑事手続上の権利

R4-9

□ 月 日
□ 月 日
□ 月 日

刑事手続上の権利に関する次のアからウまでの各記述について、最高裁判所の判例の趣旨に照らして、それぞれ正しい場合には１を、誤っている場合には２を選びなさい。

□□□ ア．憲法第31条の定める法定手続の保障は、直接には刑事手続に関するものであるが、行政手続にも及ぶと解すべき場合があり、その場合には行政処分の相手方に常に事前の告知、弁解、防御の機会を与える必要がある。

□□□ イ．憲法第35条は、住居、書類及び所持品について、侵入、捜索及び押収を受けることのない権利を規定しているが、この規定の保障対象には、住居、書類及び所持品に準ずる私的領域に侵入されることのない権利が含まれる。

□□□ ウ．憲法第38条第１項は、自己が刑事上の責任を問われるおそれのある事項について供述を強要されないことを保障するものであり、氏名の供述も、これによって自己が刑事上の責任を問われるおそれがあることから、原則として保障が及ぶ。

No. 039　**正解 2、1、2**

刑事手続上の権利については、刑事訴訟法や行政法との関連性も意識して学習しよう。

正答率 84.3%

ア　誤り。

判例は、「憲法31条の定める法定手続の保障は、直接には刑事手続に関するものであるが、**行政手続については、それが刑事手続ではないとの理由のみで、そのすべてが当然に同条による保障の枠外にあると判断することは相当ではない**」とする。しかし、「一般に、**行政手続は、刑事手続とその性質においておのずから差異があり**、また、行政目的に応じて多種多様であるから、行政処分の相手方に事前の告知、弁解、防御の機会を与えるかどうかは、**行政処分により制限を受ける権利利益の内容、性質、制限の程度、行政処分により達成しようとする公益の内容、程度、緊急性等を総合較量**して決定されるべきものであって、常に必ずそのような機会を与えることを必要とするものではない」としている（最大判平４．７．１百選Ⅱ109事件、成田新法事件）。

イ　正しい。

判例は、「憲法35条は、『住居、書類及び所持品について、侵入、捜索及び押収を受けることのない権利』を規定しているところ、この規定の**保障対象には、**『住居、書類及び所持品』に限らずこれらに準ずる**私的領域に『侵入』されることのない権利が含まれるものと解するのが相当**」としている（最大判平29．３．15百選Ⅱ112事件）。

ウ　誤り。

判例は、「いわゆる黙秘権を規定した憲法38条１項の法文では、単に『何人も自己に不利益な供述を強要されない。』とあるに過ぎないけれど、その法意は、何人も自己が刑事上の責任を問われる虞ある事項について供述を強要されないことを保障したものと解すべきであることは、この制度発達の沿革に徴して明らかである。されば、氏名のごときは、原則としてここにいわゆる不利益な事項に該当するものではない」としている（最大判昭32．２．20）。よって、氏名の供述には、原則として38条１項の保障は及ばない。

文献　試験対策講座327〜329、338頁。判例シリーズ61事件

CORE TRAINING

01　基本原則

□□□　判例は、被告人に対する附加刑として科される第三者所有物に対する没収の言渡により、当該第三者の占有権が剥奪されるにとどまり、所有権剥奪の効果は生じないことを、その判断の前提としている。H29-9-イ

➡ 最大判昭37.11.28（第三者所有物没収事件）1 ❶

×

□□□　判例は、被告人以外の第三者の所有物（以下「第三者所有物」という。）を没収する場合において、当該第三者に対し告知、弁解、防御の機会を与えることなくその所有物を没収することは、適正な法律手続によらないで財産権を侵害する制裁を科するに外ならない旨判示した。H29-9-ア

➡ 最大判昭37.11.28（第三者所有物没収事件）1 ❷

○

□□□　判例では、第三者所有物について没収の言渡を受けた被告人は、その没収の裁判の違憲を理由として上告することができるとされた。H29-9-ウ

➡ 最大判昭37.11.28（第三者所有物没収事件）1 ❹

○

CORE PLUS

1　告知と聴聞の手続――第三者所有物没収事件（最大判昭37.11.28百選Ⅱ107事件）

問題点	判　旨
❶ 没収の法的性質	「附加刑としての没収の言渡により、当該第三者の所有権剥奪の効果を生ずる趣旨」H29-9-イ
❷「法律の定める手続」(31)	「第三者についても、告知、弁解、防禦《ぎょ》の機会を与えることが必要」H29-9-ア
❸ 31条の適用範囲	厳格な意味の刑罰に限らず、刑罰に準ずる処分にも適用
❹ 違憲主張適格	被告人は、「所有権を剥奪された第三者から賠償請求権等を行使される危険に曝《さら》される等、利害関係を有することが明らかであるから、上告によりこれが救済を求めることができる」H29-9-ウ
❺ 入江補足意見	単に「第三者を証人として尋問し、その機会にこれに告知、弁解、防禦をなさしめる程度では、未だ憲法31条にいう適正な法律手続によるものとはいい得ないと解するのを相当」とする

CORE TRAINING

□□□　31条が行政手続にも適用されるとする説は、31条が要求する適正さが行政手続にも及ぶべきであると説きつつも、その程度は行政作用の性質に応じて異なり得るとする。 H25-11-ア	➡ 行政手続は多種多様であるから、刑事手続と同様の適正さを要求することはできない [3] ＊	○
□□□　31条が行政手続にも準用あるいは類推適用されるとする説は、適正手続が求められるのは身体の自由を奪うような刑事手続に準ずる行政処分に限られるとする。 H25-11-イ	➡ およそ国民の権利・自由にかかわる行政庁の行為にも、その行為の性質に応じて31条が妥当するとされている [3] ❷	×
□□□　31条が行政手続には適用されないとする説は、行政手続の適正さについて、31条からはその文言上これを導き出すことはできないが、13条など他の規定から導くことは可能であるとする。 H25-11-ウ	➡ 13条は手続的人権の一般的規定でもあるとする [3] ❸	○

CORE PLUS

2 「法律の定める手続」（31）の意味

○要求する　×要求しない

	手続の法定（刑事訴訟法）	手続の適正（告知・聴聞）	実体（犯罪・刑罰要件）の法定（罪刑法定主義）	実体の適正（規定の明確性、罪刑の均衡等）
手続法定説	○	×*1	×*2	×*3
適正手続説	○	○	×*2	×*3
手続・実体法定説	○	×*1	○	×*3
適正手続・実体法定説	○	○	○	×*3
適正手続・適正実態説（通説）	○	○	○	○

＊1　告知・聴聞の権利は32条で根拠付け得る。
＊2　罪刑法定主義は憲法上の当然の前提である（39前段）。
＊3　実体が人権を侵害する内容の場合には、各人権規定又は13条で対処。

3 31条と行政手続

学　説	結　論	理　由
❶ 31条適用説	31条の規定は行政手続にも適用される*	人権尊重を重視すれば、手続的保障を刑事手続に限定せず、その根拠を31条に求めるのが自然である
❷ 31条準用説	31条の規定は広く行政強制といわれる手続にも準用（あるいは類推適用）される H25-11-イ	適用説のように行政手続には広く例外が認められるとすれば、かえって31条の規定の規範性を希薄化することにならないかという疑問がある
❸ 13条説	31条の規定は刑事手続に限定され、それ以外の手続には13条により適正さが要求される H25-11-ウ	アメリカ適正手続条項に相当する規定は日本国憲法では31条というよりは13条であり、13条は実体的な人権の一般規定であるだけではなく手続的人権の一般的規定でもある

＊　ただし、刑事手続に要求されている適正さを、そのまま行政手続に適用するものではなく、行政の性質に応じた修正は許される。H25-11-ア

※　判例は、成田新法事件（最大判平４．７．１百選Ⅱ109事件）において、31条の行政手続への適用又は準用を認めていると解される。

CORE TRAINING

02　被告人の権利

□□□　刑事被告人は、公費で自己のために強制的手続により証人を求める権利を有する（憲法第37条第２項）から、裁判所は刑事被告人が自身の弁護のために必要であると主張している証人全員の尋問を採用しなければならない。 H28-10-イ

➡ 最大判昭23.7.29　4 ❷ i　×

□□□　有罪判決を受けた刑事被告人に対し、裁判所に出廷させた証人に旅費、日当及び宿泊料を負担させることは、「刑事被告人は、公費で自己のために強制的手続により証人を求める権利を有する」と定める憲法第37条第２項の規定に違反しない。 H28-10-ウ

➡ 最大判昭23.12.27　4 ❷ ii　○

CORE PLUS

4 被告人の権利

❶	公平な裁判所の迅速な裁判を受ける権利（37Ⅰ）
❷	証人審問権・証人喚問権（37Ⅱ） i　判例は、裁判所は被告人側申請の証人すべてを喚問する必要はなく、当該事件の裁判をなすのに必要適切な証人を喚問すればよいとした（最大判昭23.7.29） H28-10-イ ii　判例は、「公費で」（37Ⅱ）といっても、有罪判決を受けた場合に、被告人に訴訟費用の負担を命ずることを禁ずる趣旨ではないとした（最大判昭23.12.27） H28-10-ウ
❸	弁護人依頼権（37Ⅲ）
❹	自白の強要からの自由（38）
❺	事後法の禁止と二重の危険の禁止（39）

5 行政手続と38条

判　例	結論	判　旨
質問検査の合憲性（最大判昭47.11.22百選Ⅱ114事件、川崎民商事件）	合憲	旧所得税法の質問検査は、性質上刑事責任の追及を目的とするものではなく、また、実質上、刑事責任追及のための資料の取得収集に直接結びつく作用を一般的に有するものとはいえないため、このような質問検査を行っても憲法38条１項にいう「自己に不利益な供述」を強要したとはいえない
国税犯則取締法３条１項の合憲性（最判昭59.3.27百選Ⅱ119事件）	合憲	旧国税犯則取締法上の質問検査の手続は、「憲法38条１項の規定による供述拒否権の保障が及ぶ」。もっとも、「38条１項は供述拒否権の告知を義務づけるものではなく」旧国税犯則取締法の「質問手続が憲法38条１項に違反することとなるものではない」

No. 040　裁判を受ける権利

R2-10

□ 月 日
□ 月 日
□ 月 日

裁判を受ける権利に関する次のアからウまでの各記述について、最高裁判所の判例の趣旨に照らして、それぞれ正しい場合には１を、誤っている場合には２を選びなさい。

□□□ ア．大日本帝国憲法で「法律ニ定メタル裁判官ノ裁判」を受ける権利が保障されていたのに対し、日本国憲法第32条が保障するのは「裁判所において裁判を受ける権利」であることを踏まえれば、憲法上国民の司法参加がおよそ禁じられていると解すべき理由はない。

□□□ イ．性質上純然たる訴訟事件の裁判が、憲法第82条が定める例外に当たらないにもかかわらず、公開の法廷における対審及び判決によらず非公開でなされた場合には、裁判の公開を定めた憲法第82条に違反するが、裁判を受ける権利を保障する憲法第32条に違反することはない。

□□□ ウ．憲法第32条は、訴訟の当事者が訴訟の目的である権利関係について裁判所の判断を求める法律上の利益を有することを前提として、そのような訴訟について本案の裁判を受ける権利を保障したものであって、その利益の有無にかかわらず常に本案につき裁判を受ける権利を保障したものではない。

No. 040　正解　ア1、イ2、ウ1　裁判を受ける権利は詳細な知識を問われることも多いので、この機会によく復習しておこう。　正答率 89.3%

ア　正しい。

判例は、「国民の司法参加と適正な刑事裁判を実現するための諸原則とは、十分調和させることが可能であり、憲法上国民の司法参加がおよそ禁じられていると解すべき理由はなく、国民の司法参加に係る制度の合憲性は、具体的に設けられた制度が、適正な刑事裁判を実現するための諸原則に抵触するか否かによって決せられるべきものである。換言すれば、憲法は、一般的には国民の司法参加を許容しており、これを採用する場合には、上記の諸原則が確保されている限り、陪審制とするか参審制とするかを含め、その内容を立法政策に委ねていると解されるのである」としている（最大判平23.11.16百選Ⅱ175事件）。

イ　誤り。

判例は、32条と82条の関係について、「憲法は一方において、基本的人権として裁判請求権を認め、何人も裁判所に対し裁判を請求して司法権による権利、利益の救済を求めることができることとすると共に、他方において、純然たる訴訟事件の裁判については、前記のごとき公開の原則の下における対審及び判決によるべき旨を定めたのであって、これにより、近代民主社会における人権の保障が全うされるのである。従って、若し性質上純然たる訴訟事件につき、当事者の意思いかんに拘わらず終局的に、事実を確定し当事者の主張する権利義務の存否を確定するような裁判が、憲法所定の例外の場合を除き、公開の法廷における対審及び判決によってなされないとするならば、それは憲法82条に違反すると共に、同32条が基本的人権として裁判請求権を認めた趣旨をも没却するものといわねばならない」としている（最大決昭35. 7 . 6 百選Ⅱ124事件、強制調停事件）。

ウ　正しい。

判例は、「憲法32条は、訴訟の当事者が訴訟の目的たる権利関係につき裁判所の判断を求める法律上の利益を有することを前提として、かかる訴訟につき本案の裁判を受ける権利を保障したものであって、右利益の有無にかかわらず常に本案につき裁判を受ける権利を保障したものではない」としている（最大判昭35.12. 7 ）。

文献　試験対策講座352～356頁。判例シリーズ64事件

No. 041 論 国家賠償請求 R4-10

□ 月 日
□ 月 日
□ 月 日

国家賠償請求に関する次のアからウまでの各記述について、最高裁判所の判例の趣旨に照らして、それぞれ正しい場合には1を、誤っている場合には2を選びなさい。

□□□ ア．公務員の不法行為について国又は公共団体に対し損害賠償を求める権利について、憲法第17条は、「法律の定めるところ」による旨を規定している。これは、公務員のどのような行為によりいかなる要件で損害賠償責任を負うかを立法府の政策判断に委ねたものであって、立法府に無制限の裁量権を付与しているわけではない。

□□□ イ．公務員がその職務を行うに当たり、故意又は過失によって違法に他人に損害を加えた場合、国は当該公務員に代位して賠償責任を負う。しかし、国会議員には憲法第51条で発言及び表決に対する免責特権が保障されているから、議員が国会で行った質疑等において個人の名誉を毀損する発言を行っても責任を問われることはないので、国が賠償責任を負うこともない。

□□□ ウ．国会議員の立法行為の国家賠償法上の違法の問題と立法内容の違憲の問題とは区別されるし、本質的に政治的なものである立法行為の適否を法的に評価するべきではない。したがって、国民に憲法上保障されている権利を違法に侵害することが明白な場合であっても、国会議員の立法行為が国家賠償法上の違法の評価を受けることはない。

No. 041	正解 ア１、イ２、ウ２	どれも百選掲載の重要な判例知識を問う問題なので、しっかり復習しておこう。	正答率 91.6%

ア　正しい。　類 H23-11-イ

判例は、憲法17条が、国又は公共団体に対し損害賠償を求める権利に関して、法律による具体化を予定していることについて、「公務員の行為が権力的な作用に属するものから非権力的な作用に属するものにまで及び、公務員の行為の国民へのかかわり方には種々多様なものがあり得ることから、**国又は公共団体が**公務員の行為による**不法行為責任を負うことを原則**とした上、公務員の**どのような行為によりいかなる要件で損害賠償責任を負うかを立法府の政策判断にゆだねた**もの」であるとしており、「**立法府に無制限の裁量権を付与するといった法律に対する白紙委任を認めているものではない**」としている（最大判平14.９.11百選Ⅱ128事件、郵便法免責規定違憲判決）。

イ　誤り。

判例は、「国会議員が国会で行った質疑等において、個別の国民の名誉や信用を低下させる発言があったとしても、これによって**当然に国家賠償法１条１項の規定にいう違法な行為があったものとして国の損害賠償責任が生ずるものではなく**、右責任が肯定されるためには、当該国会議員が、その職務とはかかわりなく違法又は不当な目的をもって事実を摘示し、あるいは、虚偽であることを知りながらあえてその事実を摘示するなど、**国会議員がその付与された権限の趣旨に明らかに背いてこれを行使したものと認め得るような特別の事情があることを必要**とする」としている。したがって、議員が国会で行った質疑等において個人の名誉を毀損する発言を行った場合、国が責任を問われることはありうる（最判平９.９.９百選Ⅱ170事件）。

ウ　誤り。　類 H23-11-ウ

判例は、「**国会議員の立法行為又は立法不作為が同項の適用上違法となるかどうかは、**国会議員の立法過程における行動が個別の国民に対して負う職務上の法的義務に違背したかどうかの問題であって、**当該立法の内容又は立法不作為の違憲性の問題とは区別される**べきであり、仮に当該立法の内容又は立法不作為が憲法の規定に違反するものであるとしても、そのゆえに国会議員の立法行為又は立法不作為が直ちに違法の評価を受けるものではない」としたうえで、「**立法の内容又は立法不作為が国民に憲法上保障されている権利を違法に侵害するものであることが明白な場合**や、**国民に憲法上保障されている権利行使の機会を確保するために所要の立法措置を執ることが必要不可欠**であり、それが**明白**であるにもかかわらず、**国会が正当な理由なく長期にわたってこれを怠る場合**などには、例外的に、国会議員の立法行為又は立法不作為は、国家賠償法１条１項の規定の適用上、違法の評価を受けるものというべき」としている（最大判平17.９.14百選Ⅱ147事件、在外選挙権制限違憲判決）。

文献　試験対策講座358、361、466頁。判例シリーズ65、85事件

No. 042

刑事補償請求権

H29-11

□　月　日
□　月　日
□　月　日

刑事補償請求権に関する次の学生アからエまでの各発言について、正しいものの組合せを、後記１から６までの中から選びなさい。

□□□ ア.「抑留又は拘禁という人権制限措置を受けたけれども結果として無罪とされた者に、相応の補償をすることによって、公平の要請を満たそうとするのが憲法第40条なんだね。」

□□□ イ.「無罪判決を受けた刑事被告人が、抑留又は拘禁されたことを理由に、憲法第17条に定める国家賠償を求め得るケースはあり得ないからね。」

□□□ ウ.「憲法第40条は『無罪の裁判を受けたとき』について定めているけど、この文言の意味について、無罪判決が確定したとき又は一旦確定していた有罪判決が再審の結果取り消されて無罪が言い渡されたときを意味すると解する説によれば、同条は免訴や公訴棄却の裁判を受けた場合についても補償することを要請していることになるよ。」

□□□ エ.「不起訴となった事実Ａに基づく抑留又は拘禁であっても、そのうちに実質上は無罪となった事実Ｂについての抑留又は拘禁であると認められるものがあるときは、その部分の抑留又は拘禁も憲法第40条の『抑留又は拘禁』に包含されるとした最高裁判所の判例があったな。」

１．アイ　２．アウ　３．アエ　４．イウ　５．イエ
６．ウエ

No. 042　正解 3　40条の具体的な内容について、基本書等で確認し、しっかり理解しておこう。　正答率 86.4%

ア　正しい。

40条は、「何人も、抑留又は拘禁された後、無罪の裁判を受けたときは、法律の定めるところにより、国にその補償を求めることができる」と規定している。これは、抑留又は拘禁された者が刑事裁判において無罪になることは制度上当然予定されているところ、結果として無罪とされた者は、抑留又は拘禁という人権制限措置を受けたのであるから、その者に対して相応の補償をすることによって、公平の要請を満たそうとするものである。

イ　誤り。

アの解説で述べたように、抑留又は拘禁された者が結果として刑事裁判において無罪になることは制度上当然予定されているため、それ自体国家の違法行為とはいえない。もっとも、「抑留又は拘禁」が違法に行われた場合には、無罪判決を受けた刑事被告人は、刑事補償を求め得るだけでなく、17条に定める国家賠償を求め得るケースもあり得る（刑補5条1項）。

ウ　誤り。

憲法40条の「無罪の裁判を受けたとき」の意味について、無罪判決が確定したとき又は一旦確定していた有罪判決が再審の結果取り消されて無罪が言い渡されたときを意味すると解する説によれば、免訴（刑訴337条）や公訴棄却（338条、339条）の裁判を受けた場合は、このいずれにも当たらないため、憲法40条の「無罪の裁判を受けたとき」とはいえず、補償を求めることはできない。したがって、この説によれば、同条は免訴や公訴棄却の裁判を受けた場合については補償することを要請していないことになる。

エ　正しい。

判例は、事実Ａで逮捕・勾留されたが、勾留中に発覚した別の事実Ｂについて取り調べが行われ、事実Ａについては不起訴となったが、事実Ｂについては無罪となったという事案において、「憲法40条にいう『抑留又は拘禁』中には、無罪となった公訴事実に基く抑留または拘禁はもとより、たとえ不起訴となった事実に基く抑留または拘禁であっても、そのうちに実質上は、無罪となった事実についての抑留または拘禁であると認められるものがあるときは、その部分の抑留及び拘禁もまたこれを包含する」としている（最大決昭31.12.24百選Ⅱ129事件）。

文献　試験対策講座362～364頁

No. 043

刑事補償請求権

R3-10

□　月　日
□　月　日
□　月　日

刑事補償請求権に関する次のアからウまでの各記述について、それぞれ正しい場合には１を、誤っている場合には２を選びなさい。

□□□ ア．憲法第40条は、抑留又は拘禁された後に刑事事件において無罪の裁判を受けた者について、その手続がたとえ憲法第31条以下の諸権利の保障に反しなかったとしても、多大な犠牲を被っている以上、正義・衡平の観点から金銭による事後的救済を与えようとする趣旨の規定である。

□□□ イ．判例は、不起訴になった事実に関する抑留又は拘禁であっても、そのうちに実質上は、無罪となった事実についての抑留又は拘禁と認められるものがあるときは、その部分の抑留又は拘禁も、憲法第40条にいう「抑留又は拘禁」に包含されると解している。

□□□ ウ．判例は、家庭裁判所における少年審判手続において非行事実がないことを理由とする不処分決定について、刑事事件において無罪の裁判を受けたことと実質的に同視できるとして、同決定を受けた者を刑事補償の対象としないことは憲法第40条に違反すると解している。

No. 043　正解　ア1、イ1、ウ2

少しマイナーな分野ではあるが、重要判例をおさえて確実に点を取ろう。

正答率 83.7%

ア　正しい。

40条は、31条から39条までの刑事手続に関する諸権利の保障によっても、なお生じる国民の不利益に対する補償を定めており、**官憲の違法行為や故意・過失に関わりなく、**結果に対する補償請求を認めるものである。

イ　正しい。

前掲最大決昭31年は、「憲法40条にいう『抑留又は拘禁』中には、無罪となった公訴事実に基く抑留または拘禁はもとより、たとえ不起訴となった事実に基く抑留または拘禁であっても、そのうちに実質上は、無罪となった事実についての抑留または拘禁であると認められるものがあるときは、その部分の抑留及び拘禁もまたこれを包含するものと解するを相当とする。そして刑事補償法は右憲法の規定に基き、補償に関する細則並びに手続を定めた法律であって、その第1条の『未決の抑留又は拘禁』とは、右憲法40条の『抑留又は拘禁』と全く同一意義のものと解すべきものである」としている。

ウ　誤り。

判例は、「刑事補償法1条1項にいう『無罪の裁判』とは、同項及び関係の諸規定から明らかなとおり、刑訴法上の手続における無罪の確定裁判をいうところ、不処分決定は、刑訴法上の手続とは性質を異にする少年審判の手続における決定である上、右決定を経た事件について、刑事訴追をし、又は家庭裁判所の審判に付することを妨げる効力を有しないから、非行事実が認められないことを理由とするものであっても、刑事補償法1条1項にいう『無罪の裁判』には当たらないと解すべきであり、このように解しても憲法40条及び14条に違反しない」、「また、不処分決定は、非行事実が認められないことを理由とするものであっても、刑訴法188条の2第1項にいう『無罪の判決』に当たらないと解すべきであり、このように解しても憲法40条及び14条に違反しない」としている（最決平3.3.29百選Ⅱ130事件）。

文献　試験対策講座362～364頁

CORE TRAINING

01　裁判を受ける権利

□□□　判例によれば、裁判を受ける権利は、恣意的な裁判を排除し、権限ある公正な裁判所による裁判を保障することによって人権保障を実現するための権利であるから、憲法第32条はその事件について管轄権を有する裁判所において裁判を受ける権利を保障している。 オリジナル①

➡ 最大判昭24.3.23　1 ❶　×

□□□　判例によれば、憲法第32条の「裁判」は、同法第82条によって公開・対審・判決という原則が保障される性質上純然たる訴訟事件の裁判に限られず、非訟事件に関する裁判をも含む。 オリジナル②

➡ 最大決昭35.7.6（強制調停事件）　1 ❷　×

□□□　現行法を改正して最高裁判所を頂点とした二審制となる審級制度を導入することは、違憲である。 H23-17-ウ

➡ 最大判昭23.3.10　1 ❸　×

CORE PLUS

1 裁判を受ける権利（32）

32条は「何人も、裁判所において裁判を受ける権利を奪はれない」と規定し、裁判を受ける権利を保障している。

問題点	学説・判例
❶「裁判所」の意味	○「裁判所」とは、76条１項に定められている裁判所のことをいい、特に特別裁判所の禁止（76Ⅱ前段）、行政機関による終審裁判の禁止（76Ⅱ後段）、裁判官の独立（76Ⅲ）などの原則は、裁判を受ける権利の内容をなしている ○「同条の趣旨は凡て国民は憲法又は法律に定められた裁判所においてのみ裁判を受ける権利を有し、裁判所以外の機関によって裁判をされることはないことを保障したものであって、訴訟法で定める管轄権を有する具体的裁判所において裁判を受ける権利を保障したものではない」（最大判昭24.3.23） オリジナル①
❷「裁判」の意味	○「裁判」とは、基本的には、公開・対審の訴訟手続による裁判をいう ○「裁判」は性質上純然たる訴訟事件の裁判に限られる（最大決昭35.7.6百選Ⅱ124事件、強制調停事件） オリジナル②
❸「受ける」権利	「憲法は審級制度を如何にすべきかに付ては第81条において『最高裁判所は、一切の法律、命令、規則又は処分が憲法に適合するかしないかを決定する権限を有する終審裁判所である』旨を定めて居る以外何等規定する処がないから此の点以外の審級制度は立法を以て適宜に之れを定むべきものである」（最大判昭23.3.10） H23-17-ウ

CORE TRAINING

02　国家賠償請求権

□□□　国又は公共団体の行為が、いわゆる非権力的な管理作用に属する場合は、大日本帝国憲法下でも判例上民法第709条以下の規定による不法行為責任がある程度まで認められていた。それゆえ、日本国憲法第17条の意義は、権力作用に属する不法行為との関係で国家無答責の原則を否定し、国家の賠償責任を明記した点にあるということができる。H23-11-ア	➡ 2 ❶	○
□□□　憲法第17条が定める「公務員の不法行為」には、権力作用によるものばかりでなく、非権力作用によるものも含まれる。予H27-6-ア	➡ 最大判平14.9.11（郵便法免責規定違憲判決）参照 2 ❷	○
□□□　国や公共団体が行う純粋な私的経済取引に基づく私法関係については、民法等の私法の規律に従って賠償責任の有無が判断される。予H27-6-イ	➡ 2 ※	○

CORE PLUS

2 国家賠償請求権

❶ 沿　革	○明治憲法：国家無答責の原則（一定の場合には、民法上の損害賠償は認められていた） ○日本国憲法：明文で国家賠償請求権を規定（17） H23-11-ア
❷ 法的性格	郵便法免責規定違憲判決（最大判平14. 9 . 11百選Ⅱ128事件） ○「憲法17条は、……国又は公共団体に対し損害賠償を求める権利については、法律による具体化を予定している」 →17条そのものに具体的権利性を認めていない ○「公務員のどのような行為によりいかなる要件で損害賠償責任を負うかを立法府の政策判断にゆだねたものであって、立法府に無制限の裁量権を付与するといった法律に対する白紙委任を認めているものではない」 →17条の立法裁量に対する法規範性は承認 ○「公務員の不法行為」には、非権力作用によるものも含まれる 予H27-6-ア
❸ 国会の立法行為・立法の不作為[*2]	○在宅投票制度廃止事件上告審（最判昭60. 11. 21百選Ⅱ191事件） 国会議員の立法行為（立法不作為を含む）が国家賠償法１条１項の適用上違法となるかどうかと立法内容の違憲性の問題とを区別したうえ、「国会議員の立法行為は、立法の内容が憲法の一義的な文言に違反しているにもかかわらず国会があえて当該立法を行うというごとき、容易に想定し難いような例外的な場合でない限り、」国家賠償法上違法ではないとした ○在外選挙権制限違憲判決（最大判平17. 9 . 14百選Ⅱ147事件） 国家賠償法上の違法性について「立法の内容又は立法不作為が国民に憲法上保障されている権利を違法に侵害するものであることが明白な場合や、国民に憲法上保障されている権利行使の機会を確保するために所要の立法措置を執ることが必要不可欠であり、それが明白であるにもかかわらず、国会が正当な理由なく長期にわたってこれを怠る場合などには、例外的に」違法性があるとした ○最大判平27. 12. 16百選Ⅰ28事件[*1、*2] 国家賠償法上の違法性について「法律の規定が憲法上保障され又は保護されている権利利益を合理的な理由なく制約するものとして憲法の規定に違反するものであることが明白であるにもかかわらず、国会が正当な理由なく長期にわたってその改廃等の立法措置を怠る場合」には、例外的に違法性があるとし、立法行為と立法不作為を区別しなかった

＊１　前掲最大判平27年の基準について、千葉裁判官補足意見は、「一般論的な判断基準を整理して示したもの」であり、在外選挙権制限違憲判決を変更するものではないとしている。

＊２　在外国民に国民審査権の行使が認められていないことの合憲性が争われた事案において、判例は、前掲最大判平27年と同様の基準を示したうえで、「国民に憲法上保障されている権利行使の機会を確保するための立法措置をとることが必要不可欠であり、それが明白であるにもかかわらず、国会が正当な理由なく長期にわたってこれを怠るときは、上記の例外的な場合に当たる」と述べ、従前の判断枠組みを踏襲している（最大判令４．５．25令４重判５事件）。

※　国や公共団体が行う行為であっても、純粋な私的経済取引に基づくものについては、私法の規律を受ける。 予H27-6-イ

MEMO

No. 044

選挙権及び選挙制度

H29-13

□　月　日
□　月　日
□　月　日

選挙権及び選挙制度に関する次のアからウまでの各記述について、最高裁判所の判例の趣旨に照らして、それぞれ正しい場合には1を、誤っている場合には2を選びなさい。

□□□ ア．憲法は、国民主権の原理に基づき、国民に対して、両議院の議員の選挙において投票をすることによって国の政治に参加することができる権利の保障は認めているが、投票をする機会の平等までは保障していない。

□□□ イ．選挙運動の一つの手段である政見放送において、政見放送の品位を損なう言動を禁止した公職選挙法第150条の2の規定に違反する言動がそのまま放送される利益は、法的に保護された利益とはいえず、したがって、上記言動がそのまま放送されなかったとしても、法的利益の侵害があったとはいえない。

□□□ ウ．憲法は、両議院の議員の選挙において投票をすることを、一定の年齢に達した国民の固有の権利として保障しており、自ら選挙の公正を害する行為をした者等の選挙権について一定の制限をすることは別として、選挙権又はその行使を制限するためには、そのような制限をすることがやむを得ないと認められる事由がなければならない。

No. 044 正解 ア2、イ1、ウ1

選挙権に関する代表的な判例の理解が問われている。判例集で確認しておこう。

正答率 87.4%

ア　誤り。

判例は、平成８年10月施行の衆議院議員選挙の際に、国外に在住していた者が、公職選挙法（平成10年法律第47号による改正前のもの）が国政選挙における選挙権の行使を認めていないことは憲法14条１項、15条１項、同３項、43条、44条などに違反するとして、違憲・違法であることの確認などを求めた事案において、「憲法は、国民主権の原理に基づき、両議院の議員の選挙において投票をすることによって国の政治に参加することができる権利を国民に対して固有の権利として保障しており、その趣旨を確たるものとするため、国民に対して**投票をする機会**を**平等に保障**している」としている（最大判平17. 9 .14百選Ⅱ147事件、在外選挙権制限違憲判決）。

イ　正しい。

判例は、日本放送協会（NHK）が政見放送中における身体障害者に対する差別的用語を使用した発言部分の音声を削除して放送したところ、このような削除行為は政見をそのまま放送される権利を侵害する不法行為に当たるとして、政見の録画を行った参議院比例代表選出議員選挙の候補者が損害賠償を請求した事案において、他人の名誉を傷つけ善良な風俗を害する等政見放送としての品位を損なう言動を禁止した公職選挙法150条の２の規定は「テレビジョン放送による政見放送が直接かつ即時に全国の視聴者に到達して強い影響力を有していることにかんがみ、そのような言動が放送されることによる弊害を防止する目的で政見放送の品位を損なう言動を禁止したものであるから、右規定に違反する言動がそのまま放送される利益は、法的に保護された利益とはいえず、したがって、右言動がそのまま放送されなかったとしても、不法行為法上、法的利益の侵害があったとはいえない」としている（最判平２．４.17百選Ⅱ157事件、政見放送削除事件）。

ウ　正しい。

判例（在外選挙権制限違憲判決）は、両議院の議員の選挙において投票をすることは、一定の年齢に達した国民の固有の権利として保障されているとしている。そして、同判決は、アの解説で述べた判示部分に続けて、「憲法の以上の趣旨にかんがみれば、自ら選挙の公正を害する行為をした者等の選挙権について一定の制限をすることは別として、**国民の選挙権又はその行使を制限すること**は**原則**として**許されず**、国民の選挙権又はその行使を制限するためには、そのような制限をすることが**やむを得ないと認められる事由がなければならない**」としている。

文献　試験対策講座236、237、360、361、369頁。判例シリーズ79事件

No. 045

選　挙

H26-13

□　月　日
□　月　日
□　月　日

選挙に関する次のアからウまでの各記述について、最高裁判所の判例の趣旨に照らして、それぞれ正しい場合には1を、誤っている場合には2を選びなさい。

□□□ ア．公職選挙法は、投票を得るなどの目的で戸別訪問をすること自体を禁止しているが、選挙運動の重要性に照らすと、その禁止の範囲は憲法に適合するよう限定して解釈しなければならない。

□□□ イ．いわゆる立候補の自由は、選挙権の自由な行使と表裏の関係にあり、自由かつ公正な選挙を維持する上で極めて重要であるとして、憲法第15条第1項によって保障されていると解すべきである。

□□□ ウ．選挙や当選の効力に関する争訟において、誰が誰に対して投票したかを解明し、これを公表することは、選挙投票の全般にわたってその秘密を確保しようとする無記名投票制度の精神に反する。

No. 045　正解　ア2、イ1、ウ1　被選挙権の憲法上の根拠は明文がない。被選挙権の導き方について、イの記述は必ず記憶しておこう。　正答率 80.8%

ア　誤り。

判例は、公職選挙法の定める選挙運動としての戸別訪問の禁止が憲法に反しないかどうかが争われた事案において、「戸別訪問の禁止は、意見表明そのものの制約を目的とするものではなく、意見表明の手段方法のもたらす弊害……を防止し、もって**選挙の自由と公正を確保することを目的**としている」としたうえで、猿払事件の判決（最大判昭49.11. 6百選Ⅰ12事件）における合理的関連性の判断基準（①禁止**目的の正当性**、②禁止目的と禁止される行為との**合理的関連性**、③禁止することにより**得られる利益と**禁止することにより**失われる利益との均衡**）を用いて戸別訪問の禁止を合憲とし（最判昭56. 6 .15）、その後の判例も同判決を参照しつつ合憲判断を維持している（最判昭56. 7 .21百選Ⅱ158事件、戸別訪問禁止規定事件）。したがって、判例は、公職選挙法が禁止する戸別訪問の範囲を憲法に適合するよう限定して解釈しなければならないとはしていない。

イ　正しい。

判例は、労働組合が、市議会議員選挙の統一候補を決定したのに対し、それに反し立候補しようとした組合員に対して立候補を断念するよう説得し、説得に応じない場合には、組合員としての資格を1年間停止する旨公示したことなどが、公職選挙法違反に問われた事案において、「立候補の自由は、選挙権の自由な行使と表裏の関係にあり、自由かつ公正な選挙を維持するうえで、きわめて重要である。このような見地からいえば、憲法15条1項には、被選挙権者、特にその立候補の自由について、直接には規定していないが、これもまた、同条同項の保障する重要な基本的人権の一つと解すべきである」としている（最大判昭43.12. 4百選Ⅱ144事件、三井美唄労組事件）。

ウ　正しい。

判例は、町会議員選挙において、選挙権のない者が正当な選挙人の名で行った「代理投票」が無効と判断されたが、このような不正な投票について、投票先を陳述する義務があるかが問題となった事案において、「選挙権のない者又はいわゆる代理投票をした者の投票についても、その投票が何人に対しなされたかは、議員の当選の効力を定める手続において、取り調べてはなら」ず、「原審が本件無効投票が何人に対してなされたかを確定しなかったからといって、違法であるとすることはできない」として、選挙権のない者による不正な投票も、秘密選挙の保障（15条4項）の対象となることを明らかにしている（最判昭25.11. 9百選Ⅱ159事件）。したがって、選挙や当選の効力に関する争訟において、誰が誰に対して投票したかを解明し、これを公表することは、選挙投票の全般にわたってその秘密を確保しようとする無記名投票制度の精神に反する。

文献　試験対策講座265～267、372～374頁。判例シリーズ8－1、72事件

CORE TRAINING

□□□　判例によれば、公職選挙法第252条所定の選挙犯罪人について、一定の期間、選挙権及び被選挙権を停止することは、参政権を不当に奪うものである。オリジナル

➡ 最大判昭30．2．9公民権停止事件
1 ※

×

CORE PLUS

1 選挙権の法的性格

二元説	選挙権には参政の権利と共に公務の執行という二重の性格が認められる
権利一元説	選挙権を人民（プープル）の主観的権利とする

※　判例は、選挙犯罪者に対する選挙権・被選挙権の停止を定める公職選挙法252条の合憲性が争われた事件において、同条所定の選挙犯罪者は、「現に選挙の公正を害し……選挙に関与せしめるに不適当なもの」であるから、一定期間「公職の選挙に関与することから排除するのは相当」であり、それは条理に反する差別待遇でも不当に参政権を奪うものではない旨判示した（最大判昭30．2．9百選Ⅱ146事件、公民権停止事件）。この判例が二元説を採った判例かどうかは明らかでないといわれている。オリジナル

2 選挙の基本原則

	意義		反対概念	問題となるもの
普通選挙	広義	財力のほかに教育、性別等を選挙権の条件としない制度	—	在宅投票制度
	狭義	財力を選挙権の要件としない制度	制限選挙	—
平等選挙	選挙権の価値は平等、すなわち1人1票を原則とする制度		複数選挙 等級選挙	議員定数不均衡
自由選挙	棄権しても罰金、公民権停止、氏名の公表等の制度を受けない制度		強制選挙	棄権の自由
秘密選挙	誰に投票したかを秘密にする制度		公開選挙	不正投票の調査の可否
直接選挙	選挙人が公務員を直接に選挙する制度		間接選挙	間接選挙制・複選制の採用の可否

CORE TRAINING

□□□　判例によれば、捜査官が選挙犯罪の捜査のために投票ずみ投票用紙の差押え等の手段を採ることは、いかなる場合においても許されない。オリジナル①

➡ 最判平９.３.28　×
3 ❷

□□□　判例によれば、連座制を定めた公職選挙法第251条の３の規定は、民主主義の根幹をなす公職選挙の公明、適正を厳粛に保持するという極めて重要な法益を実現するために定められたものであって、その立法目的は合理的であるが、その規制態様が広範かつ不明確であり、投票者の選挙権及び候補者の立候補の自由と被選挙権を侵害するものとして憲法に違反する。オリジナル②

➡ 最判平９.３.13（百選Ⅱ160事件）　×
4

CORE PLUS

3 秘密選挙

問題点	判　例
❶ 当選人の当選の効力に関する手続	「選挙権のない者又はいわゆる代理投票をした者の投票についても、その投票が何人に対しなされたかは、議員の当選の効力を定める手続において、取り調べてはならない」（最判昭25.11.９百選Ⅱ159事件）
❷ 選挙犯罪に関する刑事手続	「差押え等の一連の捜査が上告人らの投票の秘密を侵害したとも、これを侵害する現実的、具体的な危険を生じさせたともいうことはできない」として投票用紙の差押えを認めた判例（最判平９.３.28）がある オリジナル①

4 被選挙権の制限（最判平９.３.13百選Ⅱ160事件）

問題点	判　旨
連座制を定めた公職選挙法251条の３の合憲性	「選挙の公明、適正」という「立法目的を達成するための手段として必要かつ合理的なもの」といえ合憲である オリジナル②

No. 046

論　生存権の法的性格

H20-7

□　月　日
□　月　日
□　月　日

生存権の法的性格に関する次のアからウまでの各記述について、それぞれ正しい場合には１を、誤っている場合には２を選びなさい。

□□□ ア．プログラム規定説によれば、憲法第25条第１項は、国民の生存を確保すべき政治的・道義的義務を国に課したにとどまり、個々の国民に対して権利を保障したものではない。しかし、「健康で文化的な最低限度の生活」を保障するための受給請求権が生活保護法などの法律で定められれば、その受給請求権は憲法上の権利として認められる。

□□□ イ．抽象的権利説によれば、憲法第25条第１項は、国に立法や予算を通じて生存権を実現すべき法的義務を課している。しかし、当該条文を直接の根拠にして「健康で文化的な最低限度の生活」の保障を請求する権利まで保障するものではなく、その請求権は、生存権を具体化する法律によって初めて具体的な権利となる。

□□□ ウ．具体的権利説を言葉どおりにとらえれば、憲法第25条第１項は、それを直接の根拠にして「健康で文化的な最低限度の生活」を確保するための具体的請求権を保障する規定ということになりそうである。しかし、具体的権利説といわれている見解は、必ずしも憲法のみを根拠に裁判所に具体的な給付請求ができるということまで主張するものではない。

No. 046 正解 ア2、イ1、ウ1

各説の根拠と批判をおさえておくと論文式試験でも役に立つ。すべての説をしっかりと理解しよう。

正答率 89.7%

ア　誤り。

プログラム規定説とは、25条１項は、単なるプログラムであり、**国家に対する政治的義務以上のものは定めていない**とする説である。したがって、前段は正しい。他方で、この説によると、「健康で文化的な最低限度の生活」を保障するための受給請求権が生活保護法などの法律で定められたとしても、その受給請求権が憲法上の権利として認められることになるわけではない。したがって、後段は誤りである。

イ　正しい。

抽象的権利説とは、25条１項は、立法者に対して**立法その他の措置を要求する権利を規定したもの**であり、それに対応して**国に法的義務を課している**と解する説である。この説によると、生存権は、同項を直接の根拠とするのではなく、生存権を具体化する法律によって初めて具体的な権利となる。

ウ　正しい。

具体的権利説とは、25条１項の権利内容は、**憲法上行政権を拘束する程度には明確ではないが、立法府を拘束する程度には明確**であり、**その意味で**具体的な権利を定めたものであり、これを実現する方法が存在しない場合には、**国の不作為の違憲性を確認する訴訟を提起**することができるとする説である。しかし、この説によっても、具体的に制定された法律について25条違反を主張することができるとするのが一般的であり、当然に憲法のみを根拠に裁判所に具体的な給付請求ができると解しているわけではない。

文献　試験対策講座378、379頁

No.
047

論　生存権

H28-8

□ 月 日
□ 月 日
□ 月 日

生存権に関する次の見解に対する論評としてなされた次のアからウまでの各記述について、それぞれ正しい場合には1を、誤っている場合には2を選びなさい。

「憲法第25条の生存権を具体化する趣旨の法律が制定された以上、その法律は憲法第25条と一体をなし、かかる法律の定める保護基準を正当な理由なくして引き下げることは憲法上許されない。」

□□□ ア．この見解に対しては、憲法第25条第1項が禁止しているのは「健康で文化的な最低限度の生活」の水準を下回ることだけであり、保護基準の引下げによってもかかる水準を上回る場合にまで、正当な理由を必要とする根拠は同条項から導くことはできないとの批判が可能である。

□□□ イ．この見解は、憲法第25条を具体化する立法措置の選択決定は立法府の広い裁量に委ねられているとした、最高裁判所の判決（最高裁判所昭和57年7月7日大法廷判決、民集36巻7号1235頁）の趣旨から論理的に導くことができる。

□□□ ウ．この見解によれば、過去の国会の判断が現在及び将来の国会を拘束することになるが、憲法第25条を具体化する趣旨の法律についてのみ、かかる拘束が憲法上要請されていると解することは困難であるとの批判が可能である。

No. 047 正解 ア１、イ２、ウ１
論理問題なので、設問の文章から論理を理解する練習をしよう。
正答率 84.4%

ア　正しい。

本問の見解は、「憲法第25条の生存権を具体化する趣旨の法律が制定された以上、その法律は憲法第25条と一体をな」すとするものである。これに対して、本記述のように、25条１項が禁止している対象を、「健康で文化的な最低限度の生活」の水準を下回ることだけであると限定する立場からは、保護基準を引き下げても、いまだ「健康で文化的な最低限度の生活」の水準を上回る場合についてまで、同項は禁止していないということができる。そこで、本問の見解に対しては、保護基準の引下げによってもかかる水準を上回る場合にまで、正当な理由を必要とする根拠を同項から導くことはできないとの批判が可能である。

イ　誤り。

本記述の判例は、障害福祉年金と児童扶養手当の併給禁止が25条に違反するかが問題となった事案において、同条の規定が**国権の作用に積極的な発動を期待する性質のもの**であること、「健康で文化的な最低限度の生活」（同条１項）は**不確定的な概念であること**、具体化するに当たっては**国の財政事情を無視できず、専門技術的・政策的判断を必要とすること**を理由として、具体的にどのような立法措置を講ずるかの選択決定について、**立法府の広い裁量**を認め、**著しく合理性を欠き明らかに裁量の逸脱・濫用とみざるを得ないような場合**を除き、**裁判所が審査判断**するのに適しないとしている（最大判昭57.７.７百選Ⅱ132事件、堀木訴訟）。この趣旨からすれば、法律で保護基準を設定する場面のみならず、その後に保護基準を変更する場面においても、立法府の広い裁量が認められることになるはずである。他方、本問の見解は、生存権を具体化する法律により保護基準が制定された場合、それを自由に引き下げることを許さず、正当な理由を要求する点で、立法府の裁量を限定するものである。したがって、立法裁量を限定しようとする本問の見解は、広い立法裁量を認めた堀木訴訟判決の趣旨からは論理的に導くことができない。

ウ　正しい。

本問の見解は、過去の国会が制定した法律による保護基準を引き下げるために正当な理由を要求する点で、現在及び将来の国会を拘束するというものである。この見解に対しては、一般論として、前の国会の判断が後の国会の判断を拘束することはなく、新たな政策的判断を自由に行うことができるはずであるのに、25条を具体化する立法のみ、このような拘束が憲法上要請されていると解することは困難であるとの批判が可能である。

文献　試験対策講座379～386頁。判例シリーズ67事件

No. 048

生存権とこれを具体化した法制度

H29-10

□　月　日
□　月　日
□　月　日

生存権とこれを具体化した法制度に関する次のアからウまでの各記述について、最高裁判所の判例の趣旨に照らして、正しいものには○、誤っているものには×を付した場合の組合せを、後記1から8までの中から選びなさい。

□□□ ア．国民年金制度は、憲法第25条の趣旨を実現するために設けられた社会保障上の制度であるから、同条の趣旨にこたえて具体的にどのような立法措置を講ずるかの選択決定は、立法府の広い裁量にゆだねられており、著しく合理性を欠き明らかに裁量の逸脱、濫用とみざるを得ないような場合を除いて、裁判所が審査判断するに適しない事柄であり、何ら合理的理由のない不当な差別的取扱いがあっても、憲法第14条違反の問題は生じ得ない。

□□□ イ．憲法第25条にいう「健康で文化的な最低限度の生活」は、きわめて抽象的・相対的な概念であって、その具体的内容は、その時々における文化の発達の程度、経済的・社会的条件、一般的な国民生活の状況等との相関関係において判断決定されるべきものであるから、国の立法として具体化される場合にも、国の財政事情は考慮されるべきではない。

□□□ ウ．国は、難民条約の批准及びこれに伴う国会審議等を契機に、外国人に対する生活保護について一定の範囲で国際法及び国内公法上の義務を負うことを認めるに至ったものであり、少なくとも永住外国人にも憲法第25条第1項の保障が及ぶものとなったと解すべきであるから、生活保護法の適用対象となる「国民」には永住外国人も含まれる。

1．ア○　イ○　ウ○　　2．ア○　イ○　ウ×　　3．ア○　イ×　ウ○
4．ア○　イ×　ウ×　　5．ア×　イ○　ウ○　　6．ア×　イ○　ウ×
7．ア×　イ×　ウ○　　8．ア×　イ×　ウ×

No. 048　正解　8　生存権に関する代表的な判例の理解が問われている。判例集で確認しておこう。　正答率 84.7%

ア　誤り。

判例は、任意加入しない限り学生には国民年金の被保険者資格を認めないとしている国民年金法（平成元年法律第86号による改正前のもの）の規定及び20歳以後に障害を負った学生に対して無拠出性の年金を支給する旨の規定を設けるなどの立法措置を講じなかったことが憲法25条、14条に違反するかが争われた事案において、25条の趣旨を実現するために「制定された法令において受給権者の範囲、支給要件等につき**何ら合理的理由のない不当な差別的取扱いをするときは別に憲法14条違反の問題を生じ得る**」としている（最判平19.９.28百選Ⅱ134事件、学生無年金障害者訴訟事件）。

イ　誤り。

判例（堀木訴訟）は、障害福祉年金と児童扶養手当の併給を禁止する児童扶養手当法（昭和48年法律第93号による改正前のもの）４条３項３号の合憲性が争われた事案において、「憲法25条の規定は、国権の作用に対し、一定の目的を設定しその実現のための積極的な発動を期待するという性質のもの」であり、「『**健康で文化的な最低限度の生活**』なるものは、きわめて**抽象的・相対的な概念**であって、その具体的内容は、**その時々における文化の発達の程度、経済的・社会的条件、一般的な国民生活の状況**等との**相関関係**において**判断決定されるべきもの**であるとともに、右規定を現実の立法として具体化するに当たっては、**国の財政事情**を**無視すること**」が**できない**としている。

ウ　誤り。

判例は、永住者の在留資格を有する外国人が、生活保護法に基づく生活保護の申請をしたところ、市から当該申請を違法に却下する処分を受けたとして、その取消し等を求めた事案において、生活保護法１条、２条にいう「『国民』とは日本国民を意味するものであって、外国人はこれに含まれない」としたうえで、行政庁の通達に基づく「行政措置として一定範囲の外国人に対して生活保護が事実上実施されてきたとしても、そのことによって、生活保護法１条及び２条の規定の改正等の立法措置を経ることなく、生活保護法が一定の範囲の外国人に適用され又は準用されるものとなると解する余地はなく」、これは、我が国が難民の地位に関する条約等に加入した際の経緯を勘案しても変わらないとし、結論として、「外国人は、行政庁の通達等に基づく行政措置により事実上の保護の対象となり得るにとどまり、生活保護法に基づく保護の対象となるものではな」いとしている（最判平26.７.18）。

文献　試験対策講座379〜381、386頁。判例シリーズ67事件

No. 049

論　教　育

R4-8

□ 月 日
□ 月 日
□ 月 日

教育に関する次のアからウまでの各記述について、最高裁判所の判例の趣旨に照らして、正しいものには○、誤っているものには×を付した場合の組合せを、後記１から８までの中から選びなさい。

□□□ ア．憲法第26条の規定の背後には、子どもは学習権を有するとの観念が存在しており、子どもに対する教育は、専ら子どもの利益のために、教育を与える者の責務として行われるべきものであることからすると、教育の内容及び方法は、基本的に、子どもの教育の実施に当たる教師が決定すべきこととなる。

□□□ イ．教育内容に対する国家的介入は抑制的であることが要請され、誤った知識や一方的な観念を子どもに植え付けるような教育を施すことを国が強制することは許されないと解されるが、このことは、教育内容について決定する国の権能を否定する理由とはならない。

□□□ ウ．憲法第26条第２項は、子女に教育を受けさせることを国民に義務付け、義務教育は無償とすると定めているのであるから、同項は、義務教育に関する限り、授業料のほか、教科書代金や学用品についても国が負担することを定めたものと解される。

１．ア○　イ○　ウ○　　２．ア○　イ○　ウ×　　３．ア○　イ×　ウ○
４．ア○　イ×　ウ×　　５．ア×　イ○　ウ○　　６．ア×　イ○　ウ×
７．ア×　イ×　ウ○　　８．ア×　イ×　ウ×

No. 049　**正解　6**　どれも百選掲載の重要判例であるから、この機会によく復習しよう。　正答率 82.1%

ア　誤り。　類 H23-9-ウ

判例は、26条の「規定の背後には、国民各自が、一個の人間として、また、一市民として、成長、発達し、自己の人格を完成、実現するために必要な学習をする固有の権利を有する」とし、**子どもに対する教育は、「子どもの学習をする権利に対応し、その充足をはかりうる立場にある者の責務に属するもの**」としている。しかし、続けて、「教育の内容及び方法を、誰がいかにして決定すべく、また、決定することができるかという問題に対する一定の結論は、当然には導き出されない」としており、普通教育の場においても「一定の範囲における教授の自由が保障されるべきことを肯定できないではない」が、「子どもの側に学校や教師を選択する余地が乏しく、教育の機会均等をはかる上からも全国的に一定の水準を確保すべき強い要請があること」からすれば、「**普通教育における教師に完全な教授の自由を認めることは、とうてい許されない**」としている。したがって、教育の内容及び方法は、基本的に、子どもの教育の実施に当たる教師が決定すべきとはしていない（最大判昭51．5．21百選Ⅱ136事件、旭川学テ事件）。

イ　正しい。

判例は、「**教育内容への国家的介入はできるだけ抑制的であることが要請**され、殊に、子どもが自由かつ独立の人格として成長することを妨げるような介入、例えば、誤った知識や一方的な観念を子どもに植え付けるような内容の教育を施すことを強制することは許されない」としている。もっとも、これを教育内容について決定する国の権能を否定する理由とはしておらず、「**国は、子ども自身の利益の擁護のため、又は子どもの成長に対する社会公共の利益と関心にこたえるため、必要かつ相当と認められる範囲において、子どもに対する教育内容を決定する権能を有する**」としている（最判平５．３．16百選Ⅰ88事件、教科書裁判第一次訴訟上告審）。

ウ　誤り。　類 H25-10-ウ

判例は、26条２項は、「すべての国民に対して教育を受ける機会均等の権利を保障すると共に子女の保護者に対し子女をして最少限度の普通教育を受けさせる義務教育の制度と義務教育の無償制度を定めている」が、「必然的にそのための子女就学に要する一切の費用を無償としなければならないものと速断することは許されない」としている。そして、「憲法の義務教育は無償とするとの規定は、授業料のほかに、教科書、学用品その他教育に必要な一切の費用まで無償としなければならないことを定めたものと解することはできない」としている（最大判昭39．２．26百選Ⅱ A11事件）。

文献　試験対策講座215、216、256～258、390～397頁。判例シリーズ48、68事件

No. 050

学校教育

H27-8

□ 月 日
□ 月 日
□ 月 日

学校教育に関する次のアからウまでの各記述について、最高裁判所の判例の趣旨に照らして、正しいものには○、誤っているものには×を付した場合の組合せを、後記1から8までの中から選びなさい。

□□□ ア．憲法第26条が子どもの学習権を保障していることから、教育の内容及び方法を誰がいかにして決定し得るかという問題に対する一定の結論が当然に導き出されるわけではない。

□□□ イ．親の教育の自由は、主として家庭教育等、学校外での教育において現れるものであり、学校選択の自由はこれに含まれない。

□□□ ウ．国が一定の教育水準確保のために定立する学習指導要領は、生徒側の教育内容に対する批判能力の程度及び学校選択の余地等に鑑みれば、高等学校では法的拘束力を持たない。

1．ア○　イ○　ウ○　　2．ア○　イ○　ウ×　　3．ア○　イ×　ウ○
4．ア○　イ×　ウ×　　5．ア×　イ○　ウ○　　6．ア×　イ○　ウ×
7．ア×　イ×　ウ○　　8．ア×　イ×　ウ×

No. 050　正解　4　教育の自由と教育権の所在について、基本書等で代表的な見解をおさえておこう。　正答率 92.1%

ア　正しい。

判例（旭川学テ事件）は、文部省（現文部科学省）実施の学力テストによる学力調査に反対して実力阻止行動をとった労働組合員らが、建造物侵入罪、公務執行妨害罪等で起訴された事案において、26条の「背後には、国民各自が、一個の人間として、また、一市民として、成長、発達し、自己の人格を完成、実現するために必要な学習をする固有の権利を有すること、特に、**みずから学習することのできない子どもは、その学習要求を充足するための教育を自己に施すことを大人一般に対して要求する権利**を有するとの観念が存在していると考えられる。換言すれば、**子どもの教育**は、教育を施す者の支配的権能ではなく、何よりもまず、**子どもの学習をする権利に対応**し、**その充足をはかりうる立場にある者の責務に属する**ものとしてとらえられているのである。しかしながら、このように、子どもの教育が、専ら子どもの利益のために、**教育を与える者の責務として行われるべきものであるということからは、**このような教育の内容及び方法を、誰がいかにして決定すべく、また、決定することができるかという問題に対する一定の結論は、**当然には導き出されない**」としている。

イ　誤り。

判例（旭川学テ事件）は、「親は、子どもに対する自然的関係により、子どもの将来に対して最も深い関心をもち、かつ、配慮をすべき立場にある者として、子どもの教育に対する一定の支配権、すなわち子女の教育の自由を有すると認められるが、このような**親の教育の自由**は、主として**家庭教育等学校外における教育**や**学校選択の自由**にあらわれる」としている。したがって、同判決は、親の教育の自由に学校選択の自由が含まれるとしている。

ウ　誤り。

判例は、県教育委員会が、学習指導要領を逸脱した指導を行ったこと等を理由に県立高等学校の教諭を懲戒免職処分にしたため、当該教諭が同処分の取消しを求めた事案において、「高等学校学習指導要領……は法規としての性質を有するとした原審の判断は、正当として是認すること」ができるとしている（最判平２.１.18百選Ⅱ137事件、伝習館高校事件）。したがって、同判決は、学習指導要領が高等学校において法的拘束力を持つとしている。

文献　試験対策講座392～396頁。判例シリーズ68事件

No. 051

論

労働基本権

H28-9

□ 月 日
□ 月 日
□ 月 日

労働基本権に関する次のアからウまでの各記述について、それぞれ正しい場合には１を、誤っている場合には２を選びなさい。

□□□ ア．公務員の争議行為の制限は国民生活全体の利益を維持増進する必要との調和の見地から合理性の認められる必要最小限度のものでなければならず、職務の性質や違いを考慮することなく公務員の争議行為を一律に禁止することは憲法上許されないとするのが判例の立場である。

□□□ イ．憲法により団結権が保障されている労働組合においては、組合の目的の範囲内にある活動であれば、その全ての活動について組合員に対して統制権を行使し得るから、労働組合が統制権に基づいて組合員を除名した処分には司法審査が及ばない。

□□□ ウ．憲法第28条が保障する労働基本権は、使用者との関係において労働者の権利を保護することを目的の一つとするので、私人相互の関係でも意味を持ち、契約自由の原則は制限されることになる。

No. 051　**正解 ア2、イ2、ウ1**　労働基本権に関して、判例を中心に基本事項をおさえておこう。　正答率 80.4%

ア　誤り。

公務員の労働基本権の制限について、判例は、「労働基本権の制限は、**労働基本権を尊重確保する必要**と**国民生活全体の利益を維持増進する必要**とを**比較衡量**して、……**合理性の認められる必要最小限度のもの**にとどめなければなら」ず、「勤労者の提供する職務または業務の性質が公共性の強いものであり、したがってその職務または業務の停廃が国民生活全体の利益を害し、国民生活に重大な障害をもたらすおそれのあるものについて、これを避けるために必要やむを得ない場合について考慮されるべきである」としていた（最大判昭41.10.26百選Ⅱ139事件、全逓東京中郵事件）。しかし、その後の判例は、全逓東京中郵事件判決を引用して、国家公務員法は「国民全体の共同利益を維持増進することとの均衡を考慮しつつ、その労働基本権を尊重し、これに対する制約、とくに罰則を設けることを、最少限度にとどめようとしている」としつつも、実質的な使用者が国民全体であるという**公務員の地位の特殊性と職務の公共性**を根拠に、**必要やむを得ない限度の制限を加えることは合理的な理由がある**として、「その担当する職務内容の別なく」、**公務員の争議行為を一律に禁止する国家公務員法の規定を合憲**としている（最大判昭48.４.25百選Ⅱ141事件、全農林警職法事件）。

イ　誤り。

労働組合の統制権は、一般に組合の目的の範囲内において及ぶが、組合の目的の範囲内にある活動すべてについて統制権を行使し得るのではなく、一定の限界が存すると解されている。判例も、労働組合の活動の範囲が広く、弾力的であることから、労働組合がその目的の範囲内においてするすべての活動につき当然かつ一様に組合員に対して統制力を及ぼし、組合員の協力を強制することができるものと速断することはできず（最判昭50.11.28百選Ⅱ145事件、国労広島地本事件）、労働組合は、「その目的を達成するために必要であり、かつ、合理的な範囲内において」、組合員に対する統制権を有するとしている（最大判昭43.12.４百選Ⅱ144事件、三井美唄労組事件）。なお、組合の決定に反対する組合員個人が、統制権の行使を争う場合には、司法審査の対象となると解されている。判例も、特定の候補者を支持する労働組合の決議に反して他の候補者を支持する選挙運動を行った組合員を統制違反として除名する旨の決議の有効性が争われた事案において、組合の統制権の限界を超えるものとして無効としており、除名処分が司法審査の対象となることを当然の前提としている（最判昭44.５.２、中里鉱業労働事件）。

ウ　正しい。

28条は、「勤労者の団結する権利及び団体交渉その他の団体行動をする権利は、これを保障する」として、労働基本権を保障している。労働基本権は、劣位にある労働者を使用者と対等の立場に立たせるために保障されるものであり、使用者対労働者という関係において、労働者の権利保護を目的とする。したがって、同条は、私人相互の関係でも意味を持ち、私人たる使用者に対しても労働基本権を制限する行為を規制している。具体的には、団結権、団体交渉権及び団体行動権を侵害する行為は無効となり、また、正当な争議行為は債務不履行とならない等、契約自由の原則を制限する効果を有する。

文献 試験対策講座137、138、401、403、404頁。判例シリーズ69、71～73事件

No. 052

労働基本権

H30-9

□　月　日
□　月　日
□　月　日

労働基本権に関する次のアからエまでの各記述について、それぞれ正しい場合には１を、誤っている場合には２を選びなさい。

□□□ ア．憲法上、国は、労働基本権をむやみに制約する立法等の措置を行うことは許されず、また同時に、国は、労働者の労働基本権を保障する措置を講じる義務があり、その意味で、労働基本権には自由権としての側面と社会権としての側面があるといえる。

□□□ イ．労働基本権には、団結権、団体交渉権及び団体行動権があるが、これらのうち団結権は最も重要かつ基本的な権利であるから、団体交渉権や団体行動権について現行法上特別な制約に服している自衛官や警察官にも団結権は認められている。

□□□ ウ．判例は、労働基本権について、公務員にもその保障が及ぶとし、その制約の合憲性を判断する上で、職務の公共性は考慮されるべきではないとする一方、人事院が設けられていることなどの代替措置が整備されていることを重視して、一般私企業とは異なる制約に服するものとする。

□□□ エ．憲法第28条は、その性質上、私人間の関係に適用される余地はなく、そのため、判例は、労働組合への加入を強制するために使用者と労働組合との間に締結されるユニオン・ショップ協定の効力を団結権との関係で判断する場合にも、憲法を直接適用していない。

No. 052 **正解 ア1、イ2、ウ2、エ2** 労働基本権の性質に関する選択肢が多いので、教科書などで再確認しよう。 正答率 84.9%

ア　正しい。

労働基本権は、①**社会権として**、国に対して労働者の**労働基本権を保障する措置を要求**して、国はその施策を実施すべき義務を負うという意味を持つ。また、②**自由権として**、労働者の**労働基本権を制限する**ような立法その他の**国家行為を**国に対して**禁止**するという意味を持つ。さらに、③使用者対労働者という関係において、労働者の権利を保障することを目的とする。したがって、労働基本権には自由権としての側面と社会権としての側面がある。

イ　誤り。

現行法上、警察職員、消防職員、自衛隊員、海上保安庁又は刑事施設に勤務する職員は労働三権のすべてが否定されている（国公108条の2第5項、地公52条5項、自衛隊法64条）。

ウ　誤り。

判例（全農林警職法事件）は、国家公務員法による争議行為の禁止の是非が争われた事案において、労働基本権の保障は公務員に対しても及ぶとしたうえで、「**公務員の地位の特殊性**と**職務の公共性**にかんがみるときは、これを根拠として公務員の労働基本権に対し**必要やむをえない限度の制限を加えること**は、**十分合理的な理由がある**というべきである」とし、制約の正当化の検討に当たり公務員の職務の公共性を考慮している。次に、同判例は、「法律によりその主要な勤務条件が定められ、身分が保障されているほか、**適切な代償措置**が講じられている」ことを理由として、国家公務員法による争議行為の禁止は憲法28条に反しないと判断している。

エ　誤り。

労働基本権は、正当な争議行為を解雇や損害賠償などの理由とすることはできず、民事責任が免除されるという点で、私人間の関係に直接適用されると解されている。よって、28条は私人間の関係に直接適用される場面もある。もっとも、判例は、本記述と同様の事案においては、「ユニオン・ショップ協定のうち、締結組合以外の他の労働組合に加入している者及び締結組合から脱退し又は除名されたが、他の労働組合に加入し又は新たな労働組合を結成した者について使用者の解雇義務を定める部分は、……民法90条の規定により、これを無効と解すべき」とし、民法90条を直接の根拠としてユニオン・ショップ協定を無効であると判断している（最判平元.12.14）。これは、憲法28条を間接適用したものである。

文献 試験対策講座136～138、401、402頁。判例シリーズ71事件

No.
053

労働基本権

R5-8

□　月　日
□　月　日
□　月　日

労働基本権に関する次のアからウまでの各記述について、最高裁判所の判例の趣旨に照らして、それぞれ正しい場合には１を、誤っている場合には２を選びなさい。

□□□ ア．ユニオン・ショップ協定とは、労働協約において、使用者が従業員のうち労働組合に加入しない者及び労働組合の組合員でなくなった者を解雇する義務を負う定めを置くことをいうが、ユニオン・ショップ協定において、使用者が同協定を締結した組合以外の他の労働組合に加入している者を解雇する義務を負うと定めることは、憲法第28条が保障する労働者の組合選択の自由及び他の労働組合の団結権を侵害するため許されない。

□□□ イ．労働組合は、憲法第28条が団結権を保障する効果として、組合員に対する統制権を有するから、労働組合が、地方議会議員の選挙に当たり、統一候補を決定して組合を挙げて選挙運動を推進している場合に、組合の方針に反して立候補しようとする組合員に対し、立候補の取りやめを要求し、これに従わないことを統制違反として処分することは許される。

□□□ ウ．憲法第28条の労働基本権の保障は公務員に対しても及ぶが、国家公務員の従事する職務には公共性がある一方、法律によりその主要な勤務条件が定められ、身分が保障されているほか、適切な代償措置が講じられていることなどからすれば、法律により国家公務員の争議行為を禁止することは、勤労者をも含めた国民全体の共同利益の見地からするとやむを得ない制約というべきであって、憲法第28条に違反しない。

No. 053　正解　ア1、イ2、ウ1

公務員の労働基本権については、判例の変遷があるところなので、この機会に重要な判例を整理しておこう。

正答率 82.2%

ア　正しい。

前掲最判平元年判決によれば、ユニオン・ショップ協定とは、「労働者が労働組合の組合員たる資格を取得せず又はこれを失った場合に、使用者をして当該労働者との雇用関係を終了させることにより間接的に労働組合の組織の拡大強化を図ろうとするもの」をいう。

また、前掲最判平元年判決は、「ユニオン・ショップ協定によって、労働者に対し、解雇の威嚇の下に特定の労働組合への加入を強制することは、それが労働者の組合選択の自由及び他の労働組合の団結権を侵害する場合には許されない」とし、「ユニオン・ショップ協定のうち、締結組合以外の他の労働組合に加入している者及び締結組合から脱退し又は除名されたが、他の労働組合に加入し又は新たな労働組合を結成した者について使用者の解雇義務を定める部分は、右の観点からして、民法90条の規定により、これを無効と解すべきである（憲法28条参照）」としている。

イ　誤り。

判例（三井美唄労組事件）は、労働組合が組合員に対する統制権を有するかについて、「憲法28条による労働者の団結権保障の効果として、労働組合は、その目的を達成するために必要であり、かつ、合理的な範囲内において、その組合員に対する統制権を有するものと解すべきである」としている。

また、判例（三井美唄労組事件）は、地方議会議員の選挙に当たり、統一候補を決定し、組合を挙げて選挙運動を推進することとしていた事案において、「組合員に対し、勧告または、説得の域を超え、立候補を取りやめることを要求し、これに従わないことを理由に当該組合員を統制違反者として処分するがごときは、組合の統制権の限界を超えるものとして、違法といわなければならない」としている。

ウ　正しい。

判例（全農林警職法事件）は、「憲法28条の労働基本権の保障は公務員に対しても及ぶ」としている。

また、判例（全農林警職法事件）は、「公務員の従事する職務には公共性がある一方、法律によりその主要な勤務条件が定められ、身分が保障されているほか、適切な代償措置が講じられているのであるから、……公務員の争議行為およびそのあおり行為等を禁止するのは、勤労者をも含めた国民全体の共同利益の見地からするやむをえない制約」であり、憲法28条に違反しないとしている。

文献　試験対策講座137、138、402、403頁。判例シリーズ71、72事件

CORE TRAINING

01　生存権

□□□　憲法第25条第１項は、将来に向けた政策の指針を定めたもので、国民の権利を保障するものではないと解するプログラム規定説によっても、裁判所が同項に基づいて個々の法律について国民の生存権を侵害するか否かを判断できる。H27-7-イ

➡ プログラム規定説によれば、そもそも国民の生存権の侵害が観念できない　1 ❶ⅲ

×

□□□　憲法上の人権規定の趣旨を具体化する立法が不備な場合に、国民が直接憲法に基づいて具体的な請求をなし得るかどうかは、人権規定により異なる。法律に補償に関する規定が欠けていても直接憲法第29条第３項を根拠にして損失補償請求権が認められることがあるのに対して、生存権の場合は、憲法第25条は個々の国民に対し具体的権利を付与していないから、直接同条に基づき具体的な給付請求をすることはできない。H19-10-イ

➡ 損失補償について最大判昭43.11.27（河川附近地制限令事件）。生存権について最大判昭23.９.29（食糧管理法違反事件）　1 ＊

○

CORE PLUS

1 生存権の法的性格

- 生存権
  - プログラム規定説
  - 法規範性肯定説
    - 抽象的権利説
    - 具体的権利説

	ⅰ 給付請求*	ⅱ 立法不作為の違憲確認	ⅲ 裁判規範性
❶ プログラム規定説	×	×	× H27-7-イ
❷ 抽象的権利説	×	×	○
❸ 具体的権利説	×	○	○

＊　判例（最大判昭23.９.29、食糧管理法違反事件）は、プログラム規定説を展開し、25条１項から直接に生活扶助請求権（具体的給付を請求する権利）を導き出すことはできないとした。H19-10-イ

CORE TRAINING

□□□　判例によれば、憲法第25条第２項は事前の積極的防貧施策をなすべき国の努力義務を定め、第１項は第２項の防貧施策の実施にかかわらずなお落ちこぼれた者に対し、「最低限度の生活」を確保するため事後的救貧施策をなすべき国の責務を定めている。したがって、第１項にかかわる生活保護の受給資格等が争われる事案は、国民年金法による障害福祉年金の受給制限が争われる第２項に関する事案よりも厳格な司法審査が行われる。H19-10-ア

➡ 最高裁判例は左記のような１項２項分離説を採用していない。最大判昭57.７.７（堀木訴訟）2 ❶、※

×

□□□　憲法第25条第１項で定める救貧施策においては国民の最低限度の生活を保障しなければならないが、同条第２項で定める防貧施策においては広い立法裁量が認められると解する立場によっても、救貧施策は生活保護法による公的扶助に限定されないと解することはできる。H27-7-ア

➡ 救貧施策には生活保護法による公的扶助以外のものも考え得る

○

□□□　いわゆる朝日訴訟においては、生活保護法に基づく生活扶助を廃止すると共に医療扶助を変更する旨の保護変更決定について、これを認容した厚生大臣の裁決自体の裁量権の逸脱・濫用が争われたのではなく、生活保護法自体が憲法第25条第１項に違反するとして争われた。H27-7-ウ

➡ 最大判昭42.５.24（朝日訴訟）3 ❷ i

×

CORE PLUS

2 生存権の内容――堀木訴訟（最大判昭57.7.7 百選Ⅱ132事件）

問題点	判　旨
❶ 25条1項と2項との関係	25条1項は、「すべての国民が健康で文化的な最低限度の生活を営みうるよう国政を運営すべきことを国の責務として宣言したもの」であり、25条2項は、そのために「社会的立法及び社会的施設の創造拡充に努力すべきことを国の責務として宣言したもの」である H19-10-ア
❷ 違憲審査基準	「具体的にどのような立法措置を講ずるかの選択決定は、立法府の広い裁量にゆだねられており、それが著しく合理性を欠き明らかに裁量の逸脱・濫用と見ざるをえないような場合を除き、裁判所が審査判断するのに適しない」

※　堀木訴訟の原審（大阪高判昭50.11.10）は、25条2項は「国の事前の積極的防貧施策をなすべき努力義務のあることを」、25条1項は「2項の防貧施策の実施にも拘らず、なお落ちこぼれた者に対し、国は事後的、補足的且つ個別的な救貧施策をなすべき責務のあることを各宣言したもの」であり、25条2項の場合には、その内容に関しては広い立法裁量が認められ、原則として違憲の問題を生じる余地はないとして、❶の点につき1項2項分離説を採用した。H19-10-ア

3 裁判での争われ方

生存権の内容	訴訟類型	具体例
❶ 自由権的側面	i　生存権を侵害する国家行為（立法行為・行政処分）を争う場合	サラリーマン税金訴訟
	ii　私法関係における生存権の侵害を争う場合	―
❷ 社会権的側面	i　法律の存在を前提にして行政処分の合憲性を争う場合	朝日訴訟 H27-7-ウ
	ii　法律の規定の合憲性を争う場合	堀木訴訟
	iii　立法の不作為の合憲性を争う場合	学生無年金障害者訴訟事件

CORE TRAINING

02　教育を受ける権利

□□□　学問の自由は、学問研究の自由とその研究結果の発表の自由だけでなく、その研究結果を教授する自由をも含むところ、教育の本質上、教師は、高等学校以下の普通教育においても、教授の自由を有し、自らの判断で教育内容を決定することができるのであって、国が教育内容の決定に介入することは許されない。H30-7-イ

➡ 最大判昭51.5.21（旭川学テ事件）4 ❸

×

□□□　個人の基本的自由を認め、その人格の独立を国政上尊重すべきものとしている憲法の下においては、子どもが自由かつ独立の人格として成長することを妨げるような国家的介入は、許されない。H23-9-イ

➡ 最大判昭51.5.21（旭川学テ事件）4 ❹

○

□□□　国は、必要かつ相当と認められる範囲において、教育内容について決定する権能を有し、教育の目的を遂行するに必要な諸条件を整備確立するため、教育の内容や方法について遵守すべき基準を設定できる。しかし、それは、教育における機会均等の確保と全国的な一定水準の維持という目的のために必要かつ合理的と認められる大綱的なものにとどめられるべきである。H20-8-ア

➡ 最大判昭51.5.21（旭川学テ事件）4 ❻

○

□□□　教育の具体的方法や内容に関して教師に認められるべき裁量には、おのずから制約がある。自分の考えと異なるとして教科書を使用しないで授業を行ったり、全員に一律の成績評価を行ったりすることは、教師の裁量の範囲内とはいえない。H25-10-イ

➡ 最判平2.1.18（伝習館高校事件）4 ＊2

○

CORE PLUS

4 教育の自由と教育権の所在――旭川学テ事件（最大判昭51．5．21百選Ⅱ136事件）

問題点	判　旨
❶ 教育権の所在	国家教育権説も国民教育権説も「極端かつ一方的であり、そのいずれをも全面的に採用することはできない」
❷ 教育を受ける権利の内容＊1	「国民各自が、一個の人間として、また、一市民として、成長、発達し、自己の人格を完成、実現するために必要な学習をする固有の権利を有すること、特に……子どもは、その学習要求を充足するための教育を自己に施すことを大人一般に対して要求する権利を有するとの観念が存在している」
❸ 教育の自由	普通教育においても「一定の範囲における教授の自由が保障される」。しかし、児童生徒に教授内容を批判する能力がなく、「また、普通教育においては、子どもの側に学校や教師を選択する余地が乏しく、教育の機会均等をはかる上からも全国的に一定の水準を確保すべき強い要請があること等」から、「普通教育における教師に完全な教授の自由を認めることは、とうてい許されない」 H30-7-イ
❹ 国の教育内容決定権	国は、「必要かつ相当と認められる範囲において、教育内容についてもこれを決定する権能を有する」が、「子どもが自由かつ独立の人格として成長することを妨げるような国家的介入」は許されない H23-9-イ
❺ 旧教育基本法10条1項「不当な支配」	「教育の目的の遂行に必要な諸条件の整備確立……のための措置を講ずるにあたっては」、「許容される目的のために必要かつ合理的と認められ」れば「不当な支配」には当たらない
❻ 国の教育内容決定権の限界＊2	「普通教育の内容及び方法について遵守すべき基準を設定する場合には」、「教育における機会均等の確保と全国的な一定の水準の維持という目的のために必要かつ合理的と認められる大綱的なそれにとどめられるべきもの」である H20-8-ア

＊1　26条2項後段は「義務教育は、これを無償とする」と規定しているところ、「無償」の範囲について、判例は教育の対価たる授業料の無償を定めたものとしている（最大判昭39．2．26百選ⅡA11事件）。

＊2　判例は、「高等学校においても、……生徒の側には、いまだ教師の教育内容を批判する十分な能力は備わっておらず、教師を選択する余地も大きくない」から、国が「高等学校教育の内容及び方法について遵守すべき基準を定立する必要があり、……教育の具体的内容及び方法につき高等学校の教師に認められるべき裁量にもおのずから制約が存する」としたうえ、教科書使用義務に違反する授業をしたこと、全員に一律の成績評価を行ったこと等を理由とする懲戒免職処分は、「社会観念上著しく妥当を欠くものとまではいい難く、その裁量権の範囲を逸脱したものと判断することはできない」と判示した（最判平2．1．18百選Ⅱ137事件、伝習館高校事件）。 H25-10-イ

CORE TRAINING

03　勤労の権利

□□□　憲法第27条の勤労の権利は、これを直接根拠として行政庁に対してその実現を求め得る具体的請求権であるとは解せないものの、立法府が勤労の機会を実質的に確保するため最低限度の立法をしないときには、憲法第27条に基づいて、立法不作為の違憲確認訴訟を提起できる。 H18-4-ア

➡ 27条に基づく立法不作為の違憲確認訴訟の提起は認められない　5 ❷

×

04　労働基本権

□□□　労働基本権は、それを制限する立法その他の国家行為を国に対して禁止するという点で、自由権としての性格を有する。労働組合法第1条第2項の定める争議行為の刑事免責は、このような制限の禁止の具体化といえる。 H21-11-イ

➡ 労働組合法1条2項は自由権的側面を確認したものである　6 ❶

○

□□□　争議権は憲法で保障されるが、正当な争議行為に対する民事免責は、使用者と労働者の間の契約により排除することができる。 予R2-6-イ

➡ 労働基本権は私人間に直接適用され、これを制限する契約は私法上無効である　6 ❷

×

□□□　労働基本権の社会権的性格から、国は労働基本権の保障を確実にするため積極的な措置を採るべきであり、労働組合法は不当労働行為の救済のため労働委員会を設置している。 予R2-6-ア

➡ 不当労働行為（労組7）の救済制度等は社会権的側面の表れである　6 ❸

○

CORE PLUS

5 勤労の権利の法的性格

❶ 自由権的側面	営業の自由として22条 1 項で保障
❷ 社会権的側面	27条 1 項前段は国家に対して国民に労働の機会を保障する政治的義務を課したもので国民に具体的権利を認めてはいない →27条 1 項を直接の根拠として、国に就労の機会を与えるように請求することができるわけではない 立法不作為の違憲確認訴訟も不可 H18-4-ア

6 労働基本権の諸側面

側　面	内　　容	具 体 化
❶ 自由権的側面	国家権力からの自由、特に刑罰権からの自由という側面 H21-11-イ	労働組合法 1 条 2 項による刑事免責
❷ 民事上の権利という側面	使用者に対する民事上の権利という側面 予R2-6-イ	労働組合法 8 条による民事免責
❸ 社会権的側面	国（労働委員会）による行政的救済を受ける権利という側面 予R2-6-ア	不当労働行為（労組 7 ）の救済制度

CORE TRAINING

□□□　憲法第28条の趣旨からすると、正当な争議行為については、刑事責任を問われず、また、民事上の債務不履行ないし不法行為責任を免除されると解され、ストライキを行った場合、それが正当な争議行為であると認定されれば、当該ストライキ期間中の賃金についても使用者側に請求することができる。 H18-4-オ

➡ ノーワーク・ノーペイの原則。最判昭56. 9 .18参照 7 ❸

×

□□□　憲法は、勤労者の団体行動権を保障しているが、勤労者の争議権の無制限な行使を許容するものではなく、労働争議において使用者側の自由意思をはく奪し又は極度に抑圧し、あるいはその財産に対する支配を阻止し、私有財産制度の基幹を揺るがすような行為をすることは許されない。いわゆる生産管理において、労働者が、権利者の意思を排除して企業経営の権能を行うときは、正当な争議行為とはいえない。 H18-4-エ

➡ 最大判昭25.11.15（山田鋼業事件） 7 ❸

○

CORE PLUS

7 労働基本権の内容

権　利	内　　容
❶ 団結権	労働者の団体を組織する権利（労働組合結成権） →ユニオン・ショップ協定 消極的団結権は28条の団結権の保障に含まれないため合憲。もっとも、「ユニオン・ショップ協定によって、労働者に対し、解雇の威嚇の下に特定の労働組合への加入を強制することは、それが労働者の組合選択の自由及び他の労働組合の団結権を侵害する場合には許されない」（最判平元. 12. 14）
❷ 団体交渉権	労働者の団体がその代表者を通じて、労働条件について使用者と交渉する権利（労組 6 参照）
❸ 団体行動権	労働者の団体が労働条件の実現を図るために団体行動を行う権利 →ストライキ期間中の賃金を請求することができないのが原則（ノーワーク・ノーペイの原則） H18-4-オ →生産管理は「企業者側の私有財産の基幹を揺がす」ものであり違法（最大判昭25. 11. 15 百選Ⅱ A12事件、山田鋼業事件） H18-4-エ

〚第１編第15章（国民の義務）には、登載基準を満たすフル問題がありません。〛

CORE TRAINING

□□□　憲法第26条第２項は保護する子女に普通教育を受けさせる国民の義務を定めているが、これは子どもが普通教育を受ける義務を負うことも意味するから、宗教上の信念に基づき授業内容の一部を受講しないと、子どもが同項違反の責任を問われる。H27-10-ア、H24-11-ア

➡ 教育の義務は子供自身に教育を受ける義務を負わせるものではない　1 ❶　×

□□□　憲法第26条第２項は、保護する子女に普通教育を受けさせる国民の義務を定めている。この点、親権者には教育の自由があるから、子女に普通教育を受けさせない親権者に対し、法律に制裁規定を設けることはできない。R1-10-ア

➡ 普通教育を受けさせる義務（教基５Ⅰ、学教16、17）の違反に対しては制裁規定が設けられている（同144）　1 ❷　×

CORE PLUS

1 教育の義務

❶ 意義	「すべて国民は、法律の定めるところにより、その保護する子女に普通教育を受けさせる義務を負ふ」（26Ⅱ前段） →26条１項の教育を受ける権利を実質化させるためのものであり、子供自身に教育を受ける義務を負わせるものではない H27-10-ア、H24-11-ア
❷ 内容	教育基本法や学校教育法により具体化されている ○保護者（子に対する親権者又は後見人）は、その子に普通教育を受けさせる義務を負う（教基５Ⅰ、学教16、17） ○学校教育法17条は普通教育の内容を小学校、中学校で行う教育であるとしている ○保護者の就学義務違反に対しては、制裁規定が設けられている（学教144） R1-10-ア

CORE TRAINING

□□□　憲法第27条第１項は、勤労の義務を定めている。このため、国は、憲法第18条によって禁止されている「その意に反する苦役」に当たらない程度のものであれば、法律の定めによって刑罰をもって国民に勤労を強制することができる。 R1-10-イ、H24-11-イ

➡ 2 ❶　×

□□□　憲法第27条第１項は国民の勤労義務を定めるが、これを道徳的な訓示規定と解すると、勤労の能力ある者がその機会があるのに勤労しない場合に生活保護を受給できないとする制度を設けることは、同項の訓示規定としての性格に反し憲法上許されないこととなる。 H27-10-イ

➡ 2 ❶　×

□□□　憲法第30条は、納税の義務を定めている。この規定は、国政の運営に必要な財政を支えるための国民としての当然の義務を確認したものにすぎず、法律の定めなくして具体的な納税義務を国民に課すことはできない。 R1-10-ウ、H27-10-ウ、H24-11-ウ

➡ 2 ❷　○

CORE PLUS

2 勤労の義務・納税の義務

❶ 勤労の義務	○「すべて国民は、勤労の……義務を負ふ」(27 Ⅰ後段) →勤労の能力や機会を持つ者は、自らの勤労によって自らの生活を維持する義務を負うというものにすぎず、勤労を強制することの法的根拠にはならない R1-10-イ、H24-11-イ ○ 27条１項を道徳的な訓示規定と解したとしても、働く能力があるのに働かない者には生存権の保障が及ばない等の不利益な扱いを受けても仕方がないという意味が含まれていると解される H27-10-イ
❷ 納税の義務	「国民は、法律の定めるところにより、納税の義務を負ふ」(30) →租税法律主義(84)を義務の面から確認 H24-11-ウ 課税自体が憲法の人権規定に抵触するものではないことを確認的に規定したにすぎず、国民に具体的・個別的な納税義務を強制するものではない R1-10-ウ、H27-10-ウ

3 近年の重要判例・裁判例

判　例	ポイント
令和元年参議院選挙と「一票の較差」（最大判令2.11.18令3重判1事件）	○平成30年改正により、平成27年改正による4県2合区を維持したまま、埼玉県選挙区を2人増員することを内容として較差の是正を図った結果、平成27年改正により5倍前後から約3倍に縮小した選挙区間の較差は2.99倍に縮小した ○本件選挙当時、平成30年改正後の本件議員定数配分規定の下での選挙区間における投票価値の不均衡は、違憲の問題が生ずる程度の著しい不平等状態にあったものとはいえず、憲法14条1項等に違反するに至っていたということはできない
平成29年衆議院選挙と「一票の較差」（最大判平30.12.19）	○0増6減及びこれを踏まえた選挙区割りの改定を内容とする公職選挙法の改正がなされ、選挙当日の選挙人数の最大較差は1対1.97に縮小された ○平成27年大法廷判決が平成26年選挙当時の選挙区割りについて判示した憲法の投票価値の平等の要求に反する状態は解消されたものと評価できる。したがって、本件選挙当時において、本件区割り規定の定める本件選挙区割りは、憲法の投票価値の平等の要求に反する状態にあったということはできず、本件区割規定は14条1項等に違反しない
検索エンジンサービスとプライバシーの法的保護（最決平29.1.31百選Ⅰ63事件）	○検索エンジンサービスでは、情報の収集、整理及び提供はプログラムにより自動的に行うものの、このようなプログラムは検索結果の提供に関する検索事業者の方針に沿った結果を得ることができるように作成されたものであるから、検索結果の提供は検索事業者自身による表現行為としての側面を持つ ○検索事業者が、ある者に関する条件による検索の求めに応じ、その者のプライバシーに属する事実を含む記事等が掲載されたウェブサイトのURL等情報を検索結果の一部として提供する行為が違法となるか否かは、当該事実の性質及び内容、当該URL等情報が提供されることによってその者のプライバシーに属する事実が伝達される範囲とその者が被る具体的被害の程度等を総合考慮し決定される ○当該事実を公表されない法的利益が優越することが明らかな場合には、検索事業者に対し、当該URL等情報を検索結果から削除することを求めることができる ○原審、原原審は、「忘れられる権利」に言及したが、本決定はこの点に関して何ら言及しなかった
夫婦同氏制を定める民法750条の合憲性（最大判平27.12.16百選Ⅰ29事件）＊	○氏名は、社会的にみれば、個人を他人から識別し特定する機能を有するものであるが、同時に、その個人からみれば、人が個人として尊重される基礎であり、その個人の人格の象徴であって、人格権の一内容を構成する ○しかし、具体的な法制度を離れて、氏が変更されること自体を捉えて直ちに人格権を侵害し、違憲であるか否かを論ずることは相当ではない ○現行の法制度の下における氏の性質等に鑑みると、婚姻の際に「氏の変更を強制されない自由」が憲法上の権利として保障される人格権の一内容であるとはいえない ○婚姻により氏を改める者は、氏を改めることにより、いわゆるアイデンティティの喪失感を抱くなど、様々な不利益を受けることがあるが、通称使用が近時社会的に広まっていることは、この不利益を一定程度緩和することにつながる
性同一性障害者特定法における非婚要件（最決令2.3.11令2重判1事件）	「現に婚姻をしていないこと」を求める性同一性障害者の性別の取扱いの特例に関する法律3条1項2号の規定は、現に婚姻をしている者について性別の取扱いの変更を認めた場合、異性間においてのみ認められている現在の婚姻秩序に混乱を生じさせかねない等の配慮に基づくものとして、合理性を欠くものとはいえないから、国会の裁量権の範囲内を逸脱するものということはできず、憲法13条、14条1項、24条に違反するものとはいえない

＊　判例（最大決令和3.6.23令3重判10事件）は、平成27年大法廷判決を引用し、民法750条の規定が憲法24条に違反するものではないこと、上記規定を受けて夫婦が称する氏を婚姻届の必要的記載事項と定めた戸籍法74条1号の規定もまた憲法24条に違反するものでないことは、平成27年大法廷判決の趣旨に徴し明らかであるとしている。

再婚禁止期間を定める民法733条（平成28年改正前）の合憲性 （最大判平27. 12. 16百選Ⅰ28事件）	○最判平成７年12月５日は、女性の再婚禁止期間の合憲性につき、民法733条の元来の立法趣旨が、父性の推定の重複を回避し、父子関係をめぐる紛争の発生を未然に防ぐことにあると解されている以上、国会が民法733条を改廃しないことが直ちに憲法14条１項に違反するものとはならないとしていた ○しかし、前掲最大判平27年は、今日において、医療や科学技術の発達によって、再婚禁止期間を厳密に父性の指定が重複することを回避するための期間（100日）に限定せず、一定の期間の幅（６か月）を設けることを正当化することは困難になったと言わざるを得ず、立法目的との関連において合理性を欠くものになっているとした ○なお、令和６年４月１日に施行される令和４年法律第102号の改正により、733条は削除される
大阪市ヘイトスピーチ対処条例の合憲性 （最判令４．２．15令４重判８事件）	ヘイトスピーチの抑止を図るという大阪市ヘイトスピーチへの対処に関する条例２条、５条から10条までは、同条例が規定するヘイトスピーチの抑止を図る目的が合理的であり正当なものということができ、表現の拡散防止措置等による表現の自由の制限は合理的で必要やむを得ない限度にとどまり、拡散防止措置等をとるための要件が不明確であり、過度に広汎な規制ということもできないから、憲法21条１項に違反するものとはいえない
性別変更の審判の要件として「生殖腺がないこと又は生殖腺の機能を永続的に欠く状態にあること」を求める性同一性障害者の性別の取扱いの特例に関する法律３条１項４号の合憲性 （最大判令５．10．25）	○自己の意思に反して身体への侵襲を受けない自由が、人格的生存に関わる重要な権利として、憲法13条によって保障されていることは明らかである ○本件規定による身体への侵襲を受けない自由に対する制約は、性同一性障害者に対し、身体への侵襲を受けない自由を放棄して強度な身体的侵襲である生殖腺除去手術を受けることを甘受するか、または性自認に従った法令上の性別の取扱いを受けるという重要な法的利益を放棄して性別変更審判を受けることを断念するかという過酷な二者択一を迫るもので、生殖能力の喪失を法令上の性別の取扱いを変更するための要件としない国が増加していることも考慮すると、制約の程度は重大である ○本件規定は、現時点において、その必要性が低減しており、制約の程度が重大なものとなっていることなどを総合的に較量すれば、必要かつ合理的なものということはできず、13条に違反する
同性婚を認めていない民法及び戸籍法の規定の合憲性 （札幌地判令３.３.17令３重判５事件）＊	○婚姻は、これにより、配偶者の相続権（民890条）や夫婦間の子が嫡出子となること（民772条１項等）などの重要な法律上の効果が与えられるものとされているほか、近年家族等に関する国民の意識の多様化が指摘されつつも、国民のなかにはなお法律婚を尊重する意識が幅広く浸透していると考えられることも併せ考慮すると、婚姻をするについての自由は憲法24条１項の規定の趣旨に照らし、十分尊重に値する ○24条１項の「婚姻」とは異性婚のことをいい、婚姻をするについての自由も、異性婚について及ぶものと解するのが相当である。本件規定が同性婚を認めていないことが、同項及び同条２項に違反すると解することはできない ○24条２項は、婚姻及び家族に関する事項について、具体的な制度の構築を第１次的には国会の合理的な立法裁量に委ねたと解される。その趣旨を踏まえて解釈するのであれば、包括的な人権規定である13条によって、同性間の婚姻及び家族に関する特定の制度を求める権利が保障されていると解するのは困難である ○同性愛者に対し、婚姻によって生じる法的効果の一部ですらも享受する法的手段を提供しないとしていることは、立法府の裁量権の範囲を超えたものであるといわざるを得ず、本件区別取扱いは、その限度で合理的根拠を欠く差別取扱いに当たると解さざるを得ない。したがって、本件規定は、上記の限度で14条１項に違反する

＊　なお、第213回国会において、同性婚を法制化するための民法改正法案が審議されている。

第3編

統治機構

No. 054

政　党

R4-14

□　月　日
□　月　日
□　月　日

政党に関する次のアからウまでの各記述について、ｂの見解がａの見解の根拠となっている場合には１を、そうでない場合には２を選びなさい。

□□□　ア．ａ．政治資金の授受の規正その他の措置を講ずることを定めた政治資金規正法は、会社が政党及び政治資金団体に対して政治活動に関する寄附をすることを、一定の限度で認めている。

ｂ．政党は、議会制民主主義を支える不可欠の要素であり、かつ、国民の政治意思を形成する最も有力な媒体であるから、その健全な発展に協力することは、会社にとって当然の行為として期待される。

□□□　イ．ａ．国が政党に対し政党交付金による助成を行うことを定めた政党助成法は、政党に対する政党交付金の交付に当たっては、条件を付し、又はその使途について制限してはならないとしている。

ｂ．政党が議会制民主主義を支える不可欠の要素であることからすると、その結社としての活動の自由が制約されることはやむを得ない。

□□□　ウ．ａ．公職選挙法は、所属議員、直近の選挙における得票又は当該選挙における候補者に照らし一定以上の規模を有する政党のみに、衆議院及び参議院の比例代表選出議員の選挙に参加することを認めている。

ｂ．その所属する政党の規模の大小により、選挙への参加機会が均等でないことは、信条又は社会的身分による差別に当たる疑いがある。

No. 054　**正解　ア１、イ２、ウ２**　文章を注意深く読むことで判断できる問題であるから、本問を通して考え方を身に付けよう。　正答率 92.3%

ア　根拠となっている。

ａの見解は、政治資金規正法が、会社が政党及び政治資金団体に対して政治活動に関する寄附をすることを一定の限度で認めているとするものである。そして、ｂの見解は、判例（最大判昭45.６.24百選Ⅰ８事件、八幡製鉄政治献金事件）の見解であり、政党は議会制民主主義を支える不可欠の要素であり、かつ、国民の政治意思を形成する最も有力な媒体であるから、その健全な発展に協力することは、会社に対しても、社会的実在としての当然の行為として期待されるとするものである。会社に対して、政党の健全な発展に協力をすることが期待されるのであれば、会社が政党及び政治資金団体に対して政治活動に関する寄付をすることも一定の限度で認めることができるといえるから、ｂの見解は、ａの見解の根拠となっているといえる。

イ　根拠となっていない。

ａの見解は、国が政党に対し政党交付金による助成を行うことを定めた政党助成法は、政党に対する政党交付金の交付に当たっては、条件を付し、またはその使途について制限してはならないとしているが（同法４条１項）、これは、政党間の平等や政党の自主性を重んじる考え方である。一方、ｂの見解は、政党が議会制民主主義を支える不可欠の要素であることからすると、その結社としての活動の自由が制約されることはやむを得ないとするものであり、民主主義の実現のために政党に対して制約をすることは許されるとする考え方であるから、ａの見解の根拠となっているとはいえない。

ウ　根拠となっていない。

ａの見解は、公職選挙法は、所属議員、直近の選挙における得票又は当該選挙における候補者に照らし一定以上の規模を有する政党のみに、衆議院及び参議院の比例代表選出議員の選挙に参加することを認めているとするものである。政党の規模の大小によって、比例代表選出議員の選挙に参加することができるか左右されるから、選挙への参加機会が均等でなくなることになる。ｂの見解は、その所属する政党の規模の大小により、選挙への参加機会が均等でないことは、信条又は社会的身分による差別に当たる疑いがあるとするものであるから、ａの見解への批判であって、根拠となっているとはいえない。

文献　試験対策講座419～423頁。判例シリーズ５事件

No. 055　論　**政　党**　H22-15

□　月　日
□　月　日
□　月　日

政党に関する次のアからウまでの各記述について、それぞれ正しい場合には1を、誤っている場合には2を選びなさい。

□□□ ア．日本国憲法には政党にかかわる明文規定はないが、結社の自由が保障され、議院内閣制が採用されていることからすれば、憲法は、国民と議会をつなぐ、言わばパイプ役として、政党の存在を当然予想している。

□□□ イ．憲法第51条は、国会議員の職務の遂行の自由を保障することを目的として、議員の発言の免責特権を定めている。したがって、議員が所属する政党が、議員の院内での表決等を理由に除名処分を行うことは違憲である。

□□□ ウ．名簿式比例代表制という選挙方法は、政党が作成した候補者名簿に有権者が投票するので、憲法が保障する直接選挙の原則に反するか否か問題となるが、最高裁判所は、選挙人の総意により当選人が決定される点において、直接選挙の原則に反しないと判示した。

No. 055　正解 **ア1、イ2、ウ1**　政党については短答式試験で頻出である。関連する判例をまとめておこう。　正答率 93.0%

ア　正しい。

判例（八幡製鉄政治献金事件）は、「憲法は政党について規定するところがなく、これに特別の地位を与えてはいないのであるが、**憲法の定める議会制民主主義は政党を無視しては到底その円滑な運用を期待することはできないのであるから、憲法は、政党の存在を当然に予定している**ものというべきであり、**政党は議会制民主主義を支える不可欠の要素**なのである。そして同時に、政党は国民の政治意思を形成する最も有力な媒体である」としている。また、通説は、政党は、政治的な団体であるから、21条1項における「結社」に当たり、結社の自由が保障されるとしている。

イ　誤り。

51条は、「両議院の議員は、議院で行つた演説、討論又は表決について、院外で責任を問はれない」と定めている。この規定の趣旨は、**議員の職務の執行の自由を保障すること**にあるから、特権の保障は「演説、討論又は表決」の形式にとどまらず、議員の活動として職務上行った行為に及ぶ。したがって、前段は正しい。しかし、免責の対象は「院外」の責任とされており、実質的にも、一般国民が負うべき法的責任、すなわち、刑事上、民事上の責任さえ免れれば職務執行の自由は失われない。むしろ、所属政党や選挙人等が政治的・道義的責任を追及することができなければ、国民の政治意思が実現されない。そして、除名処分は政治的・道義的責任を追及するものであるから、所属政党が議員の院内での表決等を理由に除名処分を行うことは許される。したがって、後段は誤りである。

ウ　正しい。

直接選挙は、選挙人が直接に代表者を選出することであり、投票結果と代表者の選出の間に選挙人以外の者の意思が介入することを禁ずる。名簿式比例代表制は、選挙人が投票の際に候補者個人の名前のみを記入した場合であっても、その投票から生ずる効果を第一義的に名簿届出政党等に帰属させるものであるから、選挙人の投票意思が端的に結果へ反映されていないのではないかとも思われる。しかし、判例は、「国会が、……政党を媒体として国民の政治意思を国政に反映させる名簿式比例代表制を採用することは、その裁量の範囲に属することが明らかであるといわなければならない。そして、名簿式比例代表制は、政党の選択という意味を持たない投票を認めない制度であるから、本件非拘束名簿式比例代表制の下において、参議院名簿登載者個人には投票したいが、その者の所属する参議院名簿届出政党等には投票したくないという投票意思が認められないことをもって、国民の選挙権を侵害し、憲法15条に違反するものとまでいうことはできない」としている（最大判平16.1.14百選Ⅱ154①事件）。さらに、前掲最大判平16年は、「投票の結果すなわち選挙人の総意により当選人が決定される点において、選挙人が候補者個人を直接選択して投票する方式と異なるところはない。……当選人の決定に選挙人以外の者の意思が介在するものではないから、……名簿式比例代表制による比例代表選挙が直接選挙に当たらないということはできず、憲法43条1項に違反するとはいえない」としている。

文献 試験対策講座373、374、419、420、460、463～466頁。判例シリーズ5事件

CORE TRAINING

□□□ 選挙運動の規律は、選挙制度の仕組みの一部をなすものとして、国会が裁量により定めることができる。衆議院の小選挙区選挙において、候補者以外に候補者届出政党にも独自の選挙運動が認められているのは、選挙制度を政策本位、政党本位にするという正当な政策的目的によるものといえる。 予H24-8-ア

➡ 最大判平19.6.13。憲法上規定はないが、政党は議会制民主主義を支える不可欠の要素であって、選挙制度を政策本位、政党本位のものとすることは国会の裁量の範囲に属する

○

□□□ 衆議院の小選挙区選挙について、候補者届出政党にのみ政見放送を認め、候補者を含むそれ以外の者には政見放送を認めないものとする公職選挙法の規定は、選挙運動をする上で、候補者届出政党に所属する候補者とこれに所属しない候補者との間に単なる程度の違いを超える差異を設ける結果となり、国会に与えられた合理的裁量の限界を超えるものであるから、憲法第14条第1項に違反する。 R3-12-ウ

➡ 最大判平23.3.23。候補者届出政党に政見放送を認める公職選挙法の規定は、その差異が合理性を有するとは考えられない程度に達しているとはいえず、国会の合理的裁量の範囲内である

×

CORE PLUS

1 権力分立の変容

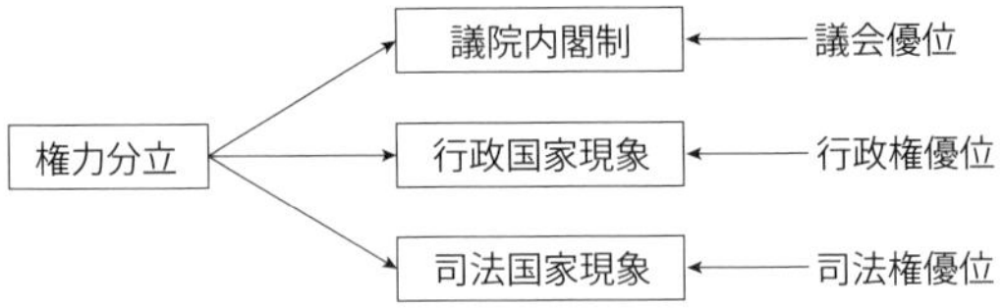

2 三権と国民との関係

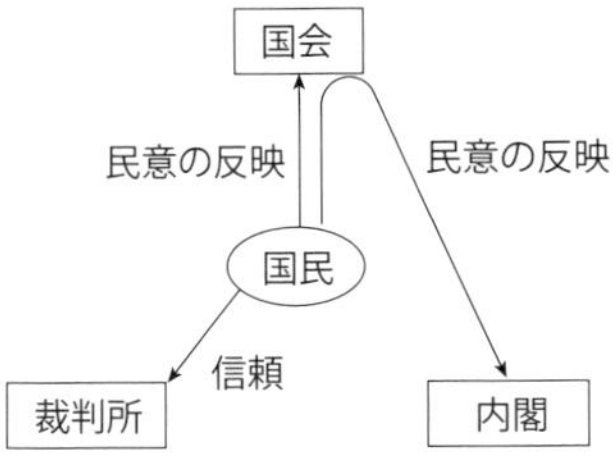

No. 056

政党届出議員の離党等と憲法43条1項

予H27-8

□ 月 日
□ 月 日
□ 月 日

政党名簿によって選出された議員が、後になって除名や離党あるいは党籍変更等により当該政党に所属しなくなった場合に関する次のアからウまでの各記述について、それぞれ正しい場合には１を、誤っている場合には２を選びなさい。

□□□ ア．政党を基礎にその得票数に比例して議席配分を行う比例選挙が政党中心の選挙であることを重視する立場では、当選人として議員の身分を取得した時の党籍を失った場合に議員資格を失わせる制度を設けることは、憲法違反である。

□□□ イ．政党中心の選挙である比例選挙で選ばれた議員であっても、憲法第43条第１項にいう全国民の代表であると解する立場では、党の方針に従わない議員がその党を除名された場合に議員資格を失わせる制度を設けることは、憲法違反である。

□□□ ウ．比例選挙が政党中心の選挙であることと憲法第43条第１項の全国民の代表という文言を共に重視する立場では、党の方針に従わない議員を除名しても議員資格を失わせない制度を設けることは、憲法違反である。

No. 056　正解　ア２、イ１、ウ２

43条１項の解釈及び各説からの帰結を整理して理解し、記憶しよう。

正答率 89.5%

ア　誤り。

政党を基礎にその得票数に比例して議席配分を行う比例選挙が政党中心の選挙であることを重視する立場は、43条１項の「全国民を代表する」という規定との関係でいえば、議員は当選時の党籍を有しているからこそ、同項の「全国民を代表する」といえると考えている。そのため、当選時の党籍を失った議員は、もはや同項の「全国民を代表する」といえず、議員資格を失うことになる。したがって、議員が当選人として議員の身分を取得した時の党籍を失った場合に議員資格を失わせる制度を設けることは、同項に適合する制度であり、憲法違反とはいえない。

イ　正しい。

政党中心の選挙である比例選挙で選ばれた議員であっても43条１項にいう全国民の代表であると解する立場は、比例代表制度もあくまで議員の選出方法のひとつにすぎないとして、議員として一度選挙された以上、議員はすべて「全国民を代表する」ものと考えている。そのため、この立場によると、議員が後にその党籍を失ったとしても同項の「議員」たる身分に変動は生じないことになる。したがって、党の方針に従わない議員がその党を除名された場合に議員資格を失わせる制度を設けることは、自由委任の原則に反し、同項に違反する。

ウ　誤り。

比例選挙が政党中心の選挙であることと43条１項の全国民の代表という文言を共に重視する立場は、政党に託した国民の意思と議員個人の自由意思の調和を図ろうとするものといえる。この立場からは、党の方針に従わない議員を除名した場合にその者の議員資格を失わせる制度を設けることは、政党と議員の間に一種の命令服従関係を認める点で、議員個人の自由意思の否定にもつながるものであり、議員は全国民の代表であるとする同項との関係で問題が生じ得る。これに対して、党の方針に従わない議員を除名しても、その者の議員資格を失わせない制度を設けることは、政党に託した国民の意思と議員個人の自由意思の調和を図ろうとするものといえ、直ちに憲法違反であるということにはならない。

文献　試験対策講座430～432頁

No. 057

衆議院の優越

H24-15

□ 月 日
□ 月 日
□ 月 日

衆議院の優越に関する次のアからウまでの各記述について、それぞれ正しい場合には1を、誤っている場合には2を選びなさい。

□□□ ア．衆議院と参議院を比較すると、衆議院の方が議員の任期が短く、また解散により必要な場合には民意を問える地位にある点で、相対的に見て、その時々の民意をより反映しているといえることが衆議院優越の根拠であると解される。

□□□ イ．衆議院が可決した法律案を参議院が可決しなかった場合には、衆議院が出席議員の3分の2以上の多数で再び可決して法律として成立させることができるが、衆議院の再議決の前には両院協議会を開くことが憲法上求められている。

□□□ ウ．憲法は条約について、内閣が締結権を有するとしながらも、国会による承認を経ることを求めている。その際には、案件を先に衆議院に提出しなければならず、また議決についても、法律案の場合よりも衆議院の強い優越性が認められている。

No. 057 **正解 ア1、イ2、ウ2**

衆議院の優越の根拠と具体的内容につき、基本書等で確認をしておこう。

正答率 80.4%

ア　正しい。

参議院議員の任期が6年であるのに対し（46条）、衆議院議員の任期は4年である（45条本文）。また、衆議院にのみ解散制度が存在する（7条3号、45条ただし書、69条）。このように**衆議院の方が参議院と比べて任期が短く、解散制度の存在**によって**任期短縮の可能性がある**ため、その時々の民意をより反映しているといえることが**衆議院優越の根拠**であるとされている。

イ　誤り。

59条2項は、「衆議院で可決し、参議院でこれと異なつた議決をした法律案は、衆議院で出席議員の3分の2以上の多数で再び可決したときは、法律となる」と規定している。したがって、前段は正しい。もっとも、同条3項は、「前項の規定は、法律の定めるところにより、衆議院が、両議院の協議会を開くことを求めることを妨げない」と規定しており、衆議院の再議決の前に両院協議会を開くことが憲法上求められているわけではない。

ウ　誤り。

73条3号本文は、内閣の職務として、条約の締結を規定している。そして、締結に際しては、「事前に、時宜によつては事後に、国会の承認を経ることを必要とする」と規定し、国会の承認を経ることを求めている（同号ただし書）。したがって、前段は正しい。また、61条は、「条約の締結に必要な国会の承認については、前条第2項の規定を準用する」と規定し、60条2項の予算についての衆議院の優越の規定を準用している。したがって、後段のうち、議決について、法律案の場合よりも衆議院の強い優越性が認められているとする部分は正しい。もっとも、61条は、60条1項の「予算は、さきに衆議院に提出しなければならない」という規定を準用していない。したがって、後段のうち、案件を先に衆議院に提出しなければならないとする部分は誤りである。

文献　試験対策講座451～455頁

No. 058

選挙制度

H24-13

□　月　日
□　月　日
□　月　日

選挙制度に関する次のアからウまでの各記述について、それぞれ正しい場合には1を、誤っている場合には2を選びなさい。

□□□ ア．小選挙区制の下では、二大政党化への傾向が生じ、そのいずれかの政党が議会の過半数を占め、政権が安定する可能性が高くなる。他方で、議席に反映されない死票が多くなり、国民の間に存在する少数者の意思が議会に反映されにくくなる。

□□□ イ．比例代表制の下では、死票が比較的少なく、有権者の様々な意思が議会に反映されやすくなる。他方で、一つの政党が議会の過半数を占めることが相対的に困難となり、小党分立を招き、政権が不安定になるおそれがある。

□□□ ウ．いわゆる中選挙区制の下では、一つの政党が議会の過半数を占め、政権が安定する可能性が高くなる。他方で、同一政党から複数の候補者が同一選挙区に立候補する結果、小選挙区制と比べて死票が生ずる確率が高くなる。

No. 058 正解 ア１、イ１、ウ２

選挙制度に関して、基本書等で制度の特徴などをおおまかにおさえておこう。

正答率 83.8%

ア　正しい。

各選挙区から１人の議員を選出する制度である**小選挙区制**の下では、小党乱立を防ぐことができ、二**大政党化**への傾向が生じる。そして、そのいずれかの政党が議会の過半数を占めることにより、政権が安定する可能性が高くなるといえる。したがって、前段は正しい。他方、小選挙区制の下では、多数派が議席を独占することから議席に反映されない**死票が多く**なり、国民の間に存在する少数者の意思が議会に反映されにくくなるといえる。したがって、後段も正しい。

イ　正しい。

各党派の得票数に応じて議席を割り当てる制度である**比例代表制**の下では、**死票が比較的少な**く、議会に国民の多様性がより反映されるため、**有権者の様々な意思が議会に正確に反映されやすくなる**といえる。したがって、前段は正しい。他方、比例代表制の下では、群小政党が議会に進出し、１つの政党が議会の過半数を占めることが相対的に困難となり、小党分立を招き、**政権が不安定になるおそれ**があるといえる。したがって、後段も正しい。

ウ　誤り。

各選挙区より３人から５人の議員を選出する制度である中選挙区制は、大選挙区制の一種とされるものである。そして、大選挙区制の下では、小党分立を招き、政権が不安定になるおそれがある。これに対し、１つの政党が議会の過半数を占め、政権が安定する可能性が高くなるのは小選挙区制による場合である。したがって、前段は誤りである。他方、大選挙区制の下では、死票は少なくなるとされており、小選挙区制と比べて死票が生ずる確率は高くならない。したがって、後段も誤りである。

文献　試験対策講座458、459頁

No. 059

国会議員の地位と権能

H18-17

□ 月 日
□ 月 日
□ 月 日

国会議員の地位と権能に関する次のアからオまでの各記述について、誤っているもの二つの組合せを、後記１から10までの中から選びなさい。

□□□ ア．比例代表選挙において選出された国会議員も全国民の代表であるが、国会法は、比例代表選出議員が、選出された選挙における他の名簿届出政党に所属する者になったときは退職者となると規定している。

□□□ イ．憲法第50条は、両議院の議員は「法律の定める場合を除いては」国会の会期中逮捕されないと定めており、それを受けて、国会法は、議員が国会の会期中に逮捕され得る場合として、院外における現行犯の場合とその院の許諾のある場合を挙げている。

□□□ ウ．憲法第51条は、国会議員が「議院で行った演説、討論又は表決について、院外で責任を問はれない」と定めているので、議員が所属する政党が、議員の院内での表決などを理由に除名処分を行うことは憲法上許されないが、政党の除名処分が司法審査の対象とならないため、実際にはそうした憲法第51条違反の除名処分に法的統制が及ばないことになっている。

□□□ エ．最高裁判所は、議員が院内での質疑等によって個人の名誉を低下させる発言をしたとしても、国会議員がその付与された権限の趣旨に明らかに背いてこれを行使したものと認め得るような特別の事情がある場合に限り、国家賠償法第１条第１項にいう違法な行為があったとして国の損害賠償責任が認められると判示した。

□□□ オ．国会が国の唯一の立法機関である以上、議員は当然に法案をその所属する議院に提出することができるが、この議員の法案提出につき一定の人数の賛同を得ていることを要求するなどして制限を加えることは憲法上許されないのであって、実際、国会法には議員による法案提出を制限する規定はない。

１．アとイ　　２．アとウ　　３．アとエ　　４．アとオ　　５．イとウ
６．イとエ　　７．イとオ　　８．ウとエ　　９．ウとオ　　10．エとオ

No. 059　**正解　9**　憲法上の制度に関連する法令等の知識は、問題演習を通じて、その都度ストックしていこう。　正答率 80%以上

ア　正しい。

43条1項にいう「全国民を代表する」とは、第1に、どのような選挙方法で選ばれようとも、議員はすべての国民を代表する者であり、全国民のために活動することが要請されていること、第2に、選挙区民が求める個々の具体的な指示に議員は拘束されず、自らの良心に基づいて自由に意見を表明し、表決を行う権利を有することを意味する（政治的代表説）ため、前段は正しい。また、国会法109条の2は、衆議院及び参議院の比例代表選出議員が、議員となった日以後に選出された選挙における他の名簿届出政党に所属する者になったときは退職者となると規定している。したがって、後段も正しい。

イ　正しい。

憲法50条は、「両議院の議員は、法律の定める場合を除いては、国会の会期中逮捕され」ないとし、これを受けて国会法33条は、「各議院の議員は、院外における現行犯罪の場合を除いては、会期中その院の許諾がなければ逮捕されない」と規定している。

ウ　誤り。

憲法51条にいう「責任」とは、一般市民であれば負うべき民事上・刑事上の責任、及び議員が公務員等を兼職している場合における公務員の懲戒責任等をいい、所属政党等が議員の議院内活動について政治的・道義的責任を追及することは自由である。したがって、前段は誤っている。また、判例は、「**処分が一般市民としての権利利益を侵害する場合であっても**、右処分の当否は、当該政党の自律的に定めた規範が公序良俗に反するなどの特段の事情のない限り右規範に照らし、右規範を有しないときは条理に基づき、**適正な手続に則ってされたか否かによって決すべき**」としている（最判昭63.12.20百選Ⅱ183事件、共産党袴田事件）。政党の除名処分は、一般市民としての権利利益を侵害する場合であるから、適正な手続であったか否かという点については法的統制が及ぶ。したがって、後段も誤っている。

エ　正しい。

判例は、国会議員が国会で行った質疑等において、国家賠償法1条1項により国の損害賠償責任が肯定されるのは、「当該国会議員が、その職務とはかかわりなく違法又は不当な目的をもって事実を摘示し、あるいは、虚偽であることを知りながらあえてその事実を摘示するなど、国会議員がその付与された権限の趣旨に明らかに背いてこれを行使したものと認め得るような特別の事情がある」場合に限るとしている（最判平9.9.9百選Ⅱ170事件）。

オ　誤り。

国会が唯一の立法機関である以上（憲41条後段）、国会議員が法案の発議権を持つことは当然であるため、前段は正しい。発議は、各議院の自律権の一環として各議院が決定でき、法案提出に制限を加えることは憲法上許されないわけではない。国会法56条1項は、議員が議案を発議するには、衆議院で議員20人以上、参議院で議員10人以上の賛成を要し、予算を伴う法律案を発議するには、衆議院で議員50人以上、参議院で議員20人以上の賛成を要するとしている。したがって、後段は誤っている。

文献　試験対策講座425～427、430～432、461、465、466、536～538頁。判例シリーズ85、92事件

No. 060

論

議員の特権

予H26-10

□ 月 日
□ 月 日
□ 月 日

憲法の定める国会議員の特権に関する次のアからウまでの各記述について、正しいものには○、誤っているものには×を付した場合の組合せを、後記1から8までの中から選びなさい。

□□□ ア．不逮捕特権を定める目的が議院の審議権の確保にあるとする見解に立つと、国会議員に対する逮捕請求の理由が正当であっても、議院は、議員の逮捕を許諾しないことができる。

□□□ イ．免責特権を定める目的が議員の職務執行の自由の保障にあるとする見解に立つと、地方公聴会における行為まで免責の対象とならない。

□□□ ウ．免責特権の趣旨は、議院内で行った発言を理由に院外で法的責任を問われないというものであり、その発言を理由に所属政党から除名されることはある。

1．ア○　イ○　ウ○　　2．ア○　イ○　ウ×　　3．ア○　イ×　ウ○
4．ア○　イ×　ウ×　　5．ア×　イ○　ウ○　　6．ア×　イ○　ウ×
7．ア×　イ×　ウ○　　8．ア×　イ×　ウ×

No. 060　正解 3　議員の特権（不逮捕特権、免責特権）を規定する条文の文言、その解釈に関する問題である。　正答率 82.9%

ア　正しい。

国会議員の不逮捕特権（50条）を定める目的については、政府の権力により議員の職務執行が妨げられないように**議員の身体の自由を保障すること**にあるとする見解（議員の身体的自由保障説）と、**議院の審議権を確保すること**にあるとする見解（議院の活動確保説）とがある。**前者**によれば、議員に対する**逮捕請求の理由が正当である場合**には議院はこれを**許諾しなければならない**。これに対し、**後者**によれば、議院の許諾の可否は逮捕請求を受けた議員の逮捕が議院の活動にとって妨げとなるか否かによることとなり、**逮捕請求の理由が正当であっても**議院は逮捕を**許諾しないことができる**。

イ　誤り。

国会議員の免責特権（51条）を定める目的は議員の職務執行（発言・表決）の自由を保障することにある。そして、免責特権の対象となる行為は、「議院で行つた演説、討論又は表決」である。ここにいう「議院で行つた」とは、**議員が議員としての職務として行った**という意味であるから、**免責特権の保障の対象**となる行為には、議員の国会本会議や委員会での行為に限られず、例えば、**地方公聴会における行為**も**含まれ得る**。

ウ　正しい。

国会議員の免責特権（51条）によって「責任を問はれない」とされる「責任」とは、一般国民ならば負うべき**民事及び刑事上の責任を指し、同特権はそれ以外の政治的・道義的責任を追及されないことまで保障する趣旨のものではない**。そのため、国会議員の議院内で行った発言を理由に、政治的・道義的責任の追及として当該国会議員が所属政党から除名されることはあり得る。

文献　試験対策講座461～466頁

No. 061

論 憲法と条約の効力関係

R1-19

□ 月 日
□ 月 日
□ 月 日

憲法と条約の効力関係に関する次のアからウまでの各記述について、それぞれ正しい場合には1を、誤っている場合には2を選びなさい。

□□□ ア．憲法優位説によれば、条約締結の機関と手続を定めた憲法の規定は、条約の形式的効力と関わりがないと考えることになる。

□□□ イ．条約優位説によれば、違憲審査権の対象に「条約」という文言がない憲法の規定は、憲法が条約との関係で必ずしも最高法規でないことを示していると考えることになる。

□□□ ウ．憲法優位説によれば、条約の承認手続と比べて憲法改正手続が厳格であることは、憲法が優位する効力を有する根拠となると考えることになる。

No. 061 **正解 ア２、イ１、ウ１**

憲法と条約の関係に関する学説は、本問の２つである。ここで、しっかり再確認しよう。

正答率 93.4%

ア　誤り。

憲法優位説は、条約が憲法に優位するとすれば、内容的に憲法に反する条約が締結された場合には、**法律よりも簡易な手続**によって成立する条約によって**憲法が改正される**こととなり、**国民主権及び硬性憲法の建前に反する**ことになると考える。それゆえ、この説を採る場合、そのような条約の効力は否定すべきこととなるため、条約締結機関（73条３号）と手続（61条）の規定は、条約の形式的効力と無関係でない。

イ　正しい。

条約優位説は、**81条には条約という文言が規定されていない**ため、条約が違憲審査の対象とされていないこと、**98条１項**も**条約という文言を規定しておらず**、憲法が条約との関係で最高法規でないことを示していることを根拠とする。

ウ　正しい。

憲法優位説は、憲法の改正には両議院の議決及び国民投票が必要とされるため、内閣による締結及び国会の承認で足りる条約が憲法に優位すると考えることはできないということを根拠のひとつとしている。

文献　試験対策講座474、475頁

No. 062 論 **条　約** R3-20

□ 月 日
□ 月 日
□ 月 日

条約に関する次のアからウまでの各記述について、それぞれ正しい場合には1を、誤っている場合には2を選びなさい。

□□□ ア．内閣が条約を締結するには国会の承認を経ることが憲法上必要であるとされる趣旨は、国会による政府の統制を確保することにあるから、国家間の合意の締結には、名称・内容のいかんを問わず、国会の承認が必要となる。

□□□ イ．憲法が条約に優位すると考える見解によっても、国際協調主義や、裁判所による違憲審査について定めた憲法第81条に条約が列挙されていないことなどを理由として、条約が裁判所の違憲審査の対象に含まれないと解することは可能である。

□□□ ウ．条約が裁判所の違憲審査の対象となると考える見解によれば、条約が裁判所によって違憲と判断された場合、その国内法上の効力は否定されるが、国際法上の効力まで当然に否定されるわけではない。

No. 062 正解 ア2、イ1、ウ1

憲法優位説と条約優位説の対立点をおさえよう。

正答率 89.6%

ア　誤り。

条約の締結には、「国会の承認」を経る必要があるが（73条3号ただし書）、既に有効に成立している条約を**執行するための細部の取り決め**や、条約の**委任に基づいて個別・具体的な問題についてなされる取り決め**（行政協定、交換公文等）は、それ自体ひとつの条約として取り扱われないから、**「国会の承認」などの成立手続を経ることなく**、内閣の外交関係の処理の権限（73条2号）の一環として処理される。

イ　正しい。

憲法が条約に優位すると考える見解（憲法優位説）の立場でも、条約は**81条の列挙事項から外されている**ことや、条約は**国家間の合意という特質**を持ち、しかも**極めて政治的な内容**を含むということなどを考慮して、条約は**違憲審査の対象に含まれない**と解することもできる。

ウ　正しい。

条約が裁判所の違憲審査の対象となると考える見解の立場でも、**条約の違憲審査は**その国内法的効力にかかわるものであって、その**国際法的効力に及ぶものではない**と解されている。

文献　試験対策講座474～478、623～625頁

CORE TRAINING

01　国会の地位

問題	参照	解答
□□□　憲法第43条１項の「全国民を代表する」とは、国会が民意を反映すべき機関であると同時に、国民代表機関であることも意味する。 H26-14-ア	➡ 1 ❷	○
□□□　各選挙区において選出された議員は、「全国民の代表」となるので、選挙区民から法的責任を問われることはない。 H26-14-イ	➡ 自由委任の原則 1 ❷	○
□□□　議員が実質的には政党の媒介によってのみ国民代表者となり得るとする見解に立つと、党議拘束の慣行は、議員が「全国民の代表」であることと矛盾抵触する。 H26-14-ウ	➡ 1 ※1	×
□□□　小選挙区選出の衆議院議員について、政党の方針に反したことを理由として除名された場合に議員の身分を当然喪失するとの制度を設けても、違憲とは解されない。 予H28-8-ウ	➡ 1 ※2	×

CORE PLUS

1「全国民を代表」（43 Ⅰ）の意味

❶ 法的代表（従来）	本来的に意思能力を欠く国民の代表機関たる国会の表明する意思が、国法上国民の意思とみなされるという法的意味
❷ 政治的代表（現在）	国民は代表機関を通じて行動し、代表機関は国民意思を反映するものとみなされるという趣旨での政治的な意味 ○議員は選挙方法にかかわらず、すべて等しく全国民の代表者であり、特定の選挙区、党派、団体等の代表者ではない H26-14-ア ○議員は選挙区の選挙民の具体的・個別的な指令に拘束されない表決の自由（自由委任の原則）を有する H26-14-イ
❸ 社会学的代表（現在）	議員の地位の国民意思による正当化が強調され、国民意思と代表者意思との事実上の類似をもって代表と呼ぶ社会学的代表の観念

※1　現代の政党国家においては、議員は所属政党の決定に従って行動することによって国民の代表者としての実質を発揮することができるから、党議拘束は自由委任の枠外の問題となる。 H26-14-ウ

※2　所属政党から除名されることにより議員としての資格を失わせることは、自由委任の原則に反する（なお、比例代表選出議員については、国会法109条の２、公職選挙法99条の２参照）。 予H28-8-ウ

CORE TRAINING

□□□　憲法は国会を国権の最高機関としているが、ここでの国権とは統治権を意味しており、国会は立法機関であるだけでなく、この意味での国権の発動全般を統括すべき地位にあるという見解がある。この見解は、憲法が定める権力分立制の下では、立法権の行使などを通じ国会が中心的な役割を果たす一方、内閣には衆議院の解散を決定する権限が、また裁判所には法律の憲法適合性を判断する権限が認められるなど、相互の抑制・均衡が図られているということを根拠とする。R5-11-ア	➡ 憲法が定める権力分立制の下では、国会・内閣・裁判所の相互の抑制・均衡が図られているとすれば、国会が国権の発動全般を統括すべき地位にあるとはいえない　2 ❶	×
□□□　憲法第41条の「国権の最高機関」につき、国政全般を統括する機関であるとの見解に立たないとしても、どの国家機関に帰属するのか不明確な権能については国会に属するものと推定することは可能である。R2-14-ア	➡ 2 ※	○
□□□　憲法第41条の「立法」につき、実質的意味の立法を意味するとの見解に立つと、国民の権利を直接に制限し、義務を課す法規範についてのみ法律で定めれば足り、行政各部の組織の根本部分について法律で定めてはならないこととなる。R2-14-イ	➡ 3 ❷	×
□□□　憲法第41条にいう「立法」を国民に義務を課しあるいは権利を制限する法規範の定立と解するならば、栄典はそれを授与された者に利益を与えるにすぎないから、栄典制度を政令で定めても明らかに違憲になるとはいえない。H21-14-イ	➡ 3 ❶	○

CORE PLUS

2 国権の最高機関

❶ 統括機関説	「最高機関」(41前段)を法的意味に解して、国会は国政全般を統括する機関であり、他の国家機関の活動を監視し批判する地位に立つとする R5-11-ア
❷ 政治的美称説	「最高機関」とは、国会は国民に直接選任され、立法権を始めとする重要な権能を憲法上与えられ、国政の中心的地位を占める機関であるということを強調する政治的美称であるとする

※　政治的美称説に立っても、国会の最高機関性から国民に属する権能のうち、国民自ら行使しないものについて、機関権限帰属不明のものを国会の権限と推定することはできる。R2-14-ア

3 実質的意味の立法

形式的意味の立法とは、内容のいかんを問わず、国会の議決により成立する、国法の一形式としての法律の制定をいう。実質的意味の立法とは、法規という特定の内容の法規範の定立をいう。そして、41条後段の「立法」を形式的意味の立法と解すると、同義反復となり、立法権を国会に属せしめたことの重要な意味が失われるから、同条後段の「立法」は実質的意味の立法と解されている。この実質的意味の立法の内容について以下の争いがある。

❶ 権利制限事項説	○伝統的な法規概念によって、国民の権利を制限し又は国民に義務を課す法規範の定立 ○栄典の授与は相手方に利益を与えるものであって、国民の権利を制限し、義務を課すものではないから法律で定めなくてよい H21-14-イ
❷ 一般的法規範説	○実質的意味の立法を広く捉え、国民の権利義務にかかわらない一般的・抽象的な法規範すべての定立 ○この立場によっても、国民の権利義務にかかわらない事項は任意的法律事項として法律で定めても政令で定めてもよい R2-14-イ

CORE TRAINING

□□□　「唯一の立法機関」の意味の一つは、国会中心立法の原則である。それは、形式的意味の立法が専ら国会で法律という形式で定められなければならないという原則である。H27-13-ア	➡ 4 ❶	×
□□□　国会中心立法の原則には例外がある。その例外は、憲法に特別の定めがある最高裁判所規則の制定だけである。H27-13-イ	➡ 4 ❶	×
□□□　国家公務員法102条1項は国家公務員に禁止される政治的行為の具体的定めを広く人事院規則に委任しているが、一般に公務員の政治的中立性を損うおそれのある政治的行為を禁じることは許されるのであり、同条同項はそのような行動類型の定めを委任するものであって、委任の限界は超えない。H20-2-イ	➡ 最大判昭49.11.6（猿払事件）4 ※	○
□□□　「唯一の立法機関」の意味の一つは、国会単独立法の原則である。それは、国会による立法は、国会以外の機関の参与を必要としないで成立するという原則である。H27-13-ウ	➡ 4 ❷	○
□□□　憲法には内閣に法律案の提出権を認める規定はないものの、憲法では議院内閣制が採用されていることや、内閣に法律案の提出権を認めたからといって当然に国会の議決権が拘束されるわけではないことは、法律で内閣に法律案の提出権を付与することが憲法上禁じられていないと解する根拠となり得る。R4-15-ウ、R2-14-ウ	➡ 4 ❷	○

CORE PLUS

4 「唯一」の立法機関（41後段）

❶ 国会中心立法の原則	○国会による立法以外の実質的意味の立法は、憲法の特別の定めがある場合を除いて許されないこと H27-13-ア ○憲法上の例外としては、議員規則（58 Ⅱ本文前段）、最高裁判所規則（77 Ⅰ）が挙げられる H27-13-イ
❷ 国会単独立法の原則	○国会による立法は、国会以外の機関の参与を必要としないで成立するということ H27-13-ウ ○国会以外の機関である内閣に法案提出権があると考えるのであれば、法律の発案は立法そのものではなく立法の契機を与える準備行為にすぎないと考えることとなる R4-15-ウ、R2-14-ウ

※　判例は、国家公務員法102条１項は、公務員の政治的中立性を損なうおそれのある行動類型に属する政治的行為を具体的に定めることを委任するもので、委任立法としての限界を超えないとしている（最大判昭49.11.6 百選Ⅰ12事件、猿払事件）。H20-2-イ

CORE TRAINING

02　国会の組織と活動

□□□　日本国憲法が二院制を採用したのは、異なる選挙制度や議員の任期が異なること等によって、多角的かつ長期的な視点からの民意を反映させ、衆議院と参議院との権限の抑制、均衡を図り、国政の運営の安定性、継続性を確保しようとしたものと解される。H27-12-ア	➡ 最大判平26.11.26	○
□□□　衆議院と参議院の関係について、日本国憲法は、衆議院に法律案及び予算の先議権を認めているが、法律案及び予算について両議院の意見が対立した場合には、両院協議会を開かなければならないとしている。H27-12-イ	➡ 59、60　6 ❷	×
□□□　条約の承認に関する衆議院の優越の程度は、法律案の議決、予算の議決のいずれの場合と比べても小さい。H30-15-ア	➡ 59Ⅱ、Ⅳ、61・60Ⅱ　6 ❷	×
□□□　条約の締結には国会の承認が必要であるが、衆議院が承認の議決をし、参議院でこれと異なった議決をした場合には、衆議院で出席議員の3分の2以上の多数で再び承認の議決をしたときは、衆議院の議決が国会の議決となる。R5-20-ウ	➡ 61・60Ⅱ　6 ❷	×
□□□　条約の締結に必要な国会の承認については、予算の場合と同様、衆議院の優越が認められており、両議院が異なる議決をした場合、衆議院で出席議員の3分の2以上の多数で再び可決したときは、条約が承認される。H28-20-イ	➡ 61・60Ⅱ　6 ❷	×
□□□　憲法改正の発議及び予備費支出の承諾については、議決において衆議院の優越はなく、両議院の議決は対等である。H30-15-ウ	➡ 96Ⅰ、87Ⅱ　6 ❶	○

CORE PLUS

5 両院の組織上の差異

	衆議院	参議院
任　期	4 年（解散あり）	6 年（解散なし、3年ごとに半数改選）
議員定数	小選挙区289人、比例代表176人	選挙区148人、比例代表100人
議員資格	満25歳以上	満30歳以上

6 衆議院の優越

❶ 優越事項

<table>
<tr><th colspan="2">衆議院が優越するもの</th><th rowspan="2">両院が対等なもの
H30-15-ウ</th></tr>
<tr><th>権限事項での優越</th><th>議決の効力での優越</th></tr>
<tr><td>○予算先議権（60 Ⅰ）
○内閣不信任決議権（69）</td><td>○法律案の議決（59 Ⅱ、Ⅳ）
○予算の議決（60 Ⅱ）
○条約承認の議決（61・60 Ⅱ）
○内閣総理大臣の指名（67 Ⅱ）</td><td>○皇室財産授受の議決（8）
○予備費の支出承諾（87 Ⅱ）
○決算の審査（90 Ⅰ）
○憲法改正の発議（96 Ⅰ）</td></tr>
</table>

❷ 優越の具体的内容　H30-15-ア

<table>
<tr><th></th><th>衆議院の先議権</th><th>議決しない日数要件</th><th>議決しない場合の効果</th><th>再議決</th><th>両院協議会</th></tr>
<tr><td>法律案（59）</td><td>な　し</td><td>60日</td><td>みなし否決</td><td>出席議員の3分の2以上</td><td>任意的
H27-12-イ</td></tr>
<tr><td>予算案（60）</td><td>あ　り</td><td rowspan="2">30日</td><td rowspan="3">衆議院の議決を国会の議決とする</td><td rowspan="3">不要
R5-20-ウ、H28-20-イ</td><td rowspan="3">必要的</td></tr>
<tr><td>条約（61）</td><td rowspan="2">な　し</td></tr>
<tr><td>内閣総理大臣指名（67）</td><td>10日</td></tr>
</table>

CORE TRAINING

□□□　立候補の自由が選挙権の自由な行使と表裏の関係にある重要な基本的人権であることからすると、選挙制度を政党本位のものとするという国会の裁量にも限界がある。こうしたことから、立候補の自由に配慮して、公職選挙法上、衆議院議員選挙における重複立候補者が所属する政治団体については、一定数以上の国会議員を有することを要するといった限定は課されていない。R5-12-ウ	➡ 最大判平11.11.10（百選Ⅱ152①事件、重複立候補・比例代表制・小選挙区制違憲訴訟）、公職選挙法86の2Ⅳ、Ⅰ参照	×
□□□　憲法は、政党について規定するところがないが、政党の存在を当然に予定しており、政党は、議会制民主主義を支える不可欠の要素であるから、国会が、参議院議員の選挙制度の仕組みを決めるに当たり、このような政党の国政上の重要な役割を踏まえて、政党を媒体として国民の政治意思を国政に反映させる名簿式比例代表制を採用することは、国会の裁量の範囲内である。R3-12-ア	➡ 最大判平16.1.14（百選Ⅱ154①事件）7 ❷	○
□□□　戸別訪問の禁止は、意見表明そのものの制約を目的とするものではなく、意見表明の手段方法のもたらす弊害を防止し、もって選挙の自由と公正を確保することを目的としている。こうしたことから、公職選挙法の戸別訪問禁止規定は、公正な選挙の実施に対する明白かつ現在の危険をもたらす戸別訪問のみを禁止する規定として限定して解釈される限りで合憲となる。R5-12-イ	➡ 最判昭56.7.21（戸別訪問禁止規定事件）、公職選挙法138Ⅰ、239③参照　7 ❹	×
□□□　憲法上、国会に広範な議院自律権が認められ、国会議員の発言について免責特権が保障されているが、地方議会についても、その機能を適切に果たさせるために、国会と同様の議会自治・議会自律の権能が認められることから、地方議会の議員の発言についても、免責特権が認められる。R5-19-ア、R1-18-ア	➡ 憲51、最大判昭42.5.24。条文自体が地方議会議員の免責を認めていない	×
□□□　国会の活動につき、憲法は、常会（第52条）、臨時会（第53条）、特別会（第54条第1項）というように一定の期間を単位として行う会期制を採用し、国会法は、会期内に議決に至らなかった議案は後会に継続しないという会期不継続の原則を採用している。H29-15-ア	➡ 52、53、54Ⅰ、国会68本文　8 ※	○
□□□　国会の議事手続については両議院の自主性を尊重すべきであるから、裁判所としては、法律制定の議事手続に関する事実を審理して当該法律の有効無効を判断すべきではないというのが判例の立場である。H29-15-イ	➡ 最大判昭37.3.7（警察法改正無効事件）	○

CORE PLUS

7 選挙制度についての判例

判　例	事　案	ポイント
❶ 重複立候補・比例代表制・小選挙区制違憲訴訟（最大判平11.11.10百選Ⅱ152①事件）	衆議院小選挙区比例代表並立制の合憲性が争われた	選挙制度の仕組みを具体的に決定することは国会の広い裁量に委ねられているところ、同時に行われる2つの選挙に同一の候補者が重複して立候補することを認めるか否かは、その仕組みのひとつとして、国会が裁量により決定することができる事項といわざるを得ず、重複立候補制度を採用したこと自体が前文、43条1項、14条1項、15条3項、44条に違反するとはいえない
❷ 最大判平16.1.14（百選Ⅱ154①事件）	参議院非拘束名簿式比例代表制の合憲性が争われた	○憲法は、政党について規定するところがないが、政党の存在を当然に予定しており、政党は、議会制民主主義を支える不可欠の要素であるから、政党の上記のような国政上の重要な役割に鑑みて、政党を媒体として国民の政治意思を国政に反映させる名簿式比例代表制を採用することは、国会の裁量の範囲に属する R3-12-ア ○「投票の結果すなわち選挙人の総意により当選人が決定される点において、選挙人が候補者個人に直接選択して投票する方式と異なるところはない」から直接選挙に当たらないとはいえず、43条1項に違反しない
❸ 法定外文書活動禁止規定事件（最大判昭30.3.30百選Ⅱ156事件）	選挙期間中の文書活動を制限する公職選挙法の規定の合憲性が争われた	選挙運動に不当の競争を招き、これによって選挙の自由公正を害し、その公明を保持し難い結果をきたすおそれがあることから、そのような弊害を防止するため、選挙運動期間中に限り、文書図画の頒布、掲示につき一定の規制をなしたのであって、この程度の規制は、公共の福祉のため、憲法上許された必要かつ合理的な制限と解することができる
❹ 戸別訪問禁止規定事件（最判昭56.7.21百選Ⅱ158事件）	戸別訪問を禁止する公職選挙法の規定の合憲性が争われた	戸別訪問の禁止は、意見表明そのものの制約を目的としたものではなく、意見表明の手段方法のもたらす弊害を防止し、選挙の自由と公正を確保することを目的としたものであるから、目的は正当で手段と目的との間に合理的関連性があるといえ、さらに戸別訪問の禁止によって得られる利益は失われる利益に比べはるかに大きいから、戸別訪問禁止の規定は、21条に反しない R5-12-イ

8 国会の種類

	招集要件	会　期	議　事	延長回数
常　会	毎年1回（憲52）	○常例は1月招集（国会2） ○期間は150日（国会10本文）	予算・法律案等	1回のみ（国会12Ⅱ）
臨時会	臨時の必要のため（憲53）	○随時招集 ○期間は国会が決定（国会11）	臨時処理の必要のある補正予算等	2回まで（国会12Ⅱ）
特別会	解散による総選挙後（憲54Ⅰ）	○選挙後30日以内（憲54Ⅰ） ○期間は国会が決定（国会11）	内閣総理大臣の指名等	2回まで（国会12Ⅱ）

※　憲法上、会期不継続の原則の明文規定はないが、国会法は、「会期中に議決に至らなかった案件は、後会に継続しない」（国会68本文）とする。H29-15-ア

CORE TRAINING

03　国会と議院の権能

□□□　締結について国会の承認を要する条約は、条約、規約、協約、協定、議定書、宣言、憲章など名称の如何を問わず、国会による承認の手続のほかに、天皇の国事行為としての批准書の認証を要する。H28-20-ア	➡ 73③本文、7⑧。条約が、内閣の批准を要しない当事国全権委員の署名・調印のみで成立する場合には天皇の批准書の認証は不要である	×
□□□　条約の効力は憲法の効力に優位するとの見解によれば、条約締結権に関する憲法の規定は、条約の効力の根拠を定めたものではないことになる。H26-20-イ	➡ 73③　9 ❶iii	○
□□□　憲法優位説の論拠の一つは、条約締結要件が憲法改正手続よりも緩やかなので、条約により実質的に憲法を改正できるという条約優位説がもたらす結果に対する批判である。H24-20-ア	➡ 96、61・60Ⅱ　9 ❷iv	○
□□□　憲法と条約の関係につき、憲法優位説の立場からは、日本国が締結した条約を誠実に遵守することを必要とする旨規定する憲法第98条第2項について、有効に成立した条約の国内法的効力を認め、その遵守を強調したものであると考えることになる。R5-20-ア	➡ 9 ❷ⅰ	○
□□□　憲法優位説によれば、条約締結権を定める憲法規定は、どの機関が条約締結を担うのか、またどのような手続を必要とするのかについて定めたもので、条約の効力の根拠を定めたものではない。H24-20-イ	➡ 73③　9 ❷ⅰ、iii	×
□□□　憲法優位説のなかでも、条約の違憲審査を控えるべきとの見解は、憲法第81条の文言に条約が含まれていないことや同法第98条第2項が条約の誠実遵守を宣言していることを根拠とする。H24-20-ウ	➡ 81、98Ⅱ　10 ❶	○
□□□　砂川事件判決（最高裁判所昭和34年12月16日大法廷判決、刑集13巻13号3225頁）は、日本国とアメリカ合衆国との間の安全保障条約（いわゆる旧日米安全保障条約）につき、一見極めて明白に違憲無効であると認められない限りは裁判所の司法審査権の範囲外であるとしたが、同条約が高度の政治性を有することを理由としており、条約であることを理由にはしていないことを踏まえると、条約について違憲審査の対象となり得るとの見解を採ったものと理解することができる。R5-20-イ	➡ 最大判34.12.16（砂川事件）　10 ❷	○

CORE PLUS

9 条約と憲法の関係

❶ 条約優位説	i 条約の誠実な遵守（98 Ⅱ）を実行あらしめるためには、条約の執行を妨げる国内法の成立は否定されるべきである ii 憲法の最高法規性（98 Ⅰ）及び違憲審査（81）において条約が外されていることは、憲法は条約との関係で必ずしも最高法規でないことを意味する iii 憲法上の条約締結権の規定は機関と手続を規定したもので、効力の根拠を定めたものではなく、憲法が自ら国際法優位の原則を承認することは何ら憲法の性質に反しない H26-20-イ iv 憲法は、徹底した国際主義の立場を承認している
❷ 憲法優位説（最大判昭34.12.16 百選Ⅱ163事件、砂川事件）	i 98条2項は、有効に成立した条約の国内法的効力を認め、その遵守を強調したもので、条約と憲法の効力関係は規定していない R5-20-ア、H24-20-イ ii 99条は、国務大臣、国会議員、裁判官に対して憲法尊重擁護義務を課している iii 条約締結権は憲法上の国家機関の権能であり、権能の根拠たる憲法自体の変更はできないうえに、憲法の国際主義は条約の優位を論理的に導くものではない H24-20-イ iv 憲法改正には両議院の議決及び国民投票を必要にしているのに対し、条約は内閣の締結と国会の承認で足りる H24-20-ア v 98条1項及び81条から憲法に対する条約の優位は論理必然的に導かれるものではない

10 憲法優位説からの条約の違憲審査の可否

条約が純粋な国内法規範と異なり国際法規範でもあることに鑑み、憲法優位説からも条約が違憲審査の対象となるかが問題となる。

❶ 否定説 H24-20-ウ	○条約は81条の列挙から除外されている ○条約は国家間の合意という特質を持ち、一国の意思だけで効力を失わしめることはできない ○憲法の最高法規性を強調する98条1項には条約の列挙がなく、かえって同条2項において国際法規の遵守を強調している
❷ 肯定説（判例・多数説） R5-20-イ	○条約に違憲審査が及ばないとすれば、違憲の条約が憲法を空洞化するおそれがある ○条約が国民の権利・自由を規制する可能性があることを考えた場合、条約を一切違憲審査の対象とならないとすると憲法の基本的人権尊重の観点から重大な問題を惹起する ○条約を違憲と判示しても国内法的効力にかかわるものにすぎず、国際法的効力に及ぶものではない

CORE TRAINING

問題	参照	解答
□□□　内閣案のとおりに国会承認を受けることができなかった条約は、結局は不承認を意味するから国内法としては無効と考えざるを得ないとしても明らかに誤りとはいえない。 H18-6-オ	➡ 11 ❶ a	○
□□□　国会の条約承認手続において両院協議会の手続が認められていることからして、条約に新たな条項を付する決議は、国会に認められた権限であると考えても明らかに誤りとはいえない。 H18-6-ア	➡ 12 ❷ b	○
□□□　国会の条約修正権を肯定する見解も、修正議決に従った内容の条約を締結するためには相手国との再交渉を必要とする。 H26-20-ウ	➡ 12 ❷ a	○
□□□　条約の内容を確定するのは、内閣の職務に属することであるから、国会が行うことができるのは承認か不承認に限られ、国会は条約に新たな条項を加えることは認められていないと考えても明らかに誤りとはいえない。 H18-6-エ	➡ 12 ❶ b	○
□□□　内閣が締結した条約について、国会が事後的に新たな条項を付して承認するとの議決をした場合、条約は国会の議決を必要とする一種の法律であるから、後法優先の原則により、新たな条項の付された条約は国内法として効力を持つことになると考えても明らかに誤りとはいえない。 H18-6-カ	➡ 12 ＊	×

CORE PLUS

11 国会承認を得られなかった条約の効力

	a 結　論	b 理　由
❶ 無効説	国会の承認を条約成立の法定効力要件と解し、事後承認が得られなかった場合、先になされた署名又は批准は効力を失う H18-6-オ	○国会の承認について、事前と事後とによって法的効力の有無を区別することは憲法の趣旨とは考えられない ○事後承認軽視は、国会の意思を軽視する結果となる ○相手国にとっても日本国憲法下で条約締結に国会承認が必要なことは明白であるから、承認なき場合無効となっても不当ではない
❷ 有効説	条約の効力は署名又は批准によって効力が確定し、事後に承認が得られなくても条約の効力に影響しない	○条約は国際法上の法形式で、国際法上の効力は国際法によって決定されるべき ○各国は外国の憲法をその責任において判断する義務があるとはいえない ○国際法上の法的安定性に資する ○条約が確定的に成立する前と後で意味が違うのは当然である

12 国会の条約修正の可否

	a 結　論	b 理　由
❶ 否定説	この立場からも、国会は条約の修正を提議する方法として、付帯決議、要求決議、修正を停止条件とする承認決議をすることができる	条約締結について外国と交渉し、作成に参加するのは内閣の権限であるから、国会の修正は、内閣の条約締結権を侵害することとなる H18-6-エ
❷ 肯定説*	○修正は、法的には、条約案の不承認と内閣に対する相手国との再交渉を義務付けることを意味する H26-20-ウ ○修正内容に相手国が同意しないとき、事前承認の場合は条約が不成立となり、事後承認の場合は既に条約が成立しているのであるから合意まで条約の効力は失われないこととなる	○国会に承認権を与えたのは内閣の条約締結権を制限し、国民を代表する国会の意思を尊重するため ○国会は承認しないこともできる以上、修正付承認ができないとする理由はない ○両院協議会の制度（61・60 Ⅱ）は、条約について両院の意見が異なった場合と共に、一方の院が修正した場合のあることを前提としている（国会85参照） H18-6-ア

＊　修正を肯定しても、内閣の再交渉義務を生じさせるのみで、修正部分を含めた条約が直ちに国内法としての効力を持つことにはならない。 H18-6-カ

CORE TRAINING

□□□　議院規則について、両議院の会議その他の手続及び内部の規律に関する国会法の規定に法的効力を認めると、国会法の改廃について両議院の意思が異なる場合に、参議院の自主性が損なわれるおそれがある。 R1-14-イ	➡ 59Ⅱ　[13]❷	○
□□□　議院による懲罰について、公開議場における戒告、公開議場における陳謝、一定期間の登院停止、除名の４種のいずれの懲罰を科すにも、議院がその組織体としての秩序を維持するため、出席議員の過半数の議決を要する。 R1-14-ウ	➡ 58Ⅱただし書	×
□□□　国政調査権は、各議院を構成する個々の国会議員についても認められている権能であるので、個々の国会議員も行使することができる。 H27-15-ア	➡ 62前段　[14]❶	×
□□□　内閣は、各議院から国政調査権に基づき報告又は記録の提出を求められた場合には、国家の重大な利益に悪影響を及ぼすときであっても拒むことができない。 H27-15-イ	➡ 国会104Ⅲ [14]❸ iii	×
□□□　各議院は、国政調査権の行使として、公務員のみならず私人に対しても、証人として出頭して証言することを求めることができる。 H27-15-ウ	➡ [14]❷	○
□□□　国政調査権について、議院が保持する諸権能を実効的に行使するために認められた権能であると解する見解によれば、各議院が、国政調査権の行使として、特定の事件について裁判所の下した判決の内容の当否を調査することが認められる。 R1-14-ア	➡ [14]❸ i	×

CORE PLUS

13 議院規則と国会法との優劣関係

	結　論	理　由
❶ 法律優位説	国会法の効力が議院規則に優位する（議院の内部事項について法律と規則が競合し、両者が矛盾する場合には法律が優先する）	国会法の成立には両議院の議決を必要とするのに対して、議院規則の制定には一院の議決で足りる
❷ 議院規則優位説	議院規則の効力が国会法に優位する（議院の内部事項は規則の専属的所管で、国会法は両議院の紳士協定）	○58条2項本文前段に明治憲法下のような法律による制約の明記がない ○法律優位説に立つと、国会法の改廃について両議院の意思が異なる場合に、法律案の衆議院の優越から、参議院の自主性を奪うことになる可能性がある R1-14-イ

14 国政調査権の範囲・限界

❶ 目的		立法、予算審議、行政監督、議院の自律権など、議院が保持する機能を実効的に行使するため、両議院に認められる H27-15-ア
❷ 範囲		純粋な私的事項を除き、国政のほぼ全般（私人も含む） H27-15-ウ
❸ 限界	i 司法権との関係	裁判官の裁判活動に事実上重大な影響を及ぼすような調査は許されない（下記具体例） ○特定個人の有罪性の探求が唯一の目的の調査 ○現に係属中の裁判事件につき、裁判官の訴訟指揮・裁判手続を対象にする調査 ○裁判の内容につき、専らその当否を判断するために行う調査 R1-14-ア
	ii 検察権との関係	準司法的作用であるから、司法権に類似する独立性が認められなければならないため、以下の調査は許されない（下記具体例） ○起訴・不起訴について、検察権の行使に政治的圧力を加えることが目的と考えられる調査 ○起訴事件に直接関係する事項や、公訴追行の内容を対象とする調査 ○捜査の続行に重大な支障を及ぼすような方法による調査
	iii 行政権との関係（iiを除く）	原則として行政事務手続全般にわたって調査可能 例外（下記具体例） ○公務員の職務上の秘密に関連する調査（議院証言5） ○国家の重大な利益に悪影響を及ぼすとき（国会104Ⅲ） H27-15-イ
	iv 人権との関係	捜索、逮捕、押収のような刑事手続上の強制力は認められず、基本的人権（思想良心の自由、黙秘権等）を侵害するような手段・方法も認められない

MEMO

No. 063

独立行政委員会

H26-15

□　月　日
□　月　日
□　月　日

独立行政委員会に関する次のアからウまでの各記述について、正しいものには○、誤っているものには×を付した場合の組合せを、後記１から８までの中から選びなさい。

□□□ ア．独立行政委員会が規則制定という準立法的作用を行うことは、国会を唯一の立法機関と定める憲法第41条に反するものではない。

□□□ イ．行政権は内閣に属すると定める憲法第65条により、独立行政委員会の職務全般に対しては、内閣の直接的な指揮監督権が及ぶ。

□□□ ウ．独立行政委員会が裁決や審決という準司法的作用を行うことは、たとえ前審であっても、全て司法権は裁判所に属する旨を定める憲法第76条第１項に反し、許されない。

１．ア○　イ○　ウ○　　２．ア○　イ○　ウ×　　３．ア○　イ×　ウ○
４．ア○　イ×　ウ×　　５．ア×　イ○　ウ○　　６．ア×　イ○　ウ×
７．ア×　イ×　ウ○　　８．ア×　イ×　ウ×

No. 063　**正解　4**　独立行政委員会の意義、諸論点を本問を使ってまとめておこう。　正答率 85.3%

ア　正しい。

独立行政委員会とは、特定の行政につき内閣から独立して職権を行使することが認められている合議機関のことをいう。独立行政委員会は、その特徴として、法律の委任に基づいて、規則制定という準立法的作用を行うが、これが、国会を唯一の立法機関と定める41条に反しないかが問題となる。同条は、国会に立法権を独占させる趣旨であるところ、**法律の委任に基づいてなされる規則制定**は、**国会によるコントロールが及んでいる**といえる以上、**同条の趣旨に反するものとはいえない**とされている。したがって、独立行政委員会が規則制定という準立法的作用を行うことは、同条に反するものではない。

イ　誤り。

独立行政委員会は、「内閣の所轄の下に」（国公３条１項参照）あるとされながら、その職務を行うに当たっては内閣から独立して活動しており、その権限行使に関して内閣の指揮監督権に服しないこととされている。そこで、このように独立行政委員会が内閣の指揮監督権に服しないことが憲法65条に反しないかが問題となるが、反しないと解されている。その理由は諸説あるが、65条が76条１項と異なり「すべて行政権は」とは述べていないこと、独立行政委員会の職務の性質上、**政治的中立性**が求められ、内閣から**独立させる必要性**が認められること、**内閣**が予算権や人事権を有しており、**一定のコントロール**が可能であること、**65条の趣旨**が内閣を通して行政権に**国会のコントロール**を及ぼすことにあると考えると、独立行政委員会に国会のコントロール（例えば、国会による人事官の弾劾訴追権〔国公８条１項２号〕）が及べばよいと考えられることなどが挙げられる。

ウ　誤り。

独立行政委員会には、通常、裁決や審決という準司法作用を行うという特徴を有している。これが、憲法76条１項に反しないかが問題となる。41条は、国会が「唯一の立法機関」と定めているのに対して、76条１項は、「すべて司法権は、最高裁判所及び……下級裁判所に属する」としているのは、前審としての裁判を行う機関の存在を予定しているということができる。また、76条２項後段は、「行政機関は、終審として裁判を行ふことができない」と規定しており、前審として行政機関が裁判を行うことを否定していない。したがって、**独立行政委員会**が**前審**として準司法的作用を行うことは、**76条１項に反しない**。

文献　試験対策講座494～498、538、539頁

No. 064

内閣及び内閣総理大臣

H23-16

□　月　日
□　月　日
□　月　日

内閣及び内閣総理大臣に関する次のアからウまでの各記述について、正しいものには○、誤っているものには×を付した場合の組合せを、後記１から８までの中から選びなさい。

□□□ ア．憲法第66条第３項は、内閣は行政権の行使について国会に対し連帯して責任を負う旨規定しているが、個々の国務大臣がその所管事項について単独の責任を負うことが否定されているわけではない。

□□□ イ．憲法第70条は、内閣総理大臣が欠けたときは内閣は総辞職をしなければならないと規定しているところ、「内閣総理大臣が欠けたとき」とは、死亡のほか除名により国会議員の地位を失った場合に限られる。

□□□ ウ．憲法第73条第１号が内閣の法律執行義務を規定しているので、内閣は、ある法律が憲法に違反すると判断した場合でも、その法律を執行しなければならず、その法律を廃止する案を国会に提出することもできない。

１．ア○　イ○　ウ○　　２．ア○　イ○　ウ×　　３．ア○　イ×　ウ○
４．ア○　イ×　ウ×　　５．ア×　イ○　ウ○　　６．ア×　イ○　ウ×
７．ア×　イ×　ウ○　　８．ア×　イ×　ウ×

No. 064　正解　4　内閣の組織と権能に関して、条文を中心に知識を整理しておこう。　正答率 80.5%

ア　正しい。

66条3項は、「内閣は、行政権の行使について、国会に対し連帯して責任を負ふ」と規定し、内閣の構成員たる個々の国務大臣が一体として行動することを要請している。もっとも、個々の国務大臣がその所管事項について単独の責任を負うことは、憲法上否定されていない。

イ　誤り。

70条は、「内閣総理大臣が欠けたとき、又は衆議院議員総選挙の後に初めて国会の召集があったときは、内閣は、総辞職をしなければならない」と規定している。「**内閣総理大臣が欠けたとき**」とは、**死亡**、**除名**により国会議員の地位を失った場合（58条2項）のほか、**資格争訟裁判により議員の議席を失った**場合（55条）も含まれる。したがって、「内閣総理大臣が欠けたとき」とは、死亡のほか除名により国会議員の地位を失った場合に限られるわけではない。

ウ　誤り。

法律は「国権の最高機関」（41条前段）とされる国会が憲法に適合すると判断して制定されたものであるから、内閣は自らが違憲と判断する法律についても「法律を誠実に執行」（73条1号）する義務を負う。したがって、内閣は、ある法律を違憲と判断した場合でも、その法律を執行しなければならない。もっとも、内閣総理大臣は内閣を代表して「議案」（72条）として法律案を国会に提出できると解されるところ、内閣の法律案提出権と法律執行義務とは別問題であるから、内閣は、ある法律を違憲と判断した場合に、当該法律を廃止する案を提出することはできる。

文献　試験対策講座447、448、505、507～510頁

CORE TRAINING

01　行政権と内閣

□□□　憲法第65条第1項は、「行政権は、内閣に属する」と規定している。行政権とは全ての国家作用のうちから立法作用と司法作用を除いた残りの作用であるとすると、立法作用と司法作用以外の全ての国家作用について内閣が自ら行うことが必要となる。 H27-17-ア

➡ 1 ＊　×

□□□　独立行政委員会は、19世紀末から20世紀にかけて、主としてアメリカ合衆国において行政作用の複雑化等を背景として登場した。 オリジナル①

➡ 日本では戦後に導入された　○

□□□　独立行政委員会は憲法第65条の例外として認められるとする見解は、同法第76条第1項と異なり、同法第65条が「すべて行政権は」と規定していないことを根拠のひとつとする。 オリジナル②

➡ 2 ❸　○

18章 内閣

CORE PLUS

1 行政権（65）の意義

控除説（通説）＊	すべての国家作用のうちから、立法・司法作用を除いた残りの作用 ○国家作用の分化の歴史的過程からは、包括的支配権のうちから立法権と執行権が分化し、執行権内部で、行政・司法が分かれたという沿革に適合している ○多様な行政活動を包括的に捉えることが可能となる
積極説	行政概念を積極的に定義しようとする

＊　控除説に立っても、最終的に内閣が行政権を自己のコントロール下に置き得る状態になっていればよい。 H27-17-ア

2 独立行政委員会の合憲性

65条の例外として、合憲とする説	独立行政委員会も内閣のコントロール下にあり、合憲とする説
❶ 行政権が内閣に属するというのは、内閣に立法権・司法権が属さないことに意味があるのであり、内閣以外の行政機関が行政権を行使しても権力分立制に反するとはいえない ❷ 民主的責任行政の観点からは、国会の直接のコントロールが及んでいれば、問題はない ❸ 条文上も「すべて行政権は」とは規定していない オリジナル②	内閣は委員の任命権を持ち、委員会の予算編成権を有している →任命権と予算権だけで、内閣のコントロール下にあるというのなら、裁判所も内閣に属するという不合理な帰結となるという批判がある

CORE TRAINING

02　内閣の組織と権能
02-1　内閣の組織

□□□　憲法は、国の行政組織について法律で定めるべきことを明示していない。一般には、国の行政組織の基本は法律で定めるべきであるが、各省庁の組織の細部については政令で定めることができると解されている。H21-14-エ

➡ 行政組織の細部は、行政の自己決定に委ねることも可能　〇

□□□　内閣総理大臣は任意に国務大臣を罷免することができるが、その効力発生には天皇の認証が必要である。R2-15-ウ

➡ 68Ⅱ、7⑤　[3]❹b、❺a i　×

□□□　国務大臣については、内閣総理大臣が必ず国会議員の中から指名されなければならないのとは異なり、国会議員以外の者を任命することもできるが、その過半数は衆議院議員の中から選ばなければならない。R2-15-ア、H25-17-イ

➡ 68Ⅰただし書　[3]❶b ii　×

□□□　内閣総理大臣は、内閣において、単なる同輩中の首席ではなく、首長の立場にあり、その他の国務大臣の任免権を専権として有する。したがって、文民統制の観点から内閣総理大臣は文民でなければならないとしても、その他の国務大臣は文民でなくともよい。H27-17-ウ

➡ 66Ⅰ、Ⅱ、68　[3]❶b i　×

CORE PLUS

[3] 内閣総理大臣と国務大臣の対比

	a 内閣総理大臣	b 国務大臣
❶ 資格	i 文民であること（66Ⅱ） ii 国会議員であること（67Ⅰ前段）	i 文民であること（66Ⅱ）H27-17-ウ ii 過半数が国会議員であること（68Ⅰただし書）R2-15-ア、H25-17-イ
❷ 指名	国会（67Ⅰ前段）	―
❸ 任命	天皇（6Ⅰ）	内閣総理大臣（68Ⅰ本文）
❹ 認証	―	天皇（7⑤）R2-15-ウ　→効力要件ではない
❺ 権能	i 国務大臣の任命・罷免（68Ⅰ本文、Ⅱ）R2-15-ウ ii 国務大臣の訴追の同意権（75本文） iii 内閣を代表し議案を国会に提出（72） iv 行政各部へ内閣を代表して指揮（72） v 法律・政令への連署（74）	―

CORE TRAINING

02-2　内閣総理大臣の地位と権能

□□□　大日本帝国憲法において内閣総理大臣は同輩中の首席にすぎなかったのに対し、日本国憲法が内閣総理大臣に首長としての地位を認め、その権限を強化しているのは、内閣の一体性と統一性を確保し、内閣の国会に対する連帯責任の強化を図るものである。H28-16-ア

➡ 4❷　○

□□□　内閣総理大臣は、国務大臣の任免権を有するから、その意思に反しても一方的にこれを罷免することはできる。ただし、国務大臣を罷免する場合には、閣議において他の国務大臣の承認を求めなければならない。H22-17-イ

➡ 68Ⅱ　4❶ⅰ　×

□□□　判例によれば、内閣総理大臣は、閣議にかけて決定した方針が存在しない場合においても、少なくとも内閣の明示の意思に反しない限り、行政各部に対し、随時その所掌事務について一定の方向で処理するよう指導、助言等の指示を与える権限を有する。R4-15-ア、H28-16-イ

➡ 最大判平7.2.22（ロッキード〔丸紅ルート〕事件）4❶ⅲ　○

CORE PLUS

4　内閣総理大臣の権限

❶ 権限	ⅰ　単独での国務大臣の任免権（68Ⅰ本文、Ⅱ）H22-17-イ 　→一身専属的で代理・代行不可とされる ⅱ　指揮監督権 　あらかじめ閣議決定された方針で行使する ⅲ　指示権限 　閣議決定がなくとも内閣の明示の意思に反しない限り指導、助言等の指示を与える権限を有する（最大判平7.2.22百選Ⅱ174事件、ロッキード〔丸紅ルート〕事件）R4-15-ア、H28-16-イ
❷ 理由	○迅速性の要請に応える ○明治憲法の反省 「同輩中の首席」（各国務大臣と平等で任免権がない）だと、ある大臣が重要案件で強固に反対すると閣内不一致で総辞職を余儀なくされるから、軍部出身の大臣を抑えられなかった →内閣の一体性と統一性を確保し、内閣の国会に対する連帯責任の強化 H28-16-ア

CORE TRAINING

02-3　内閣の機能と責任

□□□　憲法第72条は、内閣総理大臣が内閣を代表して行政各部の指揮監督を行うと規定しているが、行政各部の指揮監督は、本来、内閣の権限である。したがって、内閣は、行政各部の行為についても、国会に対して連帯して政治責任を負う。 H19-15-イ	➡ 6❶	○
□□□　憲法第73条は、「他の一般行政事務の外」に内閣が行うものとして、第１号ないし第７号で重要な行政事務を列挙している。憲法上、同条以外に、内閣が行政事務を行う一般的権限を有することを示す規定はない。 H19-15-ウ	➡ 「行政権は、内閣に属する」と定める65条が存在する	×
□□□　内閣は、憲法第73条第１号により法律を執行する義務を負うから、たとえ内閣が違憲と判断する法律であっても、その法律を執行しなければならず、また、最高裁判所が違憲と判断した場合でも、国会がその法律を改廃しない限りは、その執行をしなければならない。 R4-15-イ 、H28-16-ウ	➡ 5❶	×
□□□　内閣総理大臣による国務大臣の任命には天皇の認証が必要であるが、内閣はこの認証に対する助言と承認を拒むことができない。 R2-15-イ	➡ 内閣は天皇の認証に対する助言と承認を拒むことができない	○
□□□　内閣は、行政権の行使につき、国会に対し連帯して責任を負う。これは、特定の国務大臣がその所管事項に関して単独の責任を負うことを否定するものではなく、個別の国務大臣に対する衆議院及び参議院の問責決議も認められるが、それらには法的効力はない。 H27-17-イ	➡ 69参照　6❹	○
□□□　憲法は閣議について規定していないが、内閣が行政権の行使について国会に対し連帯して責任を負うとする憲法第66条第３項の趣旨により、会合しないで文書を各大臣間に持ち回って署名を得る持ち回り閣議は許されないとされている。 H29-16-ア	➡ 6❺	×

CORE PLUS

5 内閣の一般行政事務（73）

❶ 法律を誠実に執行、国務を総理（①）	○内閣が制定法を違憲と判断しても、法律は国権の最高機関たる国会が合憲と判断して制定したものであるから、合憲性の推定を受け、その執行を拒否できない。もっとも、最高裁が終局的に違憲判決を言い渡した場合には当該法律を執行しないという義務を負う R4-15-イ、H28-16-ウ ○行政事務を統括し、各部を指揮監督する
❷ 外交関係を処理（②）	もとより行政事務の一部であるが、特に明示している
❸ 条約を締結（③本文）	外交関係の処理のひとつを特に明記したもの
❹ 法律の定める基準に従い、官吏に関する事務を掌理（④）	明治憲法下で、天皇の大権事項とされていたのが、日本国憲法の下で「法律……に従ひ」内閣が行うこととなった
❺ 予算を作成して国会に提出（⑤）	86条でも規定されている予算作成権の内閣への帰属
❻ 憲法と法律の規定を実施するために、政令を制定（⑥本文）	行政機関によって制定される法規を命令といい、内閣の制定命令を政令という。憲法は、執行命令と委任命令しか認めていない
❼ 大赦、特赦、減刑、刑の執行の免除及び復権を決定（⑦）	行政権による犯罪者の赦免

6 内閣の責任

❶ 責任の範囲	内閣が連帯責任を負う66条3項の「行政権」を、通説は形式的意義の行政と解し、73条その他憲法に定める職権に対して内閣が責任を負うものと解している H19-15-イ
❷ 責任の相手方	国会を構成する両議院
❸ 責任の内容	政治的責任とされるが、69条に基づく内閣不信任決議案が可決された場合、解散か総辞職の選択を迫られ、やむを得ず引責辞職するというときには法的責任の色彩を帯びる
❹ 責任の取り方	内閣は連帯責任を負うが、特定の国務大臣が個別責任を負うことが憲法上否定されているわけではないので、個別の国務大臣に対する問責決議は、政治責任を課すにすぎないが、両議院に認められる H27-17-イ
❺ 連帯責任と閣議決定	内閣の一体性又は各大臣の連帯責任から当然に全員一致が閣議の議決方法である（通説、政府見解） もっとも、この立場からも、決議方法に関する規定はないから、持ち回り決議が否定されるわけではない H29-16-ア

CORE TRAINING

02-4　内閣の総辞職

□□□　衆議院において内閣不信任決議案が可決されたときは、10日以内に衆議院が解散されない限り、内閣は総辞職をしなければならないが、参議院における問責決議には、かかる法的効力はない。 R5-15-ア、R1-15-ウ

➡ 69　[7]❶i　○

□□□　内閣総理大臣は、国会議員でなければならないから、国会議員の当選の効力に関する訴訟の結果、自己の当選が無効となったときは、憲法第70条の「内閣総理大臣が欠けたとき」に当たり、内閣は、総辞職をしなければならない。 R5-15-イ

➡ 70前段　[7]❶ii　○

□□□　内閣総理大臣が欠けたときは、内閣は総辞職しなければならない。なぜなら、憲法は、内閣総理大臣に「首長」たる地位を与えており、これが欠けた場合には内閣の一体性が失われることになるからである。 H22-17-ア

➡ [7]❶ii、※　○

□□□　衆議院議員総選挙又は参議院議員通常選挙の後に初めて国会が召集されたときは、憲法の規定により、内閣は、総辞職をしなければならない。 R5-15-ウ

➡ 70後段　[7]❶iii　×

□□□　衆議院が内閣不信任を決議した場合でも、内閣がこれに対抗して衆議院の解散に踏み切り、その後の総選挙で内閣を支持する与党が過半数の議席を獲得した場合には、内閣は総辞職するか否か自ら決することができる。 H25-17-ウ

➡ [7]❶iii　×

03　議院内閣制

□□□　議院内閣制に関する責任本質説は、内閣の国会に対する連帯責任、衆議院の内閣不信任決議権、内閣の衆議院解散権を、議院内閣制の必須の要素としている。 H20-16-ア

➡ [9]❶　×

□□□　日本国憲法は、国会による内閣総理大臣の指名、内閣の国会に対する連帯責任のほか、衆議院の内閣不信任決議権や衆議院の解散などを定めていることから、議院内閣制を採用していると解される。 H25-17-ア

➡ [8]❶　○

CORE PLUS

7 内閣の総辞職

❶ 内閣の総辞職が必要な場合	i　衆議院が不信任決議案を可決し、又は信任決議案を否決した場合で、10日以内に衆議院が解散されないとき（69） R5-15-ア 、R1-15-ウ ii　内閣総理大臣が、死亡、失踪、亡命のほか、除名、資格争訟の裁判の結果、国会議員たる地位を失い、「内閣総理大臣が欠けたとき」（70前段） R5-15-イ 、H22-17-ア iii　衆議院議員総選挙後初めて国会の召集があった場合（70後段） R5-15-ウ 、H25-17-ウ
❷ 内閣更迭の手続	i　総辞職の決定とその旨の衆参両院議長への通告（国会64） ii　国会による新内閣総理大臣の指名（憲67） iii　組閣とその旨の旧内閣総理大臣への通告 iv　旧内閣の閣議（新内閣総理大臣の任命についての助言と承認） v　新内閣総理大臣・新国務大臣の任命・認証 vi　vにより旧内閣総理大臣と旧国務大臣の地位が当然に喪失 vii　新内閣の成立の国会への通告

※　内閣総理大臣の「首長」（66Ⅰ）たる地位からして、内閣総理大臣が辞職すると、内閣の総辞職が必要となる。 H22-17-ア

8 議院内閣制と大統領制の相違

	❶ 議院内閣制	❷ 大統領制
権力分立との関係	緩やかな分離	厳格な分離
協力関係が破たんした場合	不信任制度と解散 H25-17-ア	不信任も解散もない
議会との関係	大臣を議員からも選出し、議会での出席発言する権利・義務がある	議員との兼職が禁止で議会での出席発言権もない
民主主義の観点	首相は議会から選出	国民から直接選出

9 議院内閣制の本質

	結　論	理　由
❶ 責任本質説	内閣の議会に対する責任が本質的要素であって、議会の内閣不信任決議案に対する内閣の議会解散権は本質的要素ではない H20-16-ア	議院内閣制の現実の形態は様々であり、解散権行使が制約された例もある
❷ 均衡本質説	議会の内閣不信任決議権に対抗する内閣の議会解散権が本質的要素である	議院内閣制の下で、立法府と行政府が対立した場合において、一方の意思が優位するのではなく、解散制度によって両府は等しく人民の判断に服するという意味で均衡の体制といえ、解散制度は議院内閣制の不可欠の要素といえる

CORE TRAINING

□□□　内閣が衆議院を解散できるのは憲法第69条所定の場合に限られるという見解によっても、新たな政治的課題が生じ、国民の意思を問う高度の必要性があるときには、内閣による解散が認められる。予R2-9-イ	➡ 10 ❶b	×
□□□　天皇の国事行為は元来政治的なものであるが、天皇は拒否権を持たないため、国事行為について「助言と承認」を行う内閣に実質的決定権があるという見解によれば、憲法第７条により内閣の衆議院解散権が基礎付けられる。予R2-9-ア	➡ 10 ❷a	○
□□□　憲法第７条で挙げられた国事行為はもともと形式的・儀礼的行為であるから、同条により内閣の衆議院解散権を根拠付けることはできないという説によれば、解散は衆議院が自律的に決定したときにのみ可能であるということになる。H21-15-ア	➡ 10 ❷❸❹b	×
□□□　内閣の衆議院解散権の根拠を議院内閣制自体に求める見解は、政府が議会の解散権を有し、政府と議会が均衡していることが、日本国憲法が採用する議院内閣制の本質的要素であるとの考えに基づいている。予R2-9-ウ	➡ 10 ❹a ii	○
□□□　日本国憲法は議院内閣制を採っていると理解できるから、この制度の本質からして内閣には自由な解散権が認められるという説に対しては、議院内閣制の概念は一義的ではないという批判がなされている。H21-15-ウ	➡ 10 ❹a iii	○

CORE PLUS

10 衆議院の解散の実質的決定権

<table>
<tr><th></th><th>a　解散権の根拠</th><th>b　解散権の限界</th></tr>
<tr><td>❶ 69条説</td><td>69条に根拠を求める</td><td>69条の場合に限定される 予R2-9-イ</td></tr>
<tr><td>❷ ７条説</td><td>内閣の助言・承認権に根拠を求める 予R2-9-ア</td><td rowspan="3">原則として内閣に自由な解散権を認める H21-15-ア</td></tr>
<tr><td>❸ 65条説</td><td>行政概念の控除説に立って行政の概念に根拠を求める</td></tr>
<tr><td>❹ 制度説</td><td>i　議院内閣制という制度に根拠を求める
ii　衆議院の不信任決議に対抗し、国会と内閣の均衡確保の手段として内閣に解散権を与えると考えることとなるから、議院内閣制の本質については均衡本質説に立つ 予R2-9-ウ
iii　もっとも、責任本質説という立場もあり、議院内閣制の概念は一義的ではないという批判がある H21-15-ウ</td></tr>
</table>

※　現在のところ、最高裁判所は内閣の衆議院解散権の根拠について明確な判断を示していない（最大判昭35.６.８百選Ⅱ190事件、苫米地事件参照）。

No. 065　司法権

H20-17

□ 月 日
□ 月 日
□ 月 日

司法権に関する次のアからエまでの各記述について、正しいもの二つの組合せを、後記１から６までの中から選びなさい。

□□□ ア．憲法第76条第１項に規定される「司法権」については、民事及び刑事事件の裁判権を指し、性質上本来行政権の作用に属する行政裁判は、法律上特に定める権限として裁判所の権限とされたものである。

□□□ イ．憲法第76条第３項は、裁判官は「この憲法及び法律にのみ拘束される」と規定しているが、ここにいう「法律」には、国会によって制定される法律はもとより、政令や条例も含まれる。

□□□ ウ．司法権独立の原則の一内容として、司法権が立法権及び行政権から独立して自主的に活動することがあるが、これを担保するものとして、例えば、憲法第77条の最高裁判所の規則制定権や、憲法第80条の最高裁判所による下級裁判所裁判官の指名権が定められている。

□□□ エ．憲法第81条は「最高裁判所は、一切の法律、命令、規則又は処分が憲法に適合するかしないかを決定する権限を有する終審裁判所である」と規定しているが、最高裁判所の判例によれば、仮にこの規定がないとすると、最高裁判所に違憲立法審査権を認める余地はない。

１．アとイ　２．アとウ　３．アとエ　４．イとウ　５．イとエ　６．ウとエ

No. 065　**正解　4**　他の二権と司法権との違いを意識して、まずは条文をよく読み、そのうえで判例や学説の理解に努めよう。　正答率 89.6%

ア　誤り。

日本国憲法がアメリカ憲法の影響を受けて作られたこと、81条が裁判所に行政処分の違憲審査権を与えていることなどを論拠として、行政事件の裁判権も司法権に属すると解する立場が通説である。裁判所法３条１項が「裁判所は、日本国憲法に特別の定のある場合を除いて一切の法律上の争訟を裁判」すると規定しているのも、この趣旨を確認したものと解されている。

イ　正しい。

憲法76条３項の「法律」とは、およそ一切の客観的法規範をいい、国会によって制定される法律のほか、政令や条例も含まれると解されている。近代法治国家原理によれば裁判が客観的法規範に依拠して行われるべきなのは当然であり、裁判官は一切の客観的法規範に依拠すべきであるからである。

ウ　正しい。

司法権独立の原則の内容として、裁判官の職権の独立と共に、全体としての裁判機構が他の権力から独立して自主的に活動できること（司法府の独立）が要請される。そして、司法府の独立を保障する制度としては、77条１項が**最高裁判所に規則制定権**を認めていることや、80条１項が最高裁判所に**下級裁判所裁判官の指名権**を与えていることなどが挙げられる。

エ　誤り。

判例は、「最高裁判所の違憲審査権は、憲法第81条によって定められていると説かれるが、一層根本的な考〔え〕方からすれば、よしやかかる規定がなくとも、第98条の最高法規の規定又は第76条若しくは第99条の裁判官の憲法遵守義務の規定から、違憲審査権は十分に抽出され得るのである」としている（最大判昭23. 7 . 7 百選Ⅱ189事件）。したがって、仮に81条の規定がないとしても、最高裁判所に違憲立法審査権を認める余地はある。

文献　試験対策講座525、526、543～545、548頁

No.
066

司法権

H26-16

□　月　日
□　月　日
□　月　日

司法権に関する次のアからウまでの各記述について、正しいものには○、誤っているものには×を付した場合の組合せを、後記1から8までの中から選びなさい。

□□□ ア．下級裁判所は、最高裁判所が制定した裁判所の内部規律及び司法事務処理に関する規則に拘束されるから、最高裁判所が、下級裁判所の裁判官に対して、具体的事件について、どのような判断を行うべきか指示することも許される。

□□□ イ．裁判官の職権の独立は、裁判に対して不当な影響を与えるおそれのある一切の外部的行為の排除を要求するが、一般国民やマスメディアによる裁判内容の批判は、表現の自由の行使の一場面であるから許される。

□□□ ウ．国政調査権は議院にとって重要な権能であるが、司法権の独立の観点からして、具体的事件について、その判決の事実認定や量刑が適切かどうかを調査することは、国政調査権の範囲を逸脱するものであり、許されない。

1．ア○　イ○　ウ○　　2．ア○　イ○　ウ×　　3．ア○　イ×　ウ○
4．ア○　イ×　ウ×　　5．ア×　イ○　ウ○　　6．ア×　イ○　ウ×
7．ア×　イ×　ウ○　　8．ア×　イ×　ウ×

No. 066　正解　5

裁判官の職権の独立が影響を受ける場面について把握しよう。

正答率 81.8%

ア　誤り。

77条１項は、「裁判所の内部規律及び司法事務処理に関する事項」について、最高裁判所に規則制定権を認めており、下級裁判所はこれに拘束される。その趣旨は、司法府内における最高裁判所の統制権と監督権を強化することなどにある。他方、**76条３項**は、裁判の公正を保ち、裁判官に対するあらゆる不当な干渉や圧力を排除するため、**裁判官の職権の独立**を定めている。そして、ここにいう独立は、事実上、他の機関から裁判について重大な影響を受けない要請を含んでいるところ、**この要請は、司法府の外部のみならず内部との関係においても妥当する**。したがって、下級裁判所が最高裁判所の定めた**規則に拘束されるとしても、**最高裁判所は、下級裁判所の裁判官に対して、**具体的事件について、どのような判断を行うべきか指示することは許されない**。裁判所法81条も、裁判官の裁判権に影響を及ぼし、又はこれを制限するような監督権の行使を禁止している。

イ　正しい。

アの解説で述べたように、裁判官の職権の独立（憲76条３項）は、裁判の公正を保つために、裁判官に対するあらゆる不当な干渉や圧力を排除する趣旨である。もっとも、国民の側から行われる裁判批判は、表現の自由（21条１項）の一環であるから、健全なかたちのものである限り、裁判官の職権の独立を理由に排斥されない。

ウ　正しい。

両議院は、それぞれ国政調査権を有しており（62条）、議院が国会の一院として保持する権能は極めて広範な事項に及ぶため、純粋に私的な事項を除き国政全体が調査の対象となり、これには判決や裁判手続も含まれる。そこで、立法目的や行政監督の目的などから、判決や裁判手続について調査することは、審理中の事件であっても許される。しかし、アの解説で述べたように、裁判官が、裁判を行うに当たって事実上他の国家機関から重大な影響を受けることを防ぐという**裁判官の職権の独立の要請**から、**現に係属中の裁判**につき**裁判官の訴訟指揮・裁判手続を対象に行う調査**は**許されず、**また、**具体的事件について、**その**裁判内容（事実認定や量刑等）の当否を調査**することは、**判決確定の前後を問わず、許されない**と解されている。参議院法務委員会が、刑事事件不当処理に関する調査の一環として、母子心中を図って生き残った母親の殺人被告事件についての地方裁判所判決に関し、事実認定の点でも量刑の点でも甘すぎるという決議を行ったところ、当時の最高裁判所が参議院に司法権の独立を侵害するとして抗議した、いわゆる浦和事件は、本記述に関する一事例である。

文献　試験対策講座485〜487、545、546、548頁

CORE TRAINING

01　司法権

□□□　裁判所がその固有の権限に基づいて審判することのできる対象は、裁判所法第3条にいう「法律上の争訟」、すなわち当事者間の具体的な権利義務ないし法律関係の存否に関する紛争であって、かつ、それが法令の適用により終局的に解決することができるものに限られる。したがって、具体的な権利義務ないし法律関係に関する紛争であっても、法令の適用による終局的解決に適しないものは裁判所の司法審査の対象になり得ない。R5-16-ア

➡ 最判昭56.4.7（「板まんだら」事件）1❶　○

□□□　特定の者の宗教活動上の地位の存否を審理、判断するにつき、宗教団体の教義ないし信仰の内容に立ち入って審理、判断することが必要不可欠である場合には、裁判所は、その者が宗教活動上の地位にあるか否かを審理、判断することができず、その結果、宗教活動上の地位に基づく宗教法人の代表役員の地位の存否についても審理、判断することができない。この場合には、宗教法人の代表役員の地位の存否の確認を求める訴えは、裁判所法第3条にいう「法律上の争訟」に当たらない。R5-16-イ

➡ 最判平5.9.7（日蓮正宗管長事件）　○

CORE PLUS

1「法律上の訴訟」（裁3Ⅰ）

❶ 定義	①当事者間の具体的な権利義務又は法律関係の存否に関する紛争であって、かつ、②それが法律を適用することにより終局的に解決することができるもの（最判昭56.4.7 百選Ⅱ184事件、「板まんだら」事件）R5-16-ア
❷ 当たらないもの	ⅰ 抽象的に法令の解釈又は効力について争うこと ⅱ 単なる事実の存否、個人の主観的意見の当否、学問上・技術上の論争など ⅲ 純然たる信仰の対象の価値又は宗教上の教義に関する判断自体を求める訴え、あるいは単なる宗教上の地位の確認の訴え ⅳ なお、「板まんだら」事件、日蓮正宗管長事件（最判平5.9.7）は、具体的な権利義務又は法律関係に関する紛争の形式をとっているとしても、信仰の対象の価値又は宗教上の教義に関する判断が、訴訟の帰すうを左右する必要不可欠なもの・核心となっている場合には、定義の②を満たさないと判断している

CORE TRAINING

問題	参照	解答
□□□　裁判官の罷免に関し弾劾裁判所の裁判の結果に不服がある場合に、最高裁判所に訴えることができるとする法律を制定することは憲法に違反しない。 H25-18-ア	➡ 64Ⅰ　[2] ＊	×
□□□　日本国憲法は特別裁判所の設置を明文で禁止しているが、弾劾裁判所は、憲法上の例外である。 H23-17-イ	➡ [2] ❶	○
□□□　自律的な団体の内部紛争に対して司法審査が及ぶかという問題に関して、地方議会には、国会の両議院のような自律権はないものの、地方議会議員に対する懲罰としての除名処分は、内部規律の問題であるから、司法審査の対象とはならないとした判例がある。 H30-17-ア	➡ 最大判昭35.10.19（地方議会議員懲罰事件） [3] ❹、＊1	×
□□□　自律的な団体の内部紛争に対して司法審査が及ぶかという問題に関して、地方議会議員に対する懲罰としての出席停止処分は、議員の権利行使の一時的制限にすぎないから、司法審査の対象とはならない。 オリジナル	➡ 最大判令2.11.25（令3重判2事件） [3] ＊2	×
□□□　判例の考え方からすると、発声障害により自ら発声することができない地方議会議員が、第三者による代読等、自らの発声以外の方法による発言を希望したのに対し、これを認めないという地方議会の決定は、純然たる内部規律の問題であるから、司法審査の対象にはならないことになる。 H30-17-イ	➡ 名古屋高判平24.5.11 [3] ＊3	×
□□□　大学の単位の授与（認定）という行為は、学生が履修した授業科目について合格したことを確認する教育上の措置であり、卒業の要件をなすものであるから、一般市民法秩序と直接の関係を有するものであることは明らかである。それゆえ、純然たる大学内部の問題とはいえず、大学の自主的、自律的な判断のみに委ねられるべきものではなく、裁判所の司法審査の対象となる。 R5-16-ウ、H30-17-ウ	➡ 最判昭52.3.15（富山大学単位不認定事件） [3] ＊4前段	×
□□□　判例の考え方からすると、特定の授業科目の単位の取得が国家資格取得の前提要件とされている場合には、大学の単位認定行為が司法審査の対象になる可能性もある。 H30-17-エ	➡ 最判昭52.3.15（富山大学単位不認定事件） [3] ＊4後段	○

CORE PLUS

2 司法権の限界

憲法は、司法権を行使する裁判所を「最高裁判所及び法律の定めるところにより設置する下級裁判所」（76Ⅰ）としており、最高裁の系列下に属しない特別裁判所の設置を禁止している（76Ⅱ）。

❶ 憲法上の限界	国会の各議院による議員の資格争訟の裁判（55）、国会による裁判官の弾劾裁判（64） H23-17-イ [*]
❷ 国際法上の限界	国際法上の治外法権、条約による裁判権の制限
❸ 性質上の限界	自律権に属する行為、自由裁量行為、統治行為、団体の内部事項に関する行為

＊　憲法が弾劾裁判の裁判権を特別の規定により司法裁判所以外の国家機関に授権していることから、司法裁判所はその裁判権を行使することができない。 H25-18-ア

3 司法権の性質上の限界その1

❶ 自律権に属する行為	懲罰や議事手続等、国会又は各議員の内部事項 （e.g. 最大判昭37. 3. 7 百選Ⅱ 180事件、警察法改正無効事件）
❷ 自由裁量行為	政治部門の自由裁量行為は裁量権の逸脱・濫用がない限り司法権は及ばない （e.g. 内閣総理大臣による国務大臣の任免行為）
❸ 統治行為論	直接国家統治の基本に関する高度に政治性のある国家行為は、理論上法律的判断が可能であっても、司法審査は及ばないとする理論（e.g. 最大判昭34. 12. 16百選Ⅱ 163事件、砂川事件）
❹ 団体の内部事項に関する行為（地方議会、大学）	○一般市民社会のなかの自律的な法規範を有する特殊な部分社会における内部紛争を、団体の相違に即し、かつ、事柄の性質や争われている権利の性質等に照らし司法審査の対象としない理論 ○地方議会：地方議会議員懲罰事件（最大判昭35. 10. 19百選Ⅱ 181事件）[*1] H30-17-ア、最大判令 2. 11. 25令 3 重判 2 事件[*2]、名古屋高判平24. 5. 11[*3] ○大学：富山大学単位不認定事件（最判昭52. 3. 15百選Ⅱ 182事件）[*4]

＊1　地方議会には自律権が認められるため地方議会における法律上の係争には司法審査の対象とならないものがある。しかし、議員の除名処分は身分の喪失に関する重大事項であって、単なる内部規律の問題にとどまらないため、司法審査の対象となる。 H30-17-ア

＊2　地方議会議員に対する出席停止の懲罰は、議事に参与して議決に加わるなどの議員としての中核的な活動ができず、住民の負託を受けた議員としての責務を十分に果たすことができなくなることに鑑みれば、その適否を専ら議会の自主的、自律的な解決に委ねることはできない。そのため、出席停止の懲罰についての議会の裁量権行使の適否は司法審査の対象となる（地方議会議員懲罰事件の判例を変更）。 オリジナル

＊3　地方議会議員には、表現の自由や参政権行使の一態様として、地方議会等において発言する自由が保障されており、これは地方議会議員において最も基本的かつ中核的な権利であるから純然たる内部事項とはいえない。 H30-17-イ

＊4　司法審査の対象となるかは、「一般市民法秩序と直接の関係」を有する問題か否かで判断されているところ、単位認定行為は特段の事情のない限り純然たる大学内部の問題であると判示している。 R5-16-ウ、H30-17-ウ
その特段の事情として、「特定の授業科目の単位の取得それ自体が一般市民法上一種の資格要件とされる場合」が挙げられている。 H30-17-エ

CORE TRAINING

□□□　政党の党員が、その政党の存立や秩序維持のために、自己の権利や自由に制約を受けることがあることは当然であり、政党が組織内の自律的運営として党員に対して行った処分の当否については、原則として自律的な解決に委ねるのが相当である。H28-18-ア	➡ 最判昭63.12.20（共産党袴田事件）4 ❶ i	○
□□□　政党に対しては、高度の自主性と自律性を与えて自主的に組織運営をなし得る自由を保障しなければならず、また、党員が政党の存立及び組織の秩序維持のために、自己の権利や自由に一定の制約を受けることがあるのも当然であるから、政党が党員に対してした除名処分の当否は、一般市民法秩序と直接の関係を有しない内部的な問題にとどまる限り、裁判所の審判権は及ばない。R3-12-イ、H28-18-イ	➡ 最判昭63.12.20（共産党袴田事件）4 ❶ ii	○
□□□　政党が党員に対して行った処分が、党員の一般市民としての権利利益を侵害すると認められる場合、その処分は司法審査の対象となり、裁判所は、政党の有する内部規律に関する決定権に照らしてその処分の内容が合理的か否かについて審査するべきである。H28-18-ウ	➡ 最判昭63.12.20（共産党袴田事件）4 ❶ iii	×
□□□　政党等から名簿登載者の除名届が提出されているにもかかわらず、選挙長ないし選挙会が当該除名の有効性を審査すべきものとすれば、政党等による組織内の自律的運営に属する事項について、その政党等の意思に反して行政権が介入することになる。こうしたことから、公職選挙法は、名簿届出政党等による名簿登載者の除名について、選挙長ないし選挙会の審査の対象を形式的な事項にとどめている。R5-12-ア	➡ 最判平7.5.25（日本新党繰上補充事件）、公職選挙法112Ⅱ、Ⅳ、98参照　4 ❷	○
□□□　特定の種類の事件だけを扱う裁判所を設置しても、その裁判所の裁判の結果に不服がある場合に、最高裁判所に上訴できるのであれば憲法に違反しない。H25-18-ウ	➡ 5	○
□□□　行政機関の認定した事実はこれを立証する実質的証拠があるときには裁判所を拘束すると定めた法律は、その実質的証拠の有無は裁判所が判断するとの規定があっても憲法に違反する。H25-18-イ	➡ 5 ※2	×

CORE PLUS

4 司法権の性質上の限界その2

団体の内部事項に関する行為（政党）	❶ 共産党袴田事件（最判昭63. 12. 20百選Ⅱ183事件） i 政党の高度の自主性と自律性から、政党の存立及び組織の秩序維持のために党員の権利や自由には一定の制約があり得、政党が組織内の自律的運営として党員に対してした処分の当否は、原則として自律的な解決に委ねられる H28-18-ア ii 上記のような自律的に解決すべき内部問題には裁判所の審判権がそもそも及ばないこととなる R3-12-イ、H28-18-イ iii 処分が一般市民としての権利利益を侵害する場合でも、その当否は、当該政党の自律的な規範が公序良俗に反する等の特段の事情のない限り、その規範の下で、又は条理に基づき、適正な手続に則ってされたかの判断に限られる H28-18-ウ ❷ 日本新党繰上補充事件（最判平7.5.25百選Ⅱ155事件） 政党等から名簿登載者の除名届が提出されているにもかかわらず、選挙長又は選挙会が当該除名の有効性を審査すべきものとすれば、政党等による組織内の自律的運営に属する事項について、その政党等の意思に反して行政権が介入することになる。こうしたことから、公職選挙法は、名簿届出政党等による名簿登載者の除名について、選挙長又は選挙会の審査の対象を形式的な事項にとどめている R5-12-ア

5 特別裁判所と最高裁判所による終審裁判

特別裁判所：特定の人間又は事件について裁判するために、通常裁判所の系列から独立して設けられる裁判機関をいい、76条2項前段により設置を禁止されている。

特別裁判所該当性	具体例
当たる	外地の法院、軍法会議、皇室裁判所
当たらない	家庭裁判所、知財高裁、行政裁判所（最高裁判所の系列下の裁判所に属する場合には当たらない H25-18-ウ）

※1　行政不服審査法上の裁決や独占禁止法上の公正取引委員会の審決のように、行政機関が通常裁判所の前審として裁判を行うことは違憲にはならない。

※2　行政機関の前審に対する不服の訴えについて、行政機関の認定した事実が、これを立証する実質的な証拠があるときには（通常）裁判所を拘束するという規定（実質的証拠法則）は、「立証する実質的な証拠」の存在（電波99Ⅰ）と「実質的な証拠の有無は、裁判所が判断する」（電波99Ⅱ）という条件の下で合憲と解されている。H25-18-イ

CORE TRAINING

□□□　判例は、憲法が定める刑事裁判の諸原則が厳格に遵守されるためには高度の法的専門性が要求されることや、憲法が裁判官の職権行使の独立と身分保障のために周到な規定を設けていることなどから、憲法は、刑事裁判の基本的な担い手として裁判官を想定しているとの見解に立ちつつも、一般の国民を刑事裁判に参加させる裁判員制度を合憲であるとした。予R1-11-ウ	➡ 最大判平23.11.16（百選Ⅱ175事件）6 ※1	○
□□□　裁判員制度は国民主権の理念に沿って司法の国民的基盤の強化を図るものであり、裁判員の職務等が司法権の行使に対する国民の参加という点で参政権と同様の権限を国民に付与するものであることからすると、裁判員の職務等を憲法第18条後段が禁ずる「苦役」に当たるということは、必ずしも適切ではない。R3-11-イ	➡ 最大判平23.11.16（百選Ⅱ175事件）6 ※2	○
□□□　判例によれば、憲法第82条にいう「公開」は、国民一般に裁判の傍聴が許されるということを意味するから、何人も、裁判所に対して裁判を傍聴することを権利として要求することができる。R3-16-ア	➡ 最大判平元.3.8（レペタ事件）7 ❶	×
□□□　判例によれば、刑事事件の証人尋問の際に、傍聴席と証人との間に衝立を置くなどして傍聴人から証人を見ることができないようにすることは、審理を公開することの意義を没却するものであるから、憲法第82条に違反する。R3-16-イ	➡ 最判平17.4.14（百選Ⅱ186事件）7 ❹	×
□□□　裁判所が裁判官の全員一致で公の秩序又は善良の風俗を害するおそれがあると決することにより、傍聴人を退廷させて審理をすることができる場合であっても、判決の言渡しは、傍聴人を入廷させてしなければならない。R3-16-ウ	➡ 82Ⅱ本文。「判決」は例外なく公開しなければならない 7 ❸	○

CORE PLUS

6 裁判への国民の参加

陪　審　制	一般市民から選ばれた陪審員が事実認定を行うという制度で、刑事事件で被疑者の起訴の判断をする大陪審と民事・刑事事件において審理で評決を行う小陪審に分かれる
参　審　制	一般市民と裁判官が一緒になって評議するもの
裁判員制度	一般市民から選ばれた6人の裁判員と3人の裁判官が合議体を構成し、刑事訴訟手続における事実認定、法令の適用、刑の量定等の権限を行使する

※1　判例は、刑事裁判の基本的な担い手として裁判官を想定しているとの見解に立ちつつも、一般の国民を刑事裁判に参加させる裁判員制度を合憲であるとしている（最大判平23.11.16百選Ⅱ175事件）。予R1-11-ウ

※2　また、前掲最大判平23年は、裁判員制度が、参政権と同様の権限を国民に付与するものであること、及び辞退に関し柔軟な制度を設けていることから、裁判員の職務等が18条後段の禁ずる「苦役」に当たらないことは明らかであるとしている。R3-11-イ

7 裁判の公開

❶ 82条1項の趣旨（最大判平元．3．8百選Ⅰ72事件、レペタ事件）	○裁判を一般に公開して裁判が公正に行われることを制度として保障 ○各人が裁判所に対して傍聴することを権利として要求できることまでは認めていない R3-16-ア
❷ 原則（82Ⅰ）	「裁判の対審及び判決は、公開法廷でこれを行ふ」
❸ 例外（82Ⅱ本文）	「対審」について非公開 「判決」について例外なし R3-16-ウ
❹ その他（最判平17．4．14百選Ⅱ186事件）	判例は、傍聴席と証人との間に衝立を置くなどして傍聴人から証人を見ることができない場合でも、審理が公開されていることに変わりはないとして、82条1項に違反しないとした R3-16-イ

CORE TRAINING

02　司法権の独立

□□□　裁判官の職権の独立は、外部からの干渉のみならず裁判所内部における干渉の排除も要求するから、裁判官は、どのような訴訟指揮をしたとしても、そのことを理由に裁判所内部で懲戒処分を受けることはない。予R2-10-ウ

➡ 裁49。懲戒処分の対象から訴訟指揮に関する事実が除外されているわけではない

×

□□□　裁判官の懲戒について、憲法は、行政機関による懲戒処分を禁止し、裁判所が行うことを規定しているから、裁判所は懲戒処分として、裁判官を懲戒免職にすることができる。オリジナル

➡ 憲法78条前段で裁判官の罷免事由が限定されているから懲戒による罷免はできない

×

□□□　憲法上の直接的な明文の規定はないが、司法権の独立の観点から、最高裁判所及び下級裁判所が司法行政権を担っていると解されている。H23-17-エ

➡ 第6章全体の趣旨から導かれるとされている

○

03　裁判所の構成と権能

□□□　最高裁判所の裁判官の任命に関する国民の審査権は、主権者の権能の一内容である点において選挙権と同様の性質を有するという見解は、憲法は、主権が国民に存すると規定するとともに、最高裁判所に国家行為の憲法適合性を判断する権限を有する終審裁判所という重要な地位・権限を付与しているということを根拠とする。R5-11-ウ

➡ 最大判令4.5.25（令4重判5事件）8 ※

○

CORE PLUS

8 国民審査の法的性質

	内　容	理　由	批　判
❶解職制度説（最大判昭27. 2 .20、百選Ⅱ178事件、最高裁裁判官国民審査法事件）	国民審査制度はリコール制である	○79条 3 項は、国民審査の法的効果として裁判官が「罷免される」と定めている ○憲法は最高裁裁判官が任命されてから国民審査によって罷免の有無の審判を受けるまでの裁判官の地位について何ら特別の規定を設けていないから、任命行為によって最高裁裁判官の任命は完了すると解するのが正当である	任命後初めて行われる審査が、任命されたばかりでほとんど裁判したことがない裁判官について行われることもあり得る
❷解職制度であると同時に任命の事後審査をする制度とする説	原則、リコール制だが、任命後 1 回目の国民審査がなされる裁判官においては、内閣の任命を確認する意味がある	憲法は、任命後初めて行われる衆議院議員選挙の際に必ず国民審査が行われるべきものとしており、任命後間もない時期の審査は、内閣の任命行為に対する事後審査としての意味を持つものである	○任命後初の審査とそれ以外の物とをはっきり区別することは困難である ○「事後審査」という概念は不明瞭である

※　国民審査権について、判例（最大判令 4 . 5 .25令 4 重判 5 事件）は、「憲法は、一切の法律、命令、規則又は処分が憲法に適合するかしないかを決定する権限を有する終審裁判所である（憲法81条）などの最高裁判所の地位と権能に鑑み、この制度を設け、主権者である国民の権利として審査権を保障している」。「このように、審査権が国民主権の原理に基づき憲法に明記された主権者の権能の一内容である点において選挙権と同様の性質を有することに加え、憲法が衆議院議員総選挙の際に国民審査を行うこととしていることにも照らせば、憲法は、選挙権と同様に、国民に対して審査権を行使する機会を平等に保障している」としている。R5-11-ウ

CORE TRAINING

□□□　最高裁判所の制定する規則は、その対象となる事項が規則を制定した機関の内部事項に限られないという点で、議院規則と異なる性質を有する。H29-17-イ　➡ 9 ＊　○

□□□　最高裁判所は、裁判所の内部規律に関する事項について規則を定める権限を有するが、憲法第76条第３項は、すべて裁判官は憲法及び法律にのみ拘束されると定めているから、裁判官を対象とする事項を規則で制定することはできない。H29-17-ア　➡ 9 ❸　×

□□□「この法律に定めるもののほか、非訟事件の手続に関し必要な事項は、最高裁判所規則で定める。」との非訟事件手続法第２条の規定は、憲法第77条第１項において規則の対象とされている「訴訟に関する手続」に非訟事件の手続が含まれないとの立場を前提としている。H29-17-ウ　➡ 9 ❶　×

CORE PLUS

9 最高裁判所の規則制定権

規則制定権（77Ⅰ）の及ぶ範囲*	❶「訴訟に関する手続」 民事・刑事及び行政事件の訴訟手続に関する一切の事項をいい、非訟事件、家事審判や少年の保護処分等も含む H29-17-ウ ❷「弁護士……に関する事項」 職業選択の自由との関係から、既に弁護士になった者が裁判所及び訴訟事件に関わる場合にそれに関する事項に限られる ❸「裁判所の内部規律……に関する事項」 一般に裁判所の内部における事務処理に関する事項 76条３項は「すべて裁判官は……この憲法及び法律にのみ拘束される」と規定するが、これは、形式的意味の法律のみならず命令、規則、条例その他一切の成文法や慣習法にも拘束されることを意味する H29-17-ア ❹「司法事務処理に関する事項」 裁判所傍聴規則や司法研修所規則のように司法行政事務の処理に関する事項

＊　これに対して、議員規則の対象事項は、「会議その他の手続及び内部の規律に関する規則」（58Ⅱ）に限定されている。H29-17-イ

No. 067　租税法律主義

H26-18

□ 月 日
□ 月 日
□ 月 日

憲法に定める租税法律主義に関する次のアからウまでの各記述について、最高裁判所の判例の趣旨に照らして、それぞれ正しい場合には1を、誤っている場合には2を選びなさい。

□□□ ア．租税の賦課は法律又は法律の定める条件によらなければならないが、条例は公選の議員で組織する議会の議決を経て制定される自治立法であるから、一定の範囲内で条例による租税の賦課徴収ができる。

□□□ イ．課税の根拠法律があるにもかかわらず長年にわたり課税されなかった物については、非課税の慣習法が成立しているとみるべきであるから、新たにその物に課税することは、それがその根拠法律の正しい解釈に基づくものであるとしても、租税法律主義に反する。

□□□ ウ．租税法律主義は、社会全体に対する財やサービスを提供するための資金を租税として強制的に徴収する場合について規定したものであるから、個人への給付に対する反対給付としての性質を有する保険料等については適用がなく、また、その趣旨も及ばない。

No. 067　正解 ア1、イ2、ウ2　租税法律主義の内容を復習したうえで、判例知識を正確に身に付けよう。　正答率 90.3%

ア　正しい。

判例は、地方公共団体が制定した企業税条例によって課税処分を受けた者が、当該条例が地方税法に違反して無効であると主張してこれを争った事案において、「普通地方公共団体は、地方自治の不可欠の要素として、……国とは別途に課税権の主体となることが憲法上予定されているものと解される」としたうえで、普通地方公共団体の課税権は、「憲法上、租税法律主義（84条）の原則の下で、法律において地方自治の本旨を踏まえてその準則を定めることが予定されており……普通地方公共団体の課税権は、これに従ってその範囲内で行使されなければならない」とし、84条の「法律」中に条例が含まれることを前提としている（最判平25. 3 .21百選Ⅱ201事件）。したがって、地方公共団体は、一定の範囲内で条例によって租税の賦課徴収ができる。

イ　誤り。

判例は、当初課税対象とされていなかったパチンコ球遊器について、これが課税物件である遊戯具であるため課税対象とすべき旨の通達が発され、これに基づいて課税処分を受けたパチンコ球遊器業者が、当該処分を争った事案において、「通達の内容が法の正しい解釈に合致するものである以上、本件課税処分は法の根拠に基く処分と解するに妨げがなく」、通達課税の憲法違反をいう論旨は理由がないとしている（最判昭33. 3 .28百選Ⅱ A16事件、パチンコ遊戯具事件）。したがって、判例は、法律上非課税の取扱いが長期間続いた場合であっても非課税の慣習法が成立しているとはみておらず、通達に基づき新たに課税することは、その解釈が法律の解釈として正しいものであれば、租税法律主義に反しないという立場を採っている。

ウ　誤り。

判例は、84条の「租税」の意義について、**保険給付の反対給付として徴収される国民健康保険料**には「**憲法84条**の規定が**直接に適用されることはない**」としているが、「国、地方公共団体等が賦課徴収する**租税以外の公課**であっても、……賦課徴収の強制の度合い等の点において**租税に類似する性質を有するもの**については、**憲法84条の趣旨が及ぶ**と解すべき」とし、**国民健康保険料**についても「強制加入とされ、保険料が強制徴収され、賦課徴収の強制の度合いにおいては租税に類似する性質を有するものであるから……**憲法84条の趣旨が及ぶ**と解すべきである」としている（最大判平18. 3 . 1百選Ⅱ196事件、旭川市国民健康保険条例事件）。したがって、租税法律主義は、個人への給付に対する反対給付としての性質を有する保険料について直接の適用はないが、その趣旨が及ぶ。

文献　試験対策講座563～569、601頁。判例シリーズ97、98事件

No. 068

財　政

H29-19

□　月　日
□　月　日
□　月　日

財政に関する次のアからウまでの各記述について、それぞれ正しい場合には1を、誤っている場合には2を選びなさい。

□□□ ア.「租税を除く外、国が国権に基いて収納する課徴金及び法律上又は事実上国の独占に属する事業における専売価格若しくは事業料金については、すべて法律又は国会の議決に基いて定めなければならない。」と規定する財政法第3条について、その根拠を憲法第83条の財政民主主義に求める見解に対しては、財政法第3条は、具体的な金額又は金額算定基準まで法律によって定めることまで要求していないのであるから、憲法第83条と矛盾することになるとの批判が妥当する。

□□□ イ. 最高裁判所の判例によれば、個人への特別の給付に対する反対給付として当該個人に対して課する国民健康保険料のような金銭給付は憲法第84条の「租税」には当たらないと狭く解したとしても、「租税」以外の公課の賦課要件について定めた条例が憲法第84条の趣旨に反することはあり得る。

□□□ ウ. 国費を支出するには国会の議決に基づくことを必要とするが、国費の支出に関する国会の議決は使途の確定した支出についてなされるべきものであるから、使途が未確定である予備費を設けることについては国会の議決を要しない。

No. 068　**正解 ア2、イ1、ウ2**

租税法律主義の適用範囲について、判例集と基本書で確認しておこう。

正答率 82.7%

ア　誤り。

財政法３条は、租税以外の国が国権に基づいて収納する課徴金等につき、法律又は国会の議決に基づいて定めることを要求している。ここで、**租税**（固有の意味の租税）とは、国又は地方公共団体が特別の役務に対する**反対給付としてでなく**、その経費に充てるための財力取得の目的で、その課税権に基づき、一般国民に対して**一方的強制的に賦課し徴収する金銭給付**をいう。そこで、上記の定義に含まれない、負担金、専売物資の価格、手数料、国の独占事業の料金などが、租税法律主義を定める憲法84条の「租税」に含まれるか否かが、財政法３条の位置づけと関連して問題となる。すなわち、租税法律主義の原則は、固有の意味の租税のみに関する原則ではないとして、**憲法84条の「租税」を広義に解する立場**からは、**財政法３条**は**憲法84条の租税法律主義の要求**するところであるとする見解（84条説）が導かれる。他方、租税法律主義に基づく厳格なコントロールが必要なのは「固有の意味の租税」のみであるとして同条の「**租税**」を**狭義に解する立場**からは、**財政法３条の根拠**を憲法84条ではなく、**83条の財政民主主義**に求める見解（83条説）が導かれる。83条説は、財政法３条の「法律又は国会の議決に基いて」とは、憲法84条が求める「法律の定める条件による」とは異なり、具体的な金額又は金額算定基準まで直接法律で定めることまで要求するものではなく、租税以外の負担金などについて、憲法83条による国会の基本的コントロールを行使すれば足りるとする趣旨であるとする。したがって、この見解によれば、財政法３条は憲法83条と矛盾せず、本記述中の批判は当たらない。

イ　正しい。

判例（旭川市国民健康保険条例事件）は、国民健康保険の保険料が同条の「租税」に当たるかにつき、「市町村が行う**国民健康保険の保険料**は、……被保険者において**保険給付を受け得ることに対する反対給付として徴収**されるものである」から、「上記保険料に**憲法84条**の規定が**直接に適用される**ことは**ない**」として、国民健康保険料のような金銭給付は同条の「租税」には当たらないと解したうえで、「**租税以外の公課**であっても、賦課徴収の強制の度合い等の点において**租税に類似する性質を有するもの**については、**憲法84条の趣旨**が**及ぶ**と解すべきであるが、……その規律の在り方については、当該公課の性質、賦課徴収の目的、その強制の度合い等を総合考慮して判断すべき」であるとしている。したがって、租税以外の公課に84条の趣旨が及び、上記総合考慮をして条例の規律の在り方を検討した結果、当該条例が同条の趣旨に反するということはあり得る。

ウ　誤り。

87条の規定する予備費は、いまだ使途が未確定であるが、同条１項は、「国会の議決に基いて」予備費を設けると定めている。したがって、予備費を設けることについては国会の議決が必要である。

文献 試験対策講座565～569、579頁。判例シリーズ98事件

No. 069

財　政

R5-18

□　月　日
□　月　日
□　月　日

財政に関する次のアからウまでの各記述について、最高裁判所の判例の趣旨に照らして、それぞれ正しい場合には１を、誤っている場合には２を選びなさい。

□□□ ア．市町村が行う国民健康保険における保険料は、憲法第84条に規定する租税には当たらないが、国民健康保険は強制加入とされ、保険料が強制徴収されるものであり、賦課徴収の強制の度合いにおいては租税に類似する性質を有するため、憲法第84条の趣旨が及ぶ。

□□□ イ．暦年途中の租税法規の変更及びその暦年当初からの適用によって納税者の租税法規上の地位が変更され、課税関係における法的安定に影響が及び得る場合の憲法第84条適合性については、変更の対象となる納税者の租税法規上の地位の性質、変更の程度及び変更により保護される公益の性質などの諸事情を総合的に勘案して判断すべきである。

□□□ ウ．長く課税されることがなかったパチンコ球遊器について、行政の内部命令である通達によって課税の物件たる遊戯具に該当するとして課税の対象とされたことは、通達の内容が法の正しい解釈に合致するものであっても、憲法第84条に違反する。

No. 069　**正解　ア１、イ１、ウ２**

財政については学習が行き届いていない受験生が多いが、この機会にしっかりと整理しておこう。

正答率 84.6%

ア　正しい。

判例（旭川市国民健康保険条例事件）は、「**国又は地方公共団体が、課税権に基づき、その経費に充てるための資金を調達する目的をもって、特別の給付に対する反対給付としてでなく、一定の要件に該当するすべての者に対して課する金銭給付**は、その形式のいかんにかかわらず、**憲法84条**に規定する**租税**に当たる」としたうえで、「市町村が行う国民健康保険の保険料は、……被保険者において保険給付を受け得ることに対する反対給付として徴収されるもの」であることから、「上記保険料に憲法84条の規定が**直接に適用されることはない**」として、国民健康保険料のような金銭給付は、憲法84条の「租税」に当たらないと解している。

もっとも、続けて判例（旭川市国民健康保険条例事件）は、「市町村が行う国民健康保険は、保険料を徴収する方式のものであっても、強制加入とされ、保険料が強制徴収され、**賦課徴収の強制の度合い**においては**租税に類似**する性質を有するものであるから、これについても**憲法84条の趣旨が及ぶ**と解すべきである」と判示している。

イ　正しい。

判例は、本問と同様の場合の「憲法適合性については、当該財産権の性質、その内容を変更する程度及びこれを変更することによって保護される公益の性質などの諸事情を総合的に勘案し、その変更が当該財産権に対する合理的な制約として容認されるべきものであるかどうかによって判断すべきものであるところ……、暦年途中の租税法規の変更及びその暦年当初からの適用によって納税者の租税法規上の地位が変更され、課税関係における法的安定に影響が及び得る場合においても、これと同様に解すべき」であるとしている（最判平23．９．22百選Ⅱ197事件）。

ウ　誤り。

判例（パチンコ遊戯具事件）は、本問と同様の事案において、「課税がたまたま……通達を機縁として行われたものであつても、通達の内容が法の正しい解釈に合致するものである以上、本件課税処分は法の根拠に基く処分と解するに妨げがなく」、通達課税であり違憲であるとの主張は、「通達の内容が法の定めに合致しないことを前提とするもの」であり、採用できないとしている。

文献　試験対策講座564、567～569頁。判例シリーズ97、98事件

No. 070

予算の法的性格

H22-19

□　月　日
□　月　日
□　月　日

予算の法的性格については、法律とは異なる独自の法形式であるとする見解（予算法規範説）と、法律の一種とする見解（予算法律説）がある。これらの見解に関する次のアからウまでの各記述について、それぞれ正しい場合には1を、誤っている場合には2を選びなさい。

□□□ ア．予算法規範説は、提出権が内閣に属すること、衆議院に先議権があることなどを根拠とする。それに対して、予算法律説は、予算の制定手続が一般の法律と異なるのは憲法第59条第1項の「憲法に特別の定のある場合」に該当するとする。

□□□ イ．国会が予算に対してどこまで修正をなし得るかについて、予算法規範説は修正に制限は存しないとする。それに対して、予算法律説は、予算の同一性を損なうような大修正はできないとする。

□□□ ウ．予算は成立したのに、その支出を命ずる法律が制定されない場合について、予算法規範説は、内閣が支出を実行できるとする。それに対して、予算法律説は、内閣が法律案を提出して国会の議決を求めるしかないとする。

No. 070　**正解　ア1、イ2、ウ2**　予算の法的性格には争いがあるので、あらかじめ学説を整理・理解しておこう。　正答率 83.7%

ア　正しい。

予算法規範説は、**予算を法律とは異なる特殊の法形式**であるとする。この説は、予算の提出権が内閣に属すること（73条5号、86条）、衆議院に先議権があること（60条1項）、衆議院の再議決制が認められておらず、議決形式についても予算は一般の法律とは異なった取扱いが定められていること（同条2項）などといった独自の形式が与えられていることを理由とする。したがって、前段は正しい。**予算法律説**は、**予算をそれ自体法律である**とする。この説は、83条の国会による財政民主主義の原則を中心に置き、予算という名称の法律には原則として59条1項が適用されるが、この規定の「憲法に特別の定のある場合」に当たるものとして、60条の衆議院の先議権と衆議院の優越が適用されるとする。したがって、後段も正しい。

イ　誤り。

国会の予算修正権に制限は存しないとするのは、**予算法律説**である。同説は、予算は法律であることから、法律の修正と同じく予算の修正に制限は存しないとする。他方、予算の同一性を損なうような大修正はできないとして、**国会の予算修正権に制限がある**とするのは、**予算法規範説**である。同説は、憲法が予算発案権を内閣に専属させているから、予算の修正にはその同一性を損なうような大修正はできないという制限が存するとする。

ウ　誤り。

法律と予算の提出権者、議決手続、要件が異なる以上、予算と法律との間に不一致が生じる場合がある。この点における内閣の対処方法について、予算法規範説によれば、予算が法律ではない以上、内閣は、別途、予算を実行する内容の法律案を提出し国会の議決を求めるものとされる。これに対し、予算法律説によれば、内閣は予算の成立に伴い、予算法という法律を執行する義務を負うこととなるから、内閣が予算に基づく支出を実行でき、法律と予算の不一致は解決されるとされる。したがって、本記述は各学説に対応する帰結が逆になっている点で誤りである。

文献　試験対策講座575～577頁

CORE TRAINING

01　財政の基本原則

問題	解説	解答
□□□　租税は、国民に対して直接負担を求めるものであるから、課税をするに当たっては、必ず国民の同意を得なければならない。したがって、租税を創設し、改廃する場合だけでなく、課税要件と賦課及び徴収の手続についても、全て法律に基づいて定められる必要がある。 H23-19-ア	➡ 1 ❶ i、＊	×
□□□　憲法第84条は、直接的には、租税について法律による規律の在り方を定めるものであるが、国、地方公共団体等が賦課徴収する租税以外の公課であっても、その性質に応じて、法律又は法律の範囲内で制定された条例によって適正な規律がなされるべきである。 H23-19-イ	➡ 最大判平18.3.1（旭川市国民健康保険条例事件）1 ❷ i	○

CORE PLUS

1　財政民主主義の原則

<table>
<tr><td rowspan="3">財政国会中心主義（83）</td><td rowspan="2">租税法律主義（84）
→収入面を具体化した規定</td><td>❶内容</td><td>i　課税要件法定主義＊ H23-19-ア
パチンコ遊戯具事件（最判昭33.3.28百選Ⅱ A16事件）「本件の課税がたまたま所論通達を機縁として行われたものであっても、通達の内容が法の正しい解釈に合致するものである以上、本件課税処分は法の根拠に基く処分と解する」
ii　課税要件明確主義</td></tr>
<tr><td>❷適用範囲</td><td>旭川市国民健康保険条例事件（最大判平18.3.1百選Ⅱ 196事件）
i　市町村が行う国民健康保険の保険料については、84条の規定が直接に適用されることはないが、同条の趣旨が及ぶと解すべき H23-19-イ
ii　国民健康保険法81条の委任に基づき条例において賦課要件がどの程度明確に定められるべきかは、賦課徴収の強制の度合いのほか、社会保険としての国民健康保険の目的、特質等をも総合考慮して判断する必要がある</td></tr>
<tr><td colspan="3">国費の支出・国庫債務負担行為の議決（85）
→支出面を具体化した規定</td></tr>
</table>

＊　租税に関するすべての事項を法律で定めることは実際的ではなく、命令への委任も一定程度許されると解される。 H23-19-ア

CORE TRAINING

02　財政監督の方式

□□□　予算は、一会計年度における国の財政行為の準則であり、政府の行為を規律する法規範であるから、国の歳入が歳入予算に定められた金額を超えると見込まれる場合には、内閣は、補正予算を作成・提出し、国会の承認を得た上で徴収することになる。H20-18-イ

➡ 2 ❶ ii　×

□□□　予算は法律であるとする予算法律説の立場に立てば、予算措置を必要とする法律が成立したのに、それを執行するための予算が伴わないという事態は生じ得ないこととなる。R1-17-ア

➡ 2 ※　×

□□□　国会は、予算の議決に際し、増額修正を行うことができるが、予算の作成・提出権が内閣に専属していることから、原案に新たな項を加えることはいかなる場合も許されない。R1-17-イ

➡ 財19、国会57の3参照　2 ❷ ii　×

□□□　予算の裏付けを必要とする法律が成立しているにもかかわらず、その執行に必要となる予算が不存在ないし不成立の場合、法律を誠実に執行すべき内閣としては、補正予算の提出、経費の流用、予備費の支出などにより、対処することが求められる。R4-18-ア

➡ 2 ❸ i　○

CORE PLUS

2 予算の法的性格に関する諸論点

❶ 法的性格	i　予算法規範説（通説）：予算は国の財政行為の準則として国会の議決により定立される法規範である ii　予算法律説：予算は法規範であるのみならず、それ自体法律である（→国会の予算修正権の限界いかんの問題や予算と法律の不一致の問題の生ずる余地なし） →現在の学説は、歳出予算については何らかの法規範性を肯定する一方で、歳入は財政法等の法律に基づいて徴収され予算の拘束を受ける余地がないことから、歳入予算の法規範性については否定する。そのため、国の歳入が歳入予算に定められた金額を超えると見込まれる場合であっても、補正予算の作成・提出や国会の承認は必要でない H20-18-イ
❷ 国会の予算修正権	i　減額修正：財政国会中心主義の原則から限界なし ii　増額修正：修正限界説（予算法規範説から導かれる）、修正無限界説（予算法規範説、予算法律説から導かれる） R1-17-イ
❸ 予算と法律の不一致（予算法規範説から生じる論点）	i　予備措置あるいは予算の裏づけを必要とする法律は成立したが、その執行に要する予算が不存在又は不成立の場合 →予算と法律とは、本来一致させられるべきものであり、内閣は「法律を誠実に執行」しなければならない以上（73①）、当該支出についても予算化する義務を負う。また、予算の成立以前の段階でも、補正予算の提出（財29）、経費の流用（財33 Ⅱ）、予備費の支出（憲87、財24、35）を図るなどにより法律を実施するか、法律の施行の延期等の方法を採る必要がある R4-18-ア ii　予算は成立したが、予算の執行を命ずる法律が制定されていない場合 →当該支出を予算に計上した内閣としては、法律案の提出によって当該施策の実施に努める（国会の議決を求める）しかない。しかし、国会は、予算を議決した以上道義的には法律の制定に努めるべきであるとしても、当該法律を制定すべき義務はない

※　予備措置あるいは予算の裏づけを必要とする法律は成立したが、その執行に要する予算が不存在又は不成立という事態は、法律（権限法）と支出許可を与える予算法（歳出法）の趣旨の違いと、議決方法・要件の違いとによって生じるものであり、予算を法律と解するかどうかの問題とは次元を異にする。 R1-17-ア

CORE TRAINING

問題	参照	正誤
□□□　予備費は、予見し難い予算の不足に充てるため、国会の議決に基づいて設けられ、内閣の責任で支出されるものである。そのため、内閣は、その支出について、事後に国会の承諾を求める必要はない。 R4-18-イ	➡ 87Ⅱ　3❶	×
□□□　内閣は、国会及び国民に対し、定期に、少くとも毎年一回、国の財政状況について報告しなければならないが、国会に対しては、毎会計年度予算及び決算を提出しているから、この報告に関しては、成立した予算及び決算を国民に対して報告すれば足りる。 R1-17-エ 、H20-18-エ	➡ 91　3❸	×
□□□　内閣は、毎年の国の収入支出の決算について、会計検査院の検査を経た上で、翌年度国会に提出しなければならない。提出された決算については、各議院で審議され、それを認めるか否かの審査がなされるが、そこで不承認とされても、決算の効力に影響は生じない。 R4-18-ウ 、R1-17-ウ	➡ 90Ⅰ　3❷iv	○

CORE PLUS

3　予備費、決算、財政状況の報告

❶ 予備費（87Ⅰ）	予備費の支出については、内閣は、事後に国会の承諾を得なければならない（87Ⅱ） R4-18-イ
❷ 決算（90Ⅰ）	i　法規範性なし ii　決算の審査は、会計検査院の検査と国会の審査に委ねられる iii　会計年度の期間について明文の規定はないものの、国会の常会が毎年召集すべきものとされていること（52）、及び決算について毎年会計検査院が検査することとされている（90Ⅰ）ことから、会計年度は１年を予定していると考えられる iv　国会における審査は予算の執行が現実に適正に行われたかどうかの事後審査であるから、国会が修正を加えることはできず、また、不承認の議決がなされても、既になされた収入支出に何ら影響を及ぼさない R4-18-ウ 、R1-17-ウ
❸ 財政状況の報告（91）	財政状況公開の原則（91） 内閣は、国会及び国民に対し、定期に、少なくとも毎年一回、国の財政状況について報告しなければならない。また、財政状況は予算・決算に限られない（財46参照） R1-17-エ 、H20-18-エ

No. 071 論 **条　例** H23-20

□ 月 日
□ 月 日
□ 月 日

条例に関する次のアからウまでの各記述について、ａの見解からｂの見解が導き出せる場合には１を、導き出せない場合には２を選びなさい。

□□□ ア．ａ．地方公共団体の制定する条例は、憲法が定める「地方自治の本旨」に基づき、憲法により制定する権能を定められた自治立法である。

ｂ．条例により、住民の基本的人権に制限を課すことも可能であるが、憲法第14条に照らし、このような制限が地域による差別を生ずることは憲法上許されない。

□□□ イ．ａ．地方自治法は、政策に関する住民投票制度を規定していないが、憲法の定める「地方自治の本旨」からして、地方公共団体が住民投票を行うことは認められる。

ｂ．条例で住民投票制度を設け、「首長は、事務の執行に当たり、その結果を尊重するものとする」と定めた場合、首長には、住民投票の結果に従うべき法的義務がある。

□□□ ウ．ａ．条例が法律に違反するかどうかは、それぞれの趣旨、目的、内容及び効果を比較し、両者の内容に矛盾抵触するところがあるかどうかによって決するべきである。

ｂ．地方公共団体が、法律と同一目的で同一の汚染物質について、条例でより厳しい排出基準を定めたとしても、その条例が直ちに法律に違反するとは言えない。

No. 071　正解 ア2、イ2、ウ1　条例や住民投票に関して、基本書等で知識を整理しておこう。　正答率 81.4%

ア　導き出せない。

ａの見解は、地方公共団体の制定する条例は、憲法が定める「地方自治の本旨」(92条) に基づき、憲法により制定する権能を定められた自治立法であるとする。このことからすれば、条例による人権制約は憲法上予定されていると考えることが可能であり、ａの見解からｂの見解の前半部分を導き出すことができる。もっとも、判例は、「憲法が各地方公共団体の条例制定権を認める以上、地域によって差別を生ずることは当然に予期されることであるから、かかる差別は憲法みずから容認するところである」としており、ａの見解とｂの見解の後半部分とはつながらない (最大判昭33.10.15百選Ⅰ32事件、東京都売春等取締条例事件)。

イ　導き出せない。

ａの見解は、憲法の定める「地方自治の本旨」を根拠として、地方公共団体がその政策に関して住民投票を行うことを認めるとする。もっとも、地方公共団体がその政策に関して住民投票を行うことができるとしても、その住民投票の結果に首長が従うべき義務があるか、あるいは義務を負うとしても、それが法的義務か政治的・道義的義務かは別問題である。したがって、住民投票自体を認めるということが、投票結果の拘束力についての首長の法的義務を導き出すわけではない。

ウ　導き出せる。　類 R4-19-ア

ａの見解は、**条例が法律に違反するか**否かについて、それぞれの**趣旨、目的、内容**及び**効果を比較**し、両者の間に**矛盾抵触**するところがある**かどうかによって決する**べきであるとする。この見解は、条例が法律に違反するかどうかを、条例と法律の文言のみの比較によってではなく、実質的な比較によって決するものである。このことからすれば、地方公共団体が、法律と同一目的で同一の汚染物質について、条例でより厳しい排出基準を定めたとしても、条例が直ちに法律に違反するとはいえず、法律に違反するかどうかを決するには実質的検討を要することとなる (最大判昭50.９.10百選Ⅰ83事件、徳島市公安条例事件)。

文献　試験対策講座602～605、607、608頁。判例シリーズ16、45事件

CORE TRAINING

01　地方自治の意義

□□□　憲法上の地方公共団体の意義について「憲法が特に一章を設けて地方自治を保障するにいたったのは、新憲法の基調とする政治民主化の一環として、住民の日常生活に密接な関連をもつ公共的事務は、その地方の住民の手でその住民の団体が主体となって処理する政治形態を保障しようとする趣旨からである」と述べた最高裁判所の判決には、憲法第92条にいう「地方自治の本旨」が、第93条で具体化されている住民自治と第94条で具体化されている団体自治によって構成されていると解する余地がなくなるという問題点がある。 H30-19-エ

➡ 最大判昭38.3.27（百選Ⅱ200事件）。住民自治及び団体自治が「地方自治の本旨」(92)の内容となっていることを前提としている

×

CORE PLUS

1 住民自治・団体自治の表れ

	具体例
住民自治の表れ	○地方公共団体の長、議会の議員の直接選挙（93Ⅱ） ○一の地方公共団体のみに適用される特別法の住民投票（95） ○直接請求の諸制度（e.g. 条例の制定・改廃請求、監査請求、議会の解散請求、議員・長・役員の解職請求）
団体自治の表れ	94条により具体化された内容 ○財産の管理 ○事務の処理　→非権力的な公共事業を指す ○行政の執行　→権力的・統治的作用を指す ○条例の制定

CORE TRAINING

□□□　地方自治の本質について、地方公共団体固有の前国家的な基本権を保障したものではなく、地方自治という歴史的・伝統的な制度を保障したものと解する立場に立つと、憲法第92条に規定された「地方自治の本旨」には特別の法的意味がないこととなる。R3-19-ア

➡ 2❷

×

□□□　憲法上の地方公共団体の意義について「憲法が特に一章を設けて地方自治を保障するにいたったのは、新憲法の基調とする政治民主化の一環として、住民の日常生活に密接な関連をもつ公共的事務は、その地方の住民の手でその住民の団体が主体となって処理する政治形態を保障しようとする趣旨からである」と述べた最高裁判所の判決は、憲法によって保障された地方自治がどのような性質を有するかという問題について、個人が国家に対して固有かつ不可侵の権利を持つのと同様に、地方公共団体もまた固有の前国家的な基本権を有するという立場に立つものである。H30-19-ア

➡ 最大判昭38.3.27（百選Ⅱ200事件）2❷

×

□□□　「地方自治の本旨」とは、国の全域が法律で定める地方公共団体の区域に区分され、その各区域における公共事務が、多かれ少なかれ国から独立に、その地方公共団体の事務として、その住民の参与によって処理される体制を意味するとの見解がある。この見解によれば、立法政策の当否は別として、市町村だけを地方公共団体としたり、都道府県を統廃合したりすることが、「地方自治の本旨」に反するわけではない。H22-20-イ

➡ 地方自治保障の性質論から「地方自治の本旨」に反するか否かを導くことはできない　2❷ii

○

□□□　統治権のうち行政に関する部分は、憲法上国と地方とに配分され、内閣が行使する行政権と、地方公共団体が行政を執行する権能から構成されるという見解は、近代主権国家では、統治権という意味での主権は不可分一体であり、地方公共団体の権能もかかる国家の統治権から伝来するものであって、国家の法律による承認ないし委任に依拠し、またその限度で認められるということを根拠とする。R5-11-イ

➡ 地方公共団体の権能が国家の法律による承認・委任に依拠し、またその限度で認められるとすれば、国とは別に地方に配分されるべき統治権は観念できない

×

02　地方公共団体

□□□　憲法は、都道府県と市町村という二層構造の地方公共団体を憲法上保障しておらず、地方公共団体の在り方は立法政策に委ねられるとする立場に立つと、現行の都道府県より更に大きな単位の地方公共団体を設け、三層構造とすることも許容されることとなる。R3-19-イ

➡ 3❶

○

CORE PLUS

2 地方自治の意義

❶ 地方自治の本旨（92）	i 住民自治：地域の住民が地域的な行政需要を自己の意思に基づき自己の責任において充足すること。民主主義的要素 ii 団体自治：国から独立した団体（地方公共団体等）を設け、この団体が自己の事務を自己の機関により自己の責任において処理すること。自由主義的・地方分権的要素 →地方公共団体そのものを廃止したり、地方議会を諮問議会としたりすることは、国が地方自治の在り方に介入する点で、団体自治に反する
❷ 地方自治保障の性質	制度的保障説：地方自治の保障は地方公共団体の自然権的・固有権的基本権を保障したものではなく、地方自治という歴史的・伝統的・理念的な公法上の制度を保障したものとみる見解（通説） H30-19-ア この見解によると、「地方自治の本旨」は、国の法律をもってしても侵すことができない地方自治制度の本質的内容若しくは核心的部分という特別の法的意味を持つことになる R3-19-ア i 地方自治保障の性質論から「地方自治の本旨」に反するか否かを導くことはできない。したがって、制度的保障説によっても、上級の地方公共団体については、都道府県制を廃止して道州制のような地方行政の広域化に対応する地方公共団体を設けることも、「地方自治の本旨」に反しない限り、可能と解することができる ii また、同様の理由により、制度的保障説によっても、立法政策の当否は別として、市町村だけを地方公共団体としたり、都道府県を統廃合したりすることは、「地方自治の本旨」に反するわけではない H22-20-イ

3 市町村と都道府県の二段階制の保障*

❶ 二段階立法政策説	憲法上の地方公共団体を固定的なものとして捉えないで、時代の進展と共に立法政策によって変更することを認め、一段階制にするか、二段階制にするか、あるいは三段階制にするかについても立法政策に委ねられているとする見解 →この見解によれば、現行の都道府県より更に大きな単位の地方公共団体を設け、三層構造とすることは、「地方自治の本旨」という憲法上の枠内における立法政策である限り、許容される R3-19-イ
❷ 二段階制保障説	憲法は市町村と都道府県という二段階制の地方公共団体を保障しているとする見解 i 市町村と都道府県という固定した二重構造を憲法上保障していると解する説 →この見解によれば、現行の都道府県制を廃止して道州制を採用することは憲法違反となる ii 市町村のほか都道府県制を維持するか都道府県を統併合した道州とするかは立法政策に委ねられていると解する説 →この見解によれば、二段階の地方公共団体の存在を憲法上の要請としつつ、上級の地方公共団体について都道府県制を維持するか、道州制のような地方の行政の広域化に対応した地方公共団体を設けるかは、地方自治の本旨に反しない限り、立法政策の問題となる

＊　市町村が憲法上の「地方公共団体」に該当することに異論はない。ここでは、都道府県が憲法上の「地方公共団体」に含まれるか否か、すなわち、憲法は「地方公共団体」として市町村と都道府県の二段階制を保障したものか否かが問題となる。

CORE TRAINING

□□□　憲法上の「地方公共団体」とは、沿革的に見ても、また現実の行政の上においても、相当程度の自主立法権、自主行政権、自主財政権等、地方自治の基本的権能を付与された地域団体であれば足り、共同体意識を持っているという社会的基盤が存在する必要はない。 H27-20-ア

➡ 最大判昭38.3.27（百選Ⅱ200事件）[4]❶

×

□□□　最高裁判所の判決（最高裁判所昭和38年3月27日大法廷判決、刑集17巻2号121頁）は、「事実上住民が経済的文化的に密接な共同生活を営み、共同体意識をもっているという社会的基盤」の存在を地方公共団体の要件として挙げるが、「共同体意識」というのは測定不能で漠然とした概念ではないかとの批判がある。 H30-19-イ

➡ 最大判昭38.3.27（百選Ⅱ200事件）[4]❷ i

○

□□□　最高裁判所の判決（最高裁判所昭和38年3月27日大法廷判決、刑集17巻2号121頁）のように、沿革上及び行政上の実態を基準に、憲法上の地方公共団体に当たるか否かを判断することは、憲法の下位規範である地方自治法によって憲法の解釈を行うこととなるとの指摘がある。 H30-19-ウ

➡ 最大判昭38.3.27（百選Ⅱ200事件）[4]❷iii

○

□□□　小規模な普通地方公共団体の議事機関として、議会ではなく、選挙権を有する者全員によって組織される総会を設けることは、地方自治の本旨に反するものではないから、憲法第93条第1項に反しない。 R1-18-イ

➡ [5]❷ii

○

□□□　憲法第93条第2項は、地方公共団体の長、地方議会の議員等を地方公共団体の住民が直接選挙すべき旨を定めており、地方公共団体の長及び地方議会の議員の解職請求があった場合にその可否を住民投票によって決すべきことも同項の要請である。 R1-18-ウ

➡ 93Ⅱ参照　[5]❶ ii、＊

×

CORE PLUS

4 特別区

特別区（地自281Ⅰ）は、憲法上の「地方公共団体」に当たるか	
❶ 結　論（消極説、判例・通説）	判例は、「憲法が特に１章を設けて地方自治を保障するにいたった所以のものは、新憲法の基調とする政治民主化の一環として、住民の日常生活に密接な関連をもつ公共的事務は、その地方の住民の手でその住民の団体が主体となって処理する政治形態を保障せんとする趣旨に出たものであ」り、「地方公共団体といい得るためには、単に法律で地方公共団体として取り扱われているということだけでは足らず、事実上住民が経済的文化的に密接な共同生活を営み、共同体意識をもっているという社会的基盤が存在し、沿革的にみても、また現実の行政の上においても、相当程度の自主立法権、自主行政権、自主財政権等地方自治の基本的権能を附与された地域団体であることを必要とする」としたうえで、特別区は93条２項の地方公共団体と認めることはできないとした（最大判昭38.３.27百選Ⅱ200事件） H27-20-ア
❷ 批　判	i　共同体意識というのは漠然とした概念である H30-19-イ ii　沿革といっても、明治憲法下の地方公共団体の沿革を現行憲法の地方公共団体の判断基準にするのは疑問がある iii　行政上の実態は憲法の下位規範である地方自治法によって規定されているのであるから、法律の規定によって憲法の解釈を行うのは論理的に逆である H30-19-ウ

5 地方公共団体の組織

❶ 地方公共団体の組織に関する憲法上の要件（93）	i　住民の直接公選による議員で構成される議会を議事機関として設置すること（93Ⅰ） ii　地方公共団体の執行機関である地方公共団体の長、その議会の議員及び法律の定めるその他の吏員が住民の直接選挙で選ばれること（93Ⅱ）* R1-18-ウ
❷ 地方議会	i　住民の代表機関、議決機関、条例を制定する立法機関である点で、国会と同じ性格 ii　もっとも、以下のような相違点が挙げられる ○自治権の最高機関たる地位にあるものではない ○一院制にするか二院制にするかは立法政策に委ねられている ○町村総会は憲法にいう議事機関としての議会に当たるので、町村総会制を認める地方自治法94条は憲法93条１項に違反しない（通説）。この点において、いっそう強い程度において住民の意思を代表する機関である（直接民主制的制度である）といい得る R1-18-イ
❸ 地方公共団体の長	（普通）地方公共団体の長は、住民の直接選挙により選出される（93Ⅱ）（→法律で長の間接選挙や推薦性を採ることは違憲） →地方自治法は、代表民主主義に伴う欠陥を補い、かつ代表民主主義そのものの健全な発展を図るため、住民の直接請求制度を設けている（地自74から88まで）

＊　93条２項は、住民による直接選挙を規定するのみである。条例の制定改廃の請求（地自74から74の４まで）、監査の請求（地自75）、議会の解散請求（地自76から79まで）、議員・長・役員の解散請求（地自80から88まで）といった直接請求制度は同項の要請ではない。 R1-18-ウ

CORE TRAINING

□□□　憲法上の条例制定権は当然には罰則制定権を含まず、刑罰権設定は本来国家事務であり、条例中に罰則を設けるには法律の授権が必要であるが、条例は、公選の議員をもって組織する地方公共団体の議会の議決を経て制定される自治立法であって、国民の公選した議員をもって組織する国会の議決を経て制定される法律に類するものであるから、条例によって刑罰を定める場合、法律による条例への委任は、一般的・包括的委任で足りる。R4-19-イ改題、H27-20-イ改題

➡ 最大判昭37.5.30（百選Ⅱ208事件）6❷ i a

×

□□□　憲法第92条及び第94条により、地方公共団体には自治権の一環として課税権が与えられており、地方公共団体の課税権に関する地方自治法第223条、地方税法第2条の規定は、それを確認している規定であるとの見解がある。この見解によれば、地方公共団体の課税権の税源をどこに求めるか、ある税目を国税とするか地方税とするかなどについての具体化は、法律に委ねられている。H22-20-ウ

➡ 6❶

×

□□□　地方公共団体が、地方自治の本旨に従って、財産を管理し、事務を処理し、及び行政を執行するためには、その財源を自ら調達する権能が必要であるから、地方自治の不可欠の要素として、国とは別途に課税権の主体となることが憲法上予定されており、租税の税目、課税客体、課税標準、税率等の事項について、法律で定められた具体的な準則に従う必要はない。R5-19-ウ、R2-17-イ、H27-20-ウ

➡ 最判平25.3.21（百選Ⅱ201事件）6❷ ii

×

□□□　憲法第94条は、地方公共団体に条例制定権を認めており、ある事項を条例によって規制する結果として、地方公共団体ごとにその取扱いに差異が生じることがあり得るから、ある事項について条例によって刑罰を定める場合、地域によって刑罰の内容に差異が生じることも許容され得る。R4-19-ウ

➡ 最大判昭33.10.15（東京都売春等取締条例事件）6❷ i b

○

CORE PLUS

6 条例制定権（94）

❶ 根 拠	判例は、「地方公共団体の制定する条例は、憲法が特に民主主義政治組織の欠くべからざる構成として保障する地方自治の本旨に基づき（同92条）、直接憲法94条により法律の範囲内において制定する権能を認められた自治立法に外ならない」として、94条説又は92条・94条並列説の立場に立つ（最大判昭37. 5．30百選Ⅱ208事件） →憲法が自治権のひとつとして条例制定権を認めている以上、地方公共団体の課税権の税源をどこに求めるか、ある税目を国税とするか地方税とするかなどについての具体化は、法律ではなく、条例に委ねられるべき H22-20-ウ
❷ 範 囲	ⅰ 条例と罰則 a「憲法31条はかならずしも刑罰がすべて法律そのもので定められなければならないとするものでなく、法律の授権によってそれ以下の法令によって定めることもできると解すべきで、このことは憲法73条6号但書によっても明らかである。ただ、法律の授権が不特定な一般的の白紙委任的なものであってはならないことは、いうまでもない。」「条例は、法律以下の法令といっても、……公選の議員をもって組織する地方公共団体の議会の議決を経て制定される自治立法であって、行政府の制定する命令等とは性質を異にし、むしろ国民の公選した議員をもって組織する国会の議決を経て制定される法律に類するものであるから、条例によって刑罰を定める場合には、法律の授権が相当な程度に具体的であり、限定されておればたりる」（前掲最大判昭37年百選Ⅱ208事件） R4-19-イ改題、H27-20-イ改題 b「憲法が各地方公共団体の条例制定権を認める以上、地域によって差別を生ずることは当然に予期されることであるから、かかる差別は憲法みずから容認するところである」（最大判昭33. 10. 15百選Ⅰ32事件、東京都売春等取締条例事件） R4-19-ウ ⅱ 条例と課税権 租税法律主義（84）の下、「法律」（84）に条例が含まれるか（条例による地方税の賦課徴収が許されるか） →判例は、「普通地方公共団体は、地方自治の本旨に従い、その財産を管理し、事務を処理し、及び行政を執行する権能を有するものであり（憲法92条、94条）、その本旨に従ってこれらを行うためにはその財源を自ら調達する権能を有することが必要」であることから、「普通地方公共団体は、地方自治の不可欠の要素として、その区域内における当該普通地方公共団体の役務の提供等を受ける個人又は法人に対して国とは別途に課税権の主体となることが憲法上予定されているものと解される」が「……普通地方公共団体が課することができる租税の税目、課税客体、課税標準、税率その他の事項については、憲法上、租税法律主義（84条）の原則の下で、法律において地方自治の本旨を踏まえてその準則を定めることが予定されて」いるとしている（最判平25. 3．31百選Ⅱ201事件） R5-19-ウ、R2-17-イ、H27-20-ウ
❸ 限 界	ⅰ 地方自治法2条2項の「事務」（地自14Ⅰ） 自治事務のみならず法定受託事務も含む ⅱ「法律の範囲内」（憲94）、「法令に違反しない」（地自14Ⅰ） 「条例が国の法令に違反するかどうかは、両者の対象事項と規定文言を対比するのみでなく、それぞれの趣旨、目的、内容及び効果を比較し、両者の間に矛盾牴触があるかどうかによってこれを決しなければならない」（最大判昭50. 9．10百選Ⅰ83事件、徳島市公安条例事件）

CORE TRAINING

□□□　憲法第95条は、「一の地方公共団体のみに適用される特別法」について規定するが、「一の地方公共団体」は、「一つの」ではなく、「特定の」地方公共団体を意味するものであるから、複数の地方公共団体に適用される法律についても、同条の規定する住民投票が必要になる場合がある。 R3-19-ウ	➡ 7 ❶	○
□□□　一の地方公共団体のみに適用される特別法の制定に当たっては、国による地方自治権の侵害を防止すると共に、地方公共団体の個性の尊重及び地方行政における民意の尊重のため、憲法第95条により、当該地方公共団体の住民の投票においてその過半数を得ることが要求されているが、これまでに同条に基づく手続が実際にとられた例はない。 R2-17-ア	➡ 7 ❷	×

CORE PLUS

7　地方自治特別法に対する住民投票（95）

❶「一の地方公共団体」の意義	○文字どおり地方公共団体のひとつである必要はなく、特定のの意味 ○複数の地方公共団体に適用される法律について、同条の規定する住民投票が必要になる場合あり R3-19-ウ
❷ 適用例	1949年の広島平和記念都市建設法、長崎国際文化都市建設法など18都市16件の建設法 R2-17-ア

第4編

憲法保障

No. 072

憲法の最高法規性

H30-11

□ 月 日
□ 月 日
□ 月 日

憲法の最高法規性に関する次のアからエまでの各記述について、それぞれ正しい場合には1を、誤っている場合には2を選びなさい。

□□□ ア．憲法第97条は、憲法の保障する基本的人権を侵すことのできない永久の権利と位置付けており、憲法の最高法規性を実質的に根拠付けるものと見ることができる。

□□□ イ．日本国憲法において抵抗権が認められているという見解は、憲法が最高法規であることと矛盾する。

□□□ ウ．憲法がその国の法体系において最高法規と位置付けられる場合において、国家緊急権がその中に明文で規定されることはあり得ない。

□□□ エ．抽象的違憲審査制と付随的違憲審査制のうちいずれの違憲審査制を採るかは、憲法の最高法規性から当然に導かれるわけではない。

No. 072　正解 ア１、イ２、ウ２、エ１　様々なかたちの憲法保障と立憲主義の関係について基本書等で確認しておこう。　正答率 90.3%

ア　正しい。

基本的人権が永久不可侵であることを宣言する**97条**は、**硬性憲法の建前**（96条）や、そこから当然に派生する憲法の**形式的最高法規性**（98条１項）の**実質的な根拠を明らかにした規定**であると考えられている。

イ　誤り。

抵抗権とは、国家権力が人間の尊厳を侵す重大な不法を行った場合に、国民が自らの権利・自由を守り人間の尊厳を確保するため、他に合法的な救済手段が不可能となったとき、実定法上の義務を拒否する抵抗行為をいう。抵抗権は、自然法の存在を認め、人間の尊厳の基礎となる絶対不可侵の領域の存在があるとの前提に立ち、それが侵される場合には、個人は抵抗する権利を有するとの思想を背景とする。そうすると、日本国憲法が自然権を実定化しているものと考えられる以上、抵抗権は最高法規である憲法のよって立つ自然権を維持するものであり、これを認めても憲法の最高法規性と矛盾しない。

ウ　誤り。

国家緊急権とは、戦争・内乱・恐慌・大規模な自然災害など、平時の統治機構をもっては対処できない非常事態において、国家の存立を維持するために、国家権力が、立憲的な憲法秩序を一時停止して非常措置を採る権限をいう。国家緊急権の具体的な内容や方式は様々であり、憲法の明文規定を欠くままに緊急措置として認める形のほか、憲法上に緊急時の例外措置として要件・手続や内容を明記しておく形もあり得、現在のドイツやフランスも後者の方式により国家緊急権を認めている。そして、明文規定を置く場合には、あくまで憲法上の手続として国家緊急権が発動され、通常の憲法秩序が一時的に停止されることになるから、憲法の最高法規性との矛盾は生じない。

エ　正しい。

抽象的違憲制と付随的違憲制のうちのいずれを採るかは、いかなる場合に司法的介入による憲法秩序の回復を認めるかという、三権分立における司法機関と他の機関との間の権限分配の問題にすぎない。すなわち、付随的違憲審査制は、抽象的違憲審査制と比べて、司法機関による憲法判断の余地を狭めるものではあるが、これは違憲審査が及ばないとされる事項の違憲状態を肯定するものではなく、そのような事項の解決をより適切な当事者による訴訟や立法府・行政府による判断に委ねるべきとしているにとどまる。したがって、いずれの違憲審査制も憲法の最高法規性とは矛盾せず、最高法規性から当然に違憲審査制の性格が定まるものではない。

文献　試験対策講座15、16、613、614、617〜620頁

CORE TRAINING

□□□ 憲法の連続性を維持するための特別な手続を定める憲法改正規定や憲法の最高法規性を確保するために特別な合憲性統制の途を設ける違憲審査制は、ともに憲法の保障の一つの方法として位置付けられる。 H28-11-ウ

➡ 法律よりも厳格な手続によって改正されなければならないとする憲法を硬性憲法という [1]

○

□□□ 国民自ら実力をもって政府の権力濫用に抵抗し、憲法秩序の回復を図る権利を意味するいわゆる抵抗権の規定は憲法の明文には存しないが、国民は基本的人権を不断の努力によって保持しなければならないとする憲法第12条前段の規定などから抵抗権の思想をうかがうことができる。 オリジナル①

➡ [2] ❶

○

□□□ 違法な国家権力の行使に対する国民の抵抗行為を認める抵抗権については、日本国憲法に明文の定めがある国家緊急権とは異なり、同法上に明文の規定が置かれていない。 オリジナル②

➡ [2] ❷

×

CORE PLUS

[1] 憲法保障の諸類型

- 憲法内的保障
  - 事前的手段
    - 憲法の最高法規性の宣言（98 Ⅰ）
    - 公務員に対する憲法尊重擁護義務（99）
    - 権力分立制（41、65、76 Ⅰ）
    - 硬性憲法（96 Ⅰ） H28-11-ウ
  - 事後的保障
    - 違憲審査制（81） H28-11-ウ
- 超憲法的保障
  - 抵抗権
  - 国家緊急権

[2] 超憲法的保障

❶ 抵抗権	○国家権力が人間の尊厳を侵す重大な不法を行った場合に、国民が自らの権利・自由を守り人間の尊厳を確保するため、ほかに合理的な救済手段が不可能になったとき、実定法上の義務を拒否する抵抗行為 ○日本国憲法では、抵抗権を明示的には保障していない。しかし、憲法の保障する国民の権利・自由は「国民の不断の努力によって」（12前段）保持すべきことを定め、また、「人類の多年にわたる自由獲得の努力の成果」たる「基本的人権」（97）の保全に努めるべき国民の責務を規定していることから、抵抗権の理念を読みとることができる オリジナル①
❷ 国家緊急権	○戦争・内乱・恐慌・大規模な自然災害など、平時の統治機構をもっては対処できない非常事態において、国家の存立を維持するために、国家権力が、立憲的な憲法秩序を一時停止して非常措置を採る権限 ○日本国憲法では、国家緊急権について定めた規定はない オリジナル②

MEMO

No. 073

違憲審査

H28-17

□　月　日
□　月　日
□　月　日

違憲審査に関する次のアからウまでの各記述について、判例の趣旨に照らして、それぞれ正しい場合には1を、誤っている場合には2を選びなさい。

□□□ ア．第三者の所有物を没収する言渡しを受けた被告人は、当該第三者の権利を援用して、所有者に対し何ら告知、弁解、防御の機会を与えることなくその所有権を奪うことは憲法に違反する旨主張することはできない。

□□□ イ．嫡出でない子の相続分を嫡出子の相続分の2分の1とする民法の規定は、遅くとも同規定が違憲とされた事案の被相続人の相続が開始した時点において、憲法第14条第1項に違反していたとする最高裁判所の決定は、当該事案限りのものであって、先例としての事実上の拘束性はない。

□□□ ウ．日本国民である父と外国人である母との間に生まれた嫡出でない子につき、父母の婚姻及びその認知等所定の要件を備えた場合に届出により日本国籍が取得できる旨定めた国籍法（平成20年法律第88号による改正前のもの。以下同じ。）第3条第1項は、憲法第14条第1項に違反するが、血統主義を補完するために出生後の国籍取得の制度を設けた国籍法の趣旨に照らし、同法第3条第1項を全部無効とする解釈は採り得ない。

No. 073 正解 ア２、イ２、ウ１

主張適格や違憲判断の効力に関する判例の立場を判例集で確認しておこう。

正答率 84.6%

ア　誤り。

判例は、密輸出の嫌疑で起訴された被告人が、旧関税法118条１項に基づき没収された物のなかに第三者の所有物が含まれているにもかかわらず、当該第三者に何らの手続保障がなされていないことが憲法31条等に反すると主張した事案において、「第三者の所有物を没収する場合において、その**没収に関して**当該**所有者に対し**、何ら**告知、弁解、防禦の機会を与えることなく**、その**所有権を奪う**ことは、**著しく不合理**であって、**憲法の容認しない**ところであるといわなければならない」としたうえで、「没収の言渡を受けた**被告人は**、たとえ第三者の所有物に関する場合であっても、**被告人に対する附加刑である以上**、没収の裁判の**違憲を理由として上告をなしうる**ことは当然である。のみならず、**被告人**としても没収に係る物の**占有権を剥奪され**、またはこれが**使用、収益をなしえない**状態におかれ、更には**所有権を剥奪された第三者から賠償請求権等を行使される危険**に曝される等、**利害関係を有することが明らか**であるから、上告によりこれが救済を求めることができる」としている（最大判昭37.11.28百選Ⅱ107事件、第三者所有物没収事件）。したがって、第三者の所有物を没収する言渡しを受けた被告人は、当該第三者の権利を援用して、違憲の主張をすることができる。

イ　誤り。

判例は、平成13年７月に死亡した被相続人の相続（以下「本件相続」という）についての遺産分割審判に対する特別抗告審において、嫡出でない子の相続分を嫡出子の相続分の２分の１とする民法900条４号ただし書の規定（以下「本件規定」という）が憲法14条１項に反するかどうかが争われたという事案において、「本件規定は、遅くとも平成13年７月当時において、憲法14条１項に違反していたものというべきである」とした。そのうえで、同決定の先例としての事実上の拘束性について、「本決定の違憲判断が、先例としての事実上の拘束性という形で既に行われた遺産の分割等の効力にも影響し、いわば**解決済みの事案にも効果が及ぶとすることは**、**著しく法的安定性を害する**ことになる。法的安定性は法に内在する普遍的な要請であり、当裁判所の違憲判断も、その先例としての事実上の拘束性を限定し、法的安定性の確保との調和を図ることが求められている……。以上の観点からすると、**既に関係者間において**裁判、合意等により**確定的なものとなった**といえる**法律関係**までをも**現時点で覆す**ことは**相当ではないが**、**関係者間の法律関係がそのような段階に至っていない事案**であれば、本**決定により違憲無効とされた本件規定の適用を排除した上で法律関係を確定的なものとする**のが相当である」としている（最大決平25.９.４百選Ⅰ27事件）。したがって、本決定は、関係者間の法律関係が裁判、合意等により確定的なものに至っていない事案に対しては、先例としての事実上の拘束性があるといえる。なお、平成25年改正により、民法900条４号ただし書のうち非嫡出子の法定相続分に関する部分は削除された。

ウ　正しい。

判例は、日本国民である父と日本国民でない母との間に出生し、父から出生後に認知された子に対して日本国籍を認めない旧国籍法３条１項の規定が憲法14条１項に反するかどうかが争われた事案において、旧国籍法３条１項の規定により生じる日本国民である父の非嫡出子について、父母の婚姻によって嫡出子たる身分を取得した者のみが日本国籍を取得でき、父母の婚姻がないために非嫡出子にとどまる者は日本国籍を取得できないという区別（以下「本件区別」という）は、「憲法14条１項に違反するといわざるを得ないが」、旧国籍法３条１項が「日本国籍の取得について過剰な要件を課したことにより本件区別が生じたからといって、本件区別による違憲の状態を解消するために同項の規定自体を**全部無効**として、準正のあった子……の届出による日本国籍の取得をもすべて否定することは、**血統主義を補完するために出生後の国籍取得の制度を設けた同法の趣旨を没却**するものであり、立法者の合理的意思として想定し難いものであって、**採り得ない解釈**である」としている（最大判平20．6．4百選Ⅰ26事件、国籍法違憲判決）。

文献　試験対策講座641～643頁。判例シリーズ15、59事件

MEMO

No. 074

論　人権制約立法の合憲性審査

H25-19

□　月　日
□　月　日
□　月　日

人権制約立法の合憲性審査に関する次のアからウまでの各記述について、それぞれ正しい場合には１を、誤っている場合には２を選びなさい。

□□□ ア．判例は、精神的自由に対する制約の合憲性を経済的自由に対する制約の合憲性より厳しく審査すべきであるという二重の基準論を採用し、表現活動に対する制約については、表現内容に基づく制約だけでなく、間接的・付随的制約の合憲性についても厳格な審査を及ぼしている。

□□□ イ．二重の基準論の一つの根拠として、精神的自由への制約の場合は、民主政の過程自体がゆがめられるから裁判所の積極的な審査が要請されるが、経済的自由への制約の場合は、裁判所は民主的手続の中でなされた立法者の判断の合理性を尊重すべきである、ということが挙げられる。

□□□ ウ．裁判所は、合憲性審査に当たり人権制約立法の根拠となる立法事実の存否を審査する必要があるが、その際立法事実についての立法者の判断をどの程度尊重すべきかという問題は、いかなる基準で合憲性を判断するかの問題とは無関係である。

No. 074 **正解 ア2、イ1、ウ2**

違憲審査基準に関して基本事項が問われている。基本書等で確認しておこう。

正答率 90.2%

ア　誤り。

二重の基準論とは、精神的自由が経済的自由に比べて優先的地位を占めるとし、違憲審査に当たって、経済的自由の規制が立法府の裁量を尊重して緩やかな基準で審査されるのに対して、精神的自由の規制はより厳格な基準によって審査されなければならないとする理論である。小売市場距離制限事件判決（最大判昭47.11.22百選Ⅰ91事件）及び薬局距離制限事件判決（最大判昭50. 4 .30百選Ⅰ92事件）は、職業の自由は、それ以外の憲法の保障する自由、特に精神的自由に比較して、公権力による規制の要請が強いとして、二重の基準論の考え方について言及している。もっとも、猿払事件の判決（最大判昭49.11. 6百選Ⅰ12事件）は、表現の自由に対する制約を直接的制約と間接的・付随的制約に分け、公務員の政治的行為について、いわゆる合理的関連性の基準を採用している。したがって、判例が二重の基準論を採用しているかはともかく、表現活動への間接的・付随的制約の合憲性についても厳格な審査を及ぼしているわけではない。

イ　正しい。

アの解説で述べた二重の基準論の根拠として、**精神的自由への制約**の場合は、**民主政の過程自体が歪められる**から**裁判所が積極的に介入**し、民主政の過程を元通りに回復させるために**厳格な審査が必要**なのに対し、**経済的自由への制約**の場合は、**民主政の過程が正常に機能している限り**、それによって不当な規制を除去又は**是正**することが**可能**であり、**裁判所が積極的に介入せず**に、民主的手続の過程でなされた**立法者の判断の合理性を尊重**すべきであるということが挙げられる。

ウ　誤り。

立法事実とは、合憲性が争われている法律の立法目的及び立法目的を達成する手段の合理性を裏付け支える社会的・経済的・文化的な一般事実を指す。そして、裁判所は、合憲性審査に当たり、立法者の認識に誤りがないか、また、裁判の時点でこのような立法事実が存在しているか等、立法事実の存否を審査する必要がある。したがって、前段は正しい。そして、厳しい基準で合憲性を判断するということは、人権制約立法の根拠となる立法事実が確実なことが求められる。これに対し、緩やかな基準で合憲性を判断するということは、人権制約立法の根拠となる立法事実が推定されたものであればよいことを意味する。判例（薬局距離制限事件）は、いわゆる消極目的規制については、重要な公共の利益のために必要かつ合理的であり、より緩やかな制限によっては、目的を達成できないことを要求し、いわゆる厳格な合理性の基準を採用したものと解されている。そして、職業の自由を規制する立法についての立法事実について、「単なる観念上の想定にすぎず、確実な根拠に基づく合理的な判断とは認めがたい」としている。同判決は、合憲性審査の基準について、ある程度厳しくしており、その関係で、職業の自由を制約する根拠をなす立法事実についても、ある程度厳格度が高いものを要求しているということができる。したがって、後段は誤っている。

文献　試験対策講座124～127、133、643、644頁。判例シリーズ8－1、49、51事件

No. 075　合憲限定解釈

H27-18

□　月　日
□　月　日
□　月　日

合憲限定解釈に関する次のアからウまでの各記述について、正しいものには○、誤っているものには×を付した場合の組合せを、後記１から８までの中から選びなさい。

□□□ ア．合憲限定解釈に対しては、立法者の意思を超えて法文の意味を書き換えてしまう可能性があり、立法権の簒奪につながりかねないという問題がある。

□□□ イ．合憲限定解釈に対しては、当該解釈が不明確であると、犯罪構成要件の保障的機能を失わせ、憲法第31条違反の疑いを生じさせるという問題がある。

□□□ ウ．判例は、集会の自由の規制が問題となった広島市暴走族追放条例について、条例の改正が立法技術上困難でないから、あえて合憲限定解釈をする必要はないとした。

１．ア○　イ○　ウ○　　２．ア○　イ○　ウ×　　３．ア○　イ×　ウ○
４．ア○　イ×　ウ×　　５．ア×　イ○　ウ○　　６．ア×　イ○　ウ×
７．ア×　イ×　ウ○　　８．ア×　イ×　ウ×

No. 075　**正解 2**　合憲限定解釈を用いた判例を具体例として想起できるようにしておこう。　正答率 83.0%

ア　正しい。

合憲限定解釈とは、違憲性が争われている法文について、広い意味で解釈すれば違憲となり、狭い意味で解釈すれば合憲となる場合に、狭い意味の解釈を採用することにより違憲判断を回避する手法をいう。**合憲限定解釈の問題点**として、無理な解釈によって合憲限定解釈をした場合、**立法者の意思に反して事実上法文の意味を書き換えてしまう可能性がある**という点が挙げられている。立法者の意思に反して事実上法文の意味を書き換える可能性があるということは、裁判所が司法の権限を逸脱して立法権を奪取してしまう可能性があるということである。

イ　正しい。

合憲限定解釈の問題点として、法文について不明確な合憲限定解釈をしてしまうと、犯罪構成要件の保障的機能を失わせてしまい、31条違反の疑いを生じさせるという点が挙げられる。判例も、公務員が、争議行為のあおり行為を行ったため逮捕・起訴された事案において、「不明確な限定解釈は、**かえって犯罪構成要件の保障的機能を失わせる**こととなり、その明確性を要請する**憲法31条に違反する疑い**すら存する」としている（最大判昭48. 4 .25百選Ⅱ141事件、全農林警職法事件）。

ウ　誤り。

判例は、広島市暴走族追放条例における「暴走族」の定義や市長の中止・退去命令の対象について、「規定の仕方が適切ではなく、本条例がその文言どおりに適用される……と、規制の対象が広範囲に及び、憲法21条１項及び31条との関係で問題がある」ものの、「本条例の……規定等を総合すれば……本来的な意味における暴走族の外には……暴走族に類似し社会通念上これと同視することができる集団に限られるものと解され……本条例による中止・退去命令を発し得る対象も、被告人に適用されている『集会』との関係では、本来的な意味における暴走族及び上記のようなその類似集団による集会が、本条例16条１項１号、17条所定の場所及び態様で行われている場合に限定される」として、合憲限定解釈を行っている（最判平19. 9 .18百選Ⅰ84事件、広島市暴走族追放条例事件）。また同判決の堀籠幸男裁判官の補足意見が、「罰則規定の不明確性を理由に違憲と判断して被告人を無罪とする前に……合理的な限定解釈が可能であるかを吟味すべきである。確かに……安易な合憲限定解釈は慎むべきであるが、条例の規定について……個々別々に切り離して評価するのではなく、条例全体の規定ぶり等を見た上で、その全体的な評価をすべきものであり、これまで最高裁判所も、このような観点から合憲性の判断をしてきているのである」としていることからしても、合憲限定解釈をする必要がないとは考えていないといえる。

文献　試験対策講座137、138、647、648頁。判例シリーズ71事件

CORE TRAINING

01　違憲審査制

□□□　憲法は国の最高法規であってこれに反する法律命令等はその効力を有さず、裁判官は憲法及び法律に拘束され、憲法を尊重擁護する義務を負う。したがって、最高裁判所に限らず下級裁判所の裁判官も違憲審査の権限を有する。 H23-18-イ

➡ 最大判昭25.2.1（食糧管理法違反事件） 1 ❷ii　○

CORE PLUS

1 違憲審査制

❶ 違憲審査制の性格 →最高裁判所には、付随的審査権以上に、抽象的違憲審査権も与えられているか	i　付随的違憲審査制説（通説） ＝最高裁判所に与えられた権限（81）は、具体的な訴訟を前提としてその解決に必要な限りでのみ違憲審査を行う権限にとどまる →法律によって最高裁判所に抽象的違憲審査権を与えることは憲法違反となり、そのためには憲法の改正を要する →もっとも、客観訴訟であっても、具体的な国家行為を前提とするものであれば、法律によって裁判所に違憲審査権を付与することも許される ii　抽象的違憲審査制説 ＝憲法上最高裁判所には、特別に設けられた憲法裁判所として、具体的な訴訟と関係なく、抽象的に違憲審査を行うという憲法裁判所的性格が付与されている ○判例は、抽象的違憲審査制説のうちのひとつである、提訴手続等を定めた特別の法律がなくても法令等の抽象的違憲審査権を行使できるという考え方を明確に否定（最大判昭27.10.8 百選Ⅱ187事件、警察予備隊事件）
❷ 違憲審査権の主体	i　最高裁判所（81） ii　下級裁判所（最大判昭25.2.1、食糧管理法違反事件） 学説は、違憲審査権が司法権（76Ⅰ）の機能の一環として捉えられる以上、最高裁判所だけでなく、同じく司法権を担当する下級裁判所においても行使できると解するのが自然であること、81条は下級裁判所の違憲審査権を殊更排除する趣旨には読めず、むしろ司法権の頂点に立つ最高裁判所が、その権限の最終的な行使者であることを強調したものと解されることを理由とする H23-18-イ

CORE TRAINING

□□□　憲法第81条が「一切の法律、命令、規則又は処分」という場合の「処分」とは、統治機関の行為の意味である。したがって、これには行政機関の行政処分のみならず、裁判所の判決も含まれる。 H23-18-ウ

➡ 最大判昭23.7.7（百選Ⅱ189事件）2 ❶　○

□□□　憲法第９条は国の基本的な法秩序を示した規定であるから、憲法より下位の法形式による全ての法規の解釈適用に当たって、その指導原理となり得るものであることはいうまでもないが、私法上の行為の効力を直接規律するものではない。 予H23-8-ウ

➡ 最判平元.6.20（百里基地事件）2 ❹　○

CORE PLUS

2 違憲審査の対象

❶「一切の法律、命令、規則又は処分」(81)	「処分」→裁判所の行う判決を含む（最大判昭23.７.７百選Ⅱ189事件） H23-18-ウ
❷ 条約	17章CORE PLUS 10 参照
❸ 立法不作為	いかなる争い方が認められるか ⅰ 公法上の法律関係に関する確認の訴え（行訴４後段） 在外選挙権制限違憲判決では、次回の衆議院選挙において投票することができる地位にあることの確認が認められた（最大判平17.9.14百選Ⅰ147事件）。また、在外国民審査権制限違憲判決では、次回の国民審査において審査権の行使をさせないことが違法であることの確認が認められた（最大判令4.4.25令４重判５事件） ⅱ 通常の刑事事件や行政事件訴訟において、立法の不備・欠陥を司法的に是正する方法 e.g.第三者所有物没収事件（最大判昭37.11.28百選Ⅱ107事件）、河川附近地制限令事件（最大判昭43.11.27百選Ⅰ102事件） ⅲ 国家賠償請求訴訟（国賠１Ⅰ） e.g.在外選挙権制限違憲判決（最大判平17.９.14百選Ⅱ147事件）、在宅投票制度廃止事件（最判昭60.11.21百選Ⅱ191事件）、ハンセン病国家賠償訴訟（熊本地判平13.５.11百選Ⅱ192事件）、在外国民審査権制限違憲判決（最大判令4.4.25令４重判５事件）
❹ 私法行為	○私人の行為　→私人間効力（間接適用説） ○国の私法行為 判例は、国の私法行為につき、「国務に関するその他の行為」（98Ⅰ）には当たらないとして、違憲審査の対象性を否定した。そして、９条の直接適用を受けるものではないとして間接適用説のような立場に立ち、９条は「私的自治の原則、契約における信義則、取引の安全等の私法上の規範によって相対化され、民法90条にいう『公ノ秩序』の内容の一部を形成する」とした（最判平元.６.20百選Ⅱ166事件、百里基地事件） 予H23-8-ウ

CORE TRAINING

02　憲法訴訟

問題	解説	正誤
□□□　憲法第81条は、当事者間の具体的な権利義務ないし法律関係の存否に関する争訟事件を解決するのに必要な限度で、裁判所に違憲審査権を付与した規定である。したがって、裁判所にはいわゆる客観訴訟において違憲審査を行う権限はない。 H23-18-ア	➡ 最大判昭52.7.13(津地鎮祭事件)、最大判昭51.4.14(衆議院議員定数不均衡事件)参照 3❶	×
□□□　選挙権の平等に反する定数配分規定を是正するための合理的期間が経過したにもかかわらず、現行規定のままで選挙が施行された場合、判決確定により直ちに当該選挙を無効とすることが相当でないとみられるときは、選挙を無効とするがその効果は一定期間経過後に初めて発生するという内容の判決をすることも許される。 H24-18-ア	➡ 将来的無効判決 3❷	×

CORE PLUS

3 憲法訴訟

❶ 憲法上の違憲審査制	○81条は、付随的違憲審査制を定めたもの（通説） ○判例も、「わが現行の制度の下においては、特定の者の具体的な法律関係につき紛争の存する場合においてのみ裁判所にその判断を求めることができるのであり、裁判所がかような具体的事件を離れて抽象的に法律命令等の合憲性を判断する権限を有するとの見解には、憲法上及び法令上何等の根拠も存しない」として法令等の抽象的違憲審査権を否定（最大判昭27.10.8 百選Ⅱ187事件、警察予備隊事件） ○もっとも、一切の「法律上の争訟」（裁3Ⅰ）性を欠く国家行為について違憲審査権が否定されているわけではないと解される。実際、最高裁判所は、客観訴訟において違憲審査権を行使している（最大判昭52.7.13百選Ⅰ42事件、津地鎮祭事件。最大判昭51.4.14百選Ⅱ148事件、衆議院議員定数不均衡事件） H23-18-ア →現在では、裁判所が客観訴訟に対して違憲審査権を行使できることを否定する見解はなく、その説明の仕方が学説により異なるにすぎない
❷ 最高裁判所の違憲判決の時間的効力*	○遡及効：付随的違憲審査制の下、違憲判決の効力は当事者に及ぶ（当事者遡及効）。一方で、過去に向かって一般的に遡及するかは争いあり ○将来効：法令を違憲無効とする判決の効力を一定の期間において将来発生させるとするもの。最大判昭60.7.17補足意見は、「判決確定により当該選挙を直ちに無効とすることが相当でないとみられるときは、選挙を無効とするがその効果は一定期間経過後に始めて発生するという内容の判決をすることも、できないわけのものではない」とする。もっとも、判例上、このような手法が採られたことはない H24-18-ア

＊　下級裁判所が違憲判決をだしたとしてもその判断が最終的な憲法判断権を持つものではないため、下級裁判所がだした法令違憲判決の効力が確定したとしても、単に当該事件の当事者に対して当該法令の適用を排除するだけの意味しかない。したがって、判決の効力の問題は、最高裁のだした法令違憲判決の効力に絞られる。

CORE TRAINING

問題	解説	正誤
□□□　国籍法第3条第1項を全体として違憲無効とせず、同項の規定の一部である準正要件を違憲無効とすることで、日本国民である父と日本国民でない母との間に出生し、かつ、その後に父から認知された子は、準正要件を除いた所定の要件を満たすときには、日本国籍の取得が認められる。H24-18-イ	➡ 最大判平20.6.4（国籍法違憲判決）は、準正要件は違憲無効であり、残りの要件を満たせば国籍の取得が認められるとした	○
□□□　公職選挙法上の選挙無効訴訟において、選挙人である原告は、同法の規定により一定の者の選挙権が制限されていることに関し、他者の選挙権の制限に係る同規定の違憲を主張して争うことはできないという見解は、公職選挙法の規定により選挙権の制限を受ける者は、自己の選挙権侵害を理由に救済を求める訴訟において同規定の違憲を主張することができるということを根拠とする。R3-17-ア	➡ 4 ❷	○
□□□　規制範囲が過度に広範である疑いのある法律の規定であっても、これを合理的に解釈することにより、その規制対象を合憲的に規制し得る行為に限定でき、違憲の疑いを除去することができる場合には、裁判所は、同規定を違憲と判断すべきではないという見解は、法律の違憲判断を回避することにより立法府への干渉を最小限に抑えるとともに、基本的人権の保障を果たすことができるということを根拠とする。R3-17-イ	➡ 5 ❶	○
□□□　暴走族による集会を規制する条例における「暴走族」の定義が社会通念上の暴走族以外の集団が含まれる文言であっても、条例全体から読み取ることができる趣旨やその施行規則の規定等を総合して解釈すれば、規制対象となる「暴走族」は、暴走行為を目的として結成された集団である本来的な意味における暴走族及びその類似集団に限られるという見解には、「暴走族」が社会通念上、暴走行為を目的として結成された集団や、オートバイなどを集団で乗り回し、危険な運転や騒音などにより、暴走行為と同様の迷惑を他人に及ぼす者たちを指すものという理解が国民の間で定着しているという批判がある。予R4-11-ウ	➡ 最判平19.9.18（広島市暴走族追放条例事件）5 ❷	×
□□□　地方公務員の争議行為の遂行を共謀し、そそのかし、あおる等の行為を地方公務員法違反として刑事罰の対象とするには、あおり行為等が争議行為に通常随伴する以上のものであることを要するという見解には、集団的かつ組織的な行為としての争議行為を成り立たせるものは、正にあおり行為等であって、あおり行為等は、その性格にかかわらず、争議行為の原動力をなすものであるという批判がある。予R4-11-イ	➡ 最大判昭48.4.25（全農林警職法事件）5 ❸	○

CORE PLUS

4 違憲主張適格

	❶ 自己に適用される法令中の他の規定の援用	❷ 自己の利益に直接関係のない第三者の憲法上の権利侵害を理由とする違憲の主張 R3-17-ア	
原則	許されない	第三者の憲法上の権利・利益を援用することは許されない	
例外	適用規定と密接不可分の関係にある他の規定の違憲、又は法令全体の違憲を主張することは許される	特定の第三者の権利を主張する場合	不特定の第三者の権利を主張する場合
		ⅰ違憲を主張する者の利益の程度、ⅱ援用される憲法上の権利の性格、ⅲ違憲を主張する者と第三者の関係、ⅳ第三者が別訴で自己への権利侵害につき違憲の主張をすることの可能性などを考慮して、第三者の憲法上の権利の援用が許される場合がある e.g.第三者所有物没収事件（最大判昭37.11.28百選Ⅱ107事件）では、密輸を企てた被告人が密輸にかかわる貨物の没収判決を受けた場合に、当該貨物の一部の所有者である第三者の権利侵害を主張することを認めている	ⅰ規制が一定限度を超えて不明確であったり、ⅱ過度に広汎なことを理由に、当該法令が文面上違憲無効とされるべき場合には、違憲の主張をなし得る e.g.広島市暴走族追放条例事件（最判平19．9．18百選Ⅰ84事件）では、暴走族構成員と共謀して集会を行った被告人が、当該条例の規制範囲が暴走族以外にも及び過度に広範であるとの主張をすることを認めている

5 合憲限定解釈

❶ 意　義	字義どおりに解釈すれば違憲になるかもしれない広汎な法文の意味を限定し、違憲となる可能性を排除することによって、法令の効力を救済する解釈 R3-17-イ
❷ 判　例	ⅰ　広島市暴走族追放条例事件（最判平19．9．18百選Ⅰ84事件） 予R4-11-ウ →広島市暴走族追放条例について、「暴走族」の定義及び市長の中止・退去命令の対象を限定的に解釈 ⅱ　都教組事件（最大判昭44．4．2百選Ⅱ140事件、193事件） →地方公務員法37条1項・61条4号（現削除）により処罰される争議行為の範囲を限定的に解釈
❸ 問題点	○不明確な限定解釈は、犯罪構成要件の保障的機能を失わせ、31条違反の疑いを生じさせる（最大判昭48．4．25百選Ⅱ141事件、全農林警職法事件） 予R4-11-イ ○立法者のもともとの意思を超えた解釈を施せば裁判所による新たな立法になりかねない

CORE TRAINING

□□□　最高裁判所が法令を違憲無効とする判決をした場合、その判決の効力が及ぶのは当該事件限りであり、違憲と判断された法律は当該事件の訴訟当事者との関係においてのみその適用を排除されるという見解は、法的安定性を確保するためには、最高裁判所は、自らの法令違憲の判断の効力が及ぶ範囲を制限する旨説示できるということを根拠とする。 R3-17-ウ	➡ 6 ❶ i	×
□□□　判例が、後の裁判を法的に拘束するという立場をとるならば、法律の合憲性に関する最高裁判所の判例を変更することは、後の最高裁判所であっても、許されない。 R2-20-イ	➡ 裁10③参照 6 ❸	×

CORE PLUS

6 憲法判例の意義

<table>
<tr><td rowspan="3">❶
憲法判決の効力</td><td colspan="2">憲法判例の効力について判断した判例はない</td></tr>
<tr><td>i
個別的効力説
R3-17-ウ</td><td>結論：最高裁判所がだした法令違憲の判決といえどもその効果は当該事件どまりであり、違憲と判断された法律は当該事件についてだけその適用を排除されるにとどまる
理由：①付随的違憲審査制においては、当該事件の解決に必要な限りで審査が行われるから、違憲判決の効力も当該事件に限って及ぶと解される
②一般的効力を認めると、それは一種の消極的立法作用であり、41条後段の原則に反する</td></tr>
<tr><td>ii
一般的効力説</td><td>結論：最高裁判所によって違憲と判断された法律は、当該具体的事件についてだけでなく、それを超えて、一般的にその効力を失う
理由：①98条１項に宣言されているように、違憲とされた法律は当然に無効である
②個別的効力しかないとすると、ある場合には違憲無効であるが他の場合にはそうでないということになり、法的安定性や予見性を害し、また不公平を生んで平等原則にも反する</td></tr>
<tr><td>❷
判例の先例拘束性</td><td colspan="2">下級裁判所は最高裁判所などの上告裁判所の判例に従うことが憲法上要請されている（刑訴405②、③、民訴318 I、民訴規192参照）し、その限度で法律上の拘束性を有する（近時の有力説）</td></tr>
<tr><td>❸
憲法判例の変更</td><td colspan="2">○判例の先例拘束性をどのように解するにせよ、何らかのかたちで最高裁判所自身をも拘束する
○しかし、一般に、十分な理由がある場合には、判例の変更は可能であると解されており、憲法判例も同様
→裁判所法10条３号は、「憲法その他の法令の解釈適用について、意見が前に最高裁判所のした裁判に反するとき」小法廷では裁判をすることができない旨を定め、憲法判例の変更があり得ることと、それは大法廷でなされるべきことを明らかにしている R2-20-イ</td></tr>
</table>

No. 076

憲法改正の限界

H20-20

□　月　日
□　月　日
□　月　日

憲法改正の限界については、理論上限界があるという立場（限界説）と限界がないという立場（無限界説）があるが、次のアからエまでの各記述のうち、限界説からの記述二つの組合せを、後記１から６までの中から選びなさい。

□□□ ア．憲法制定時の規範・価値によって将来の世代を拘束するのは不当である。

□□□ イ．憲法の妥当性の根拠は、基本的人権の保障を含む根本規範である。

□□□ ウ．憲法規範には実定化された自然法規範が含まれており、それは実定化されても自然法規範としての性質を失わない。

□□□ エ．憲法規範中に価値序列や階層性を認めることはできない。

１．アとイ　２．アとウ　３．アとエ　４．イとウ　５．イとエ　６．ウとエ

No. 076　正解　4　限界説内部、無限界説内部でも学説の対立がある。余裕があれば各説の対立点までおさえておこう。　正答率 93.5%

ア　限界説からの記述ではない。

無限界説は、社会の変化に応じて法も変化すべきであり、憲法もその例外ではないことを論拠として、憲法改正に限界はないと説く。この立場からすれば、将来において憲法制定時の規範・価値が変化した場合には憲法こそ変化すべきであり、将来の世代が憲法の規範・価値に拘束されるべきではない、という結論が導かれる。

イ　限界説からの記述である。

限界説は、近代憲法は、自然権思想を成文化した法であり、人権と国民主権とが、共に「個人の尊厳」の原理に支えられ不可分に結び付いて共存する関係にあることが、近代憲法の本質かつ理念であるとしたうえで、このような憲法のなかの根本規範といえる人権宣言の基本原則を改変することは許されないと説く。したがって、憲法の妥当性の根拠が、基本的人権の保障を含む根本規範であるということは、限界説の論拠となる。

ウ　限界説からの記述である。

イの解説で述べたように、限界説は、自然権を実定化した人権規定は憲法の中核を構成する根本規範であって、これを改変することは許されないと説く。

エ　限界説からの記述ではない。

イの解説で述べたのと逆に、憲法規範中に上下の価値の序列を認めることができないと考えれば、憲法改正に限界がないという結論が導かれる。

文献　試験対策講座664〜666頁

CORE TRAINING

01　憲法改正の手続

□□□　憲法改正の手続において必要とされる発議とは、通常の議案についていわれる発議が原案を提出することを意味するのとは異なり、国民に提案すべき憲法の改正案を国会が決定することを意味している。R1-20-ア

➡ 1 ＊　○

□□□　法律案提出権は内閣に認められるとしても、憲法改正と法律制定の場合とを同一に論じることはできないので、憲法改正の発案権は内閣にはないと解する見解がある。これに対しては、憲法改正の発案権を内閣に認めても、国会の意思決定に直ちに影響を及ぼすわけではないし、国会の自主的審議権が必然的に害されるとはいえないとの批判がある。R2-19-イ、H21-19-イ

➡ 1 ❶　○

CORE PLUS

1 憲法改正の手続（前半）

	内閣による発案権の可否	
	❶ 肯定説	❷ 否定説
国会の発議*	○法律案の提出権が内閣に存する ○「国会の発議」は、発案権者が議員に限られることを当然には意味しない ○内閣の発案権を認めても国会審議の自主性は損なわれず、また、それは、議院内閣制における国会と内閣との協働関係からみて不思議なことではない R2-19-イ、H21-19-イ	○通常の立法と異なる憲法改正の重要さ、及び主権者たる国民の意思を最重要にする憲法の意図に重きを置けば、国会に限るほうが憲法の精神にかなう ○改正案の提出権を法律案の提出権と同じに考えるのは、憲法と法律との形式的・実質的な相違を曖昧にする解釈

＊　ここにいう発議とは、国民に提案される憲法改正案を国会が決定すること。R1-20-ア

CORE TRAINING

□□□　国会が憲法改正を発議するには、「各議院の総議員の３分の２以上の賛成」を必要とするところ、そこでいう「総議員」とは、議員の法定数を意味すると解する見解がある。これに対しては、憲法改正の議決を厳重にするという趣旨では一定の合理性があるが、欠員に相当する数を常に反対投票をしたものと同じに扱う点で合理性に欠けるとの批判がある。R2-19-ア、H21-19-ア

➡ 2❸

○

□□□　憲法改正は、国会が発議し、国民の承認を経ることによって成立するもので、国民主権に関わることから、特別の国民投票又は直近の衆議院議員総選挙の際に行われる投票においてその過半数の賛成を必要とする。R4-20-イ

➡ 96Ⅰ後段　2❹ i

×

□□□　国民による承認の要件として必要とされる過半数の賛成の意味については、憲法上複数の解釈があり得たが、それらの中から、法律で、有効投票総数の過半数の賛成をいうものと定められた。R1-20-イ

➡ 憲改98Ⅱ　2❹ iii

○

□□□　憲法第96条第１項は、憲法改正が成立するためには国民投票において「その過半数の賛成」を必要とするとしているが、憲法改正の重要性や硬性憲法であることを重視する場合には、「その過半数の賛成」とは国民投票における有効投票の過半数を意味すると解すべきである。H18-14-イ

➡ 憲法改正の重要性や硬性憲法であることを重視すると、「過半数」（96Ⅰ）の意味については、より多くの賛成を必要とする方向で考えるべきこととなるから、有権者総数の過半数を意味すると解する見解が最も親和的な見解となる　2❹ ii a

×

□□□　国民の承認を得るために必要な、国民投票における「過半数の賛成」とは、有効投票の過半数を意味すると解する見解がある。これに対しては、書き損ない等の理由で無効とされてしまう投票をすべて反対投票と数えるのは、不合理であるという批判がある。R2-19-ウ、H21-19-ウ

➡ 無効投票はカウントされない　2❹ ii c

×

□□□　国民投票において過半数の賛成があったとしても、一定の投票率に達しなかったときは、その国民投票は成立せず、国民の承認を得られなかったものとする制度が、法律で設けられている。R1-20-ウ

➡ 問題文のような最低投票率の制度は採用されていない

×

□□□　憲法改正の公布は、天皇が内閣の助言と承認のもとで「国民の名で」行うものとされており、「国民の名で」というのは、憲法改正が主権の存する国民の意思によることを明らかにする趣旨である。 R4-20-ア	➡ 96Ⅱ、7① 2❺i	○

CORE PLUS

2 憲法改正の手続（後半）

国会の発議	❶ 発案	本章CORE PLUS1参照
	❷ 審議	○法律案の審議に準ずる手続 ○定足数：総議員の 3 分の 1 以上で足りる →国会は、憲法改正の発議権を有するから、改正案を自由に修正することができる
	❸ 議決	「総議員」の 3 分の 2 以上の賛成が必要（96Ⅰ） →「総議員」 ○法定の議員数と解する説（法定議員数説）←批判：欠員数だけの議員が常に反対投票をしたのと同じように扱われる結果になり、合理性が欠ける R2-19-ア、H21-19-ア ○議員定数から欠員を差し引いた現に在職する議員の総数と解する説（現在議員数説、通説）
❹ 国民の承認（96Ⅰ前段）		i 「特別の国民投票」又は「国会の定める選挙の際行はれる投票」のいずれかにより行われる（96Ⅰ後段） R4-20-イ ii 「過半数」 a 理論上、有権者総数の過半数と解する説 H18-14-イ b 投票者総数の過半数と解する説 c 有効投票総数の過半数と解する説（通説） R2-19-ウ、H21-19-ウ iii 日本国憲法の改正手続に関する法律 R1-20-イ 投票総数の 2 分の 1 を超えた場合に国民の承認があったと認められ（憲改126Ⅰ）、ここにいう投票総数とは、「憲法改正案に対する賛成の投票の数及び反対の投票の数を合計した数」（憲改98Ⅱ括弧書）をいう
❺ 天皇の公布（96Ⅱ、7①）		i 「国民の名で」→改正権者である国民の意思による改正であることを明らかにする趣旨 R4-20-ア ii 「この憲法と一体を成すものとして」→改正条項が、日本国憲法と同じ基本原理のうえに立ち、同じ形式的効力を持つものであることを示す

CORE TRAINING

02　憲法改正の限界

□□□　憲法制定権力の主体たる主権者が憲法改正権を有するのであって、憲法改正権は本質的には憲法制定権力と同一であるという見解は、憲法改正には、理論上の限界はないとする見解の根拠となる。オリジナル

➡ 3 ❶ ii　○

□□□　憲法改正権が制度化された制憲権であるという理解からすれば、制憲権が万能である以上、憲法改正には限界はなく、いかなる内容の改正もなし得るということになる。H18-14-ウ

➡ 3 ❷ i　×

□□□　憲法を始源的に創設する憲法制定権力と憲法によって与えられた憲法改正権とを区別する考えは、憲法改正には法的な限界があるとする見解の根拠となる。R4-20-ウ

➡ 3 ❷ i　○

CORE PLUS

3 憲法改正の限界

	❶ 無限界説		❷ 限界説（通説）	
	i 法実証主義的無限界説	ii 主権全能論的無限界説	i 法論理的・憲法内在的限界説	ii 自然法論的限界説
理由	制定権は単なる社会的な実力にすぎず、制定権、改正権、一般の国家権力の間に段階構造は認められず、憲法所定の手続による限り、いずれの規定も改正することができる	制定権は始源的であり、憲法を改正する場合に機能する憲法改正権は、憲法制定権力と同一のものである。このため、憲法制定権力の主体である国民は、改正手続を遵守する限り、憲法制定権を無限定に行使することができる オリジナル	憲法改正権は、憲法により与えられている憲法上の権限であるから、憲法の基礎となっている憲法制定権力を排除することができない R4-20-ウ、H18-14-ウ	憲法改正権は、憲法制定権力をも拘束する根本規範を前提としており、その根本規範を変更することができない

MEMO

登載フル問題一覧

この一覧表は、復習用に用意しました。司法試験及び予備試験において出題された全問題のうち、本書のフル問題としての基準を満たすものを一覧としました。

これにより、年度別に学習する際には、絶対に正解すべき問題が明確なため、より戦略的な時間配分が可能になります。また、目次と併せて利用することで、複数回出題された問題を更に可視化でき、今後も出題可能性が高い問題を見落とすことのない学習が可能です。

【司法試験】

年度	問題	タイトル	本書No.	正答率
平成18年	5	知る権利等	Y	−
	11	思想・良心の自由	Y	−
	17	国会議員の地位と権能	59	−
平成19年	3	私人間効力	Y	87.1%
	8	居住・移転の自由	Y	92.3%
	9	学問の自由	Y	80.1%
	20	条約	Y	80.6%
平成20年	3	公共の福祉	Y	82.9%
	5	内容中立規制（伊藤正己裁判官の補足意見）	Y	96.1%
	7	生存権の法的性格	46	89.7%
	9	人身の自由	38	96.5%
	10	刑事補償	Y	89.3%
	11	国民の義務	Y	85.3%
	12	国民主権	3	88.0%
	13	政党	Y	82.8%
	15	国政調査権	Y	95.1%
	17	司法権	65	89.6%
	20	憲法改正の限界	76	93.5%
平成21年	4	選挙権及び被選挙権	Y	80.6%
	5	君が代ピアノ伴奏職務命令拒否事件	18	82.3%
	6	信教の自由	Y	83.6%
	12	憲法保障	Y	85.5%
平成22年	1	人権享有主体	Y	89.6%
	4	信教の自由	Y	84.3%
	7	職業の自由を制約する目的	Y	88.0%
	10	プログラム規定説	Y	93.6%
	12	権力分立の現代的変容	Y	83.4%
	15	政党	55	93.0%
	16	内閣の法案提出権	Y	95.9%
	19	予算の法的性格	70	83.7%
平成23年	1	外国人の人権	Y	86.7%
	10	労働基本権	Y	82.8%
	15	比例代表制度	Y	87.8%
	16	内閣及び内閣総理大臣	64	80.5%
	20	条例	71	81.4%
平成24年	13	選挙制度	58	83.8%
	15	衆議院の優越	57	80.4%

平成25年	1	外国人の人権	8	84.8%
	4	法の下の平等	13	87.9%
	5	思想・良心の自由	16	93.8%
	7	学問の自由	23	93.3%
	8	居住・移転の自由	35	82.2%
	19	人権制約立法の合憲性審査	74	90.2%
平成26年	1	「法の支配」の原理	1	92.4%
	5	信教の自由	20	94.4%
	6	検閲	31	83.9%
	12	天皇の国事行為及び内閣の助言と承認	4	81.4%
	13	選挙	45	80.8%
	15	独立行政委員会	63	85.3%
	16	司法権	66	81.8%
	18	租税法律主義	67	90.3%
平成27年	3	信教の自由	19	86.4%
	6	営業の自由	34	87.7%
	8	学校教育	50	92.1%
	18	合憲限定解釈	75	83.0%
平成28年	2	新しい人権	11	83.1%
	4	君が代起立斉唱拒否事件	17	90.2%
	6	知る権利	26	90.6%
	7	学問の自由	24	90.9%
	8	生存権	47	84.4%
	9	労働基本権	51	80.4%
	17	違憲審査	73	84.6%
平成29年	5	政教分離	21	87.5%
	10	生存権とこれを具体化した法制度	48	84.7%
	11	刑事補償請求権	42	86.4%
	13	選挙権及び選挙制度	44	87.4%
	19	財政	68	82.7%
平成30年	2	法の下の平等	14	88.6%
	5	インターネット上の名誉毀損罪の成否と表現の自由	33	93.0%
	8	居住・移転の自由	36	86.9%
	9	労働基本権	52	84.9%
	11	憲法の最高法規性	72	90.3%
	14	憲法９条	7	90.2%
令和元年	1	特殊な法律関係における人権	9	93.1%
	6	憲法21条	30	90.8%
	13	憲法９条	6	80.3%
	19	憲法と条約の効力関係	61	93.4%
令和２年	3	選挙人の投票価値の平等	15	96.5%
	6	知る権利	27	83.9%
	8	財産権	37	86.6%
	10	裁判を受ける権利	40	89.3%
令和３年	5	表現の自由	29	95.7%
	6	集会の自由	32	94.7%
	10	刑事補償請求権	43	83.7%
	13	憲法９条	5	88.4%
	20	条約	62	89.6%
令和４年	4	憲法20条	22	84.2%
	5	表現の自由	28	89.6%
	9	刑事手続上の権利	39	84.3%
	10	国家賠償請求	41	91.6%
	8	教育	49	82.1%
	14	政党	54	92.3%

令和５年	5	学問の自由	25	84.0%
	8	労働基本権	53	82.2%
	18	財政	69	84.6%

Ｙ：直近12年以前の問題につき、登載見送り

－：平成19年以降と異なる統計基準につき、数値未記入

【予備試験】

年度	問題	タイトル	本書 No.	正答率
平成23年	7	比例代表制度	Y	86.5%
	11	条例	71*	75.9%
平成24年	9	衆議院の優越	57*	80.4%
平成25年	1	公務員の人権	10	80.6%
	4	学問の自由	23*	83.1%
	7	日本国憲法成立の法理	2	80.4%
平成26年	3	信教の自由	20*	93.7%
	4	検閲	31*	77.5%
	9	選挙	45*	84.7%
	10	議員の特権	60	82.9%
	12	租税法律主義	67*	86.7%
平成27年	8	政党届出議員の離党等と憲法43条１項	56	89.5%
	11	合憲限定解釈	75*	65.6%
平成28年	5	学問の自由	24*	80.1%
	6	労働基本権	51*	70.9%
	11	違憲審査	73*	69.5%
平成29年	6	生存権とこれを具体化した法制度	48*	71.3%
	8	選挙権及び選挙制度	44*	79.9%
平成30年	2	法の下の平等	14*	79.3%
	3	インターネット上の名誉毀損罪の成否と表現の自由	33*	85.5%
	6	居住・移転の自由	36*	75.8%
令和元年	3	憲法21条	30*	77.2%
	10	憲法９条	６*	69.8%
令和２年	1	選挙人の投票価値の平等	15*	91.8%
	4	知る権利	27*	77.0%
令和３年	4	集会の自由	32*	90.4%
	9	憲法９条	５*	84.0%
令和４年	2	憲法13条	12	87.9%
	3	憲法20条	22*	75.7%
	4	表現の自由	28*	81.4%
	5	教育	49*	84.2%
	6	刑事手続上の権利	39*	73.8%
	9	政党	54*	89.5%
令和５年	5	労働基本権	53*	75.4%
	11	財政	69*	82.0%

Ｙ：直近12年以前の問題につき、登載見送り

＊：司法試験と同一の問題

伊藤 真（いとう・まこと）

［略　歴］

1958年　東京生まれ。1981年　司法試験に合格後、司法試験等の受験指導に携わる。

1982年　東京大学法学部卒業後、司法研修所入所。1984年　弁護士登録。

1995年　15年間の司法試験等の受験指導のキャリアを活かし、合格後、どのような法律家になるかを視野に入れた受験指導を理念とする「伊藤真の司法試験塾」（その後、「伊藤塾」に改称）を開塾。

伊藤塾以外でも、大学での講義（慶應義塾大学大学院講師を務める）、代々木ゼミナールの教養講座講師、日経ビジネススクール講師、全国各地の司法書士会、税理士会、行政書士会、弁護士会等の研修講師も務める。

現在は、予備試験を含む司法試験や法科大学院入試のみならず、法律科目のある資格試験や公務員試験を目指す人達の受験指導をしつつ、「一人一票実現国民会議」及び「安保法制違憲訴訟」の発起人となり、弁護士として社会的問題にも取り組んでいる。

（一人一票実現国民会議 URL：https://www2.ippyo.org/）

［主　著］

『伊藤真の法律入門シリーズ』、『明日の法律家へ』（以上、日本評論社）、『伊藤真試験対策講座シリーズ』、『伊藤真ファーストトラックシリーズ』、『伊藤真の条文シリーズ』、『伊藤真の判例シリーズ』、『試験対策問題集　短答』、『試験対策問題集　論文』、『試験対策問題集　予備論文』、『試験対策問題集　新・論文』（以上、弘文堂）、『伊藤真が選んだ短答式一問一答1000』（法学書院）など

伊藤塾

〒150-0031　東京都渋谷区桜丘町17-5　☎03（3780）1717

https://www.itojuku.co.jp/

伊藤塾《いとうじゅく》　合格《ごうかく》セレクション
司法試験《しほうしけん》・予備試験《よびしけん》　短答式過去問題集《たんとうしきかこもんだいしゅう》　憲法《けんぽう》　2024

［司法試験・予備試験　短答式過去問題集　憲法
第1版：2021年5月3日発行、第2版：2022年3月31日発行、第3版：2023年3月20日発行］

●——2024年4月20日　第1版第1刷発行

監修者——伊藤　真

編　者——伊 藤 塾

発行所——日本評論社サービスセンター株式会社

発売所——株式会社日本評論社

〒170-8474 東京都豊島区南大塚3-12-4

電話03-3987-8621（販売）　——8592（編集）　振替 00100-3-16

https://www.nippyo.co.jp/

印刷所——精文堂印刷株式会社

製本所——株式会社難波製本

装　幀——銀山宏子

ISBN 978-4-535-52776-8　Printed in Japan